心灵在快乐中成长

——大学生心理健康教育教程

XINLING ZAI KUAILE ZHONG CHENGZHANG

高丽芳　常　旭◎编　著

首都经济贸易大学出版社
Capital University of Economics and Business Press
·北　京·

图书在版编目（CIP）数据

心灵在快乐中成长：大学生心理健康教育教程/高丽芳，常旭编著. --北京：首都经济贸易大学出版社，2018.9

ISBN 978-7-5638-2862-3

Ⅰ.①心… Ⅱ.①高… ②常… Ⅲ.①大学生—心理健康—健康教育—高等职业教育—教材 Ⅳ.①G444

中国版本图书馆 CIP 数据核字（2018）第 211736 号

心灵在快乐中成长——大学生心理健康教育教程

高丽芳 常 旭 编著

责任编辑 刘 欢 彭 芳

封面设计 砚祥志远·激光照排 TEL: 010-65976003

出版发行 首都经济贸易大学出版社

地 址 北京市朝阳区红庙（邮编 100026）

电 话 （010）65976483 65065761 65071505（传真）

网 址 http://www.sjmcb.com

E-mail publish@cueb.edu.cn

经 销 全国新华书店

照 排 北京砚祥志远激光照排技术有限公司

印 刷 唐山玺诚印务有限公司

开 本 787 毫米×1092 毫米 1/16

字 数 448 千字

印 张 17.5

版 次 2018 年 9 月第 1 版 2021 年 9 月第 4 次印刷

书 号 ISBN 978-7-5638-2862-3

定 价 52.00 元

前　言

目前大学生心理健康问题日益受到全国、全社会的普遍关注。2016年，习近平总书记在全国高校思想政治工作会议上提到培养“德才兼备、全面发展的人才”时就强调：要坚持不懈促进高校和谐稳定，培育理性平和的健康心态，加强人文关怀和心理疏导。各高校积极响应习总书记的号召，充分重视大学生心理健康教育。

当前，我国高校普遍设立了心理咨询室、心理健康教育研究室等专门机构来开展工作，专门的心理健康教育课堂教学已成为大学生心理健康教育的主渠道，同时，国内也有许多关于大学生心理健康教育内容、形式、方法、途径等方面的研究，取得了许多研究成果。但是，近几年来，大学生杀人、自杀的消息仍然屡见报端，表明大学生心理健康问题仍很严重，这促使我们不得不重新反思高校的心理健康教育工作。

心理健康教育是一项专业性很强的工作，它不仅需要各级部门的高度重视，更要求各级各类学校积极开展的课堂教学具有成效。教材的编写质量直接影响课堂教学的效率。由于该类课程具有特殊性，注重学生的心理感受和体验，强调学生的参与、体验以及师生的互动性等，所以相应的心理健康教育的教材应该更有实用性、针对性。目前多数大专院校开设的“大学生心理健康教育课程”的课时定量偏少（18～36学时），并且理论知识比例偏重，为高职院校学生量身定做的心理健康教育的相关教材少之又少。因此，编写一部适合高职院校学生的心理健康教育教材是当务之急。

本书的成书思路、阐述的着重点及实用性、针对性独具特色。在构思大纲和编写过程中，作者汲取了相关教材、著作之长，使教材呈现出以下几个特点：

第一，既考虑了当前高职院校学生心理健康的现状需求，又保持了这门学科的基本内容体系。由于高职院校心理健康教育课程课时偏少，如何在较短的时间内掌握最有用的理论知识，成为本书编写过程中考虑的重要方向。为此，在编写过程中，我们在保持学科知识的科学性和系统性的基础上，删减烦琐的理论知识，有选择地安排教学内容，保证将最实用的知识传授给学生。每章设有本章提要、点亮心灯、技能训练室、快乐自习室等环节。

第二，从高职院校心理健康教育现状出发，紧贴学生生活的实际设计教材内容。针对高职院校心理健康教育现状，本书在编写过程中力图使各章内容符合学生的身心发展特点和规律，满足学生的成长需要。本书汲取一线心理健康教育教师多年的经验，内容丰富多彩，紧贴学生生活，每个章节都力争解决困扰学生的实际问题，增强了教学针对性和有效性。

第三，既注重高职院校学生心理健康知识的积累，又注重学生心理素养的提升。本书在编写过程中十分注重知识的科学性，同时，增加了技能训练室、快乐自习室两个板块，大量有趣的课堂体验活动、科学专业的心理测验，以及知识性、技能性强的心理作业，给学生提供宝贵的学习经验，增强了教材的趣味性和可读性，可有效提高高职院校学生的学习热情，提升他们的心理健康能力和水平。

第四，本教材试图突破原有相关教材的框架，形成具有一定学科特色的编写体系。这主要表现在教学内容的设计和表现形式上：主题突出、栏目多样；努力做到科学性、知识性、实用性、技能性、趣味性相结合，同时还具有可操作性；语言优美、内容活泼、图文并茂。

本书可以作为大专院校学生公共必修课程或选修课程教材，也可以作为其他层级学校心理健康教育的参考教材。本书由高丽芳（锦州师范高等专科学校素质教育部教授、国家二级心理咨询师）与常旭（现任锦州市国和小学校长、西南大学教育硕士，辽宁省专家型名校长，教育部小学骨干校长，国家二级心理咨询师）共同编写。常旭负责本书第一、二、三、四章和附录二的编写，高丽芳负责第五、六、七、八、九章的编写，附录一由二人合作编写，全书最后由高丽芳统稿、定稿。

由于编者水平及经验所限，书中定有很多不足之处，请专家、读者批评指正！

高丽芳

2018 年 6 月

目 录
Contents

第一章 有缘千里来相会 ——大学新生的适应

本章提要

本章主要通过对“适应新环境”“结交新朋友”“制定新目标”“心生新希望”四个方面的阐述，分析如何让学生尽快学会适应新环境，主动调节心理状态，并以全新的姿态投入丰富多彩的大学生活中。

点亮心灯

新生寄语

硕果累累的金秋时节，
伴着纤云翩翩，
伴着枫红菊香，
大一新生，
怀揣着希望，怀揣着梦想，
迈入大学的时代。
时光展开新的一页，
新的校园、新的专业、新的同学，
更带着大一新生新的期盼。
来到专科院校，
或出于向往，
或出于无奈……
无论如何
新鲜、改变、接纳，
从现在开始。

青春的滋味，
犹如酸甜的果汁，
看你如何品味。
美丽的梦想，
是你们宏伟的蓝图，
等待你们执笔去描绘。
来到专科院校，来到现在的专业，
这是你们的选择，
既然选择，
就让它灿烂！

第一节　适应新环境

大学的校园，一切都是新鲜的：新的校园，新的老师，新的同学，新的课程，新的环境……面对全新的一切，你准备好了吗？你了解你此刻的心理状态吗？你了解新的校园环境吗？你结交新朋友了吗？你了解大学和高中的不同吗？

一、小对比

两周的军训生活已经过去，你对新环境可能有了不少了解。从高中到大学有哪些变化？请填写表1-1。

表1-1

内　容	高中阶段	大学阶段
学习内容		
学习环境		
人际交往		
闲暇时间		

1. 选择上表至少两个不同之处，与周围同学讨论“怎样适应新变化”。

变化：________________________________。

适应措施：________________________________。

变化：________________________________。

适应措施：________________________________。

2. 如何适应新环境，和同学讨论的结果给你带来哪些新启示？

____

____

军训过后，大学新生生活基本安顿下来。开始正常的学习生活后，最初的惊奇与激情将逐渐消退，要面临的是一段艰难的心理适应期。

很多缺乏心理准备的大学新生，在这个心理转型与重塑的过程中，可能会产生不同程度的适应困难。一部分高职学生选择学校时是被动与无奈的，因此，对所就读的大专院校缺乏信任感与认可度，加之他们对职业技术教育的特点与教育目的认识不足，有时甚至会对职业教育产生一种排斥、逆反、不接受的心理。这具体表现在很多新生心态不稳定，不能迅速适应并尽快融入大学的学习生活，或茫然而无所适从，或欲另辟蹊径、寻求他途，或郁闷想家甚至想退学。

二、小调查

举起你的右手：不借任何外力，集中你所有的智慧和力量让你的心脏停止跳动，谁能做到?

上帝给我们大脑是让我们思考的，思考我们怎样改变能够改变的东西，接受不能改变的事实。

任何一所学校，都是我们漫漫人生长路中的一个驿站，我们只不过是过客，从今天开始，努力拼搏，展现自我，健康、快乐每一天，这就够了！

大学新生要认识到，人的一辈子其实就是一个不断“丧失”的过程（心理丧失）。胎儿丧失了襁褓，才能学会站立和走路；青少年丧失了父母的呵护，才成为能够独立生活的人……如果我们一辈子都惧怕丧失，都不愿意付出任何代价，那么我们也终将丧失发展的机会。从这个角度来看，你今天的丧失带来的暂时的痛苦和不适应，换来的正是明天的飞跃。要明白这一点，与其消极被动地面对新的环境，不如积极主动地去适应新的环境。如果你想赢得别人的喜爱，赢得朋友，就必须开放自己、关心别人。如果你想发展自己，那么你就应主动地摆脱现在的迷茫状态，规划自己的未来……其实，仔细观察，你就会发现，大学里的新同学正和你一样，需要朋友、需要理解、需要关爱、需要支撑、需要考虑今后的打算……不管你愿不愿意，人都是要长大的。长大意味着什么？意味着你将要面对更多的变化，意味着你要不断地去适应新的、更加复杂的环境。

首先，为了尽快适应变化了的环境，同学们要尽快熟悉校园的“地形”。新生在入校放好行李后，就可以到校园的各处熟悉情况，如了解教室、图书馆、商店、银行在什么地方，食堂什么时候开饭，如何购买澡票，甚至学校有几个大门等。这些情况都可以在短时间内了解清楚。

其次，要多向高年级的同学请教。直接向高年级的同学请教是熟悉校园环境最快捷的方法。同时，还可以向高年级同学了解学校的办学特色、高职院校的性质、专业培养目标和方向等。这些都有助于你尽快适应新的环境。另外，向自己的同乡请教也是不错的选择。还有，在班级中担任一定的工作，也能帮助你尽快适应校园生活。对环境适应快的大学新生，很快就能成为班级中的核心人物，并能担任一定的班级工作。与老师、同学接触得越多，掌握的信息越多，锻炼的机会也越多，能力提高就越快，自信心也就逐渐建立起来了。除了适应大学的校园环境外，你还要主动接触社会环境，勇敢地走出“象牙塔”，有目的地进行一些有益、有利的社会实践活动，这有助于你认清自己在社会环境中的实际位置。当社会环境和自身发生矛盾时，要审时度势，或改造环境，或改造自身。“进入角色才能演好戏”，同学们应记住：自己已经是大专院校的大学生了！满怀欣喜地认同这个角色，满怀自信地扮演好这一角色，能使迈向成功的步伐更为坚定。

小贴士

西方一位学者这样说过："在中学阶段，学生伏案学习；在大学里，他需要站起来，四面望。"一名大学新生，从中学到大学，从备受父母呵护到走向独立，要适应各种转变，要调整心态，要适应新环境、新生活。因此，同学们对大学生活要有一个清醒的认识，要有一个良好的心态和角色认同。

第二节 结交新朋友

一、签名游戏

请你在班级成员中寻找与你具有相同特点的成员。找到之后，请按下面的要求让他们在你的活动本上签名。你要尽可能想办法在规定时间内让更多的人签名，比比看谁的活动本上名字最多。

1. 与我的属相相同的：________________。
2. 与我来自同一个市（县）的：________________。
3. 和我同一个星座的：________________。
4. 与我姓氏的第一个字母相同的：________________。
5. 与我喜欢看同一部影片的：________________。
6. 和我同一个月份出生的：________________。
7. 与我有同一种兴趣、爱好的：________________。
8. 与我喜欢同一种颜色的：________________。
9. 与我喜欢同一项体育运动的：________________。
10. 与我穿相同尺码的鞋的：________________。

然后，与同学们分享你找到同伴时的感受。

二、找到我的新朋友

每个学生准备两张8开的卡片（也可用挂历空白的一面，有条件的话，最好用白布）、几枚别针。在一张卡片上，用粗笔写上自己的姓名、出生年月、曾就读的学校，将此卡片别在自己后背的衣服上。在另一张卡片上，用粗笔写上自己的优缺点、性格、兴趣爱好、特长，以及血型、体重、成绩、得过的奖励、家庭人数、最喜欢的一句格言等，简单有趣又能反映自身情况的都可写上，将此卡片别在自己的胸前。在教室四处走动，互相观摩卡片并讨论卡片上的内容。活动时，同学们自由组合，两两配对，配对对象必须是自己目前还不认识或不熟悉的新同学。

阅读材料

亮出你自己

在跑道上，第一步的领先很可能意味着最终的胜利。所以，决定你一生成败的，或许是你是否敢于亮出自我。作为学生，我最害怕在课堂上回答问题，而且我发现周围的同学也和我一样。每次上课的时候，当老师提问时，我总是习惯把头低下去，生怕老师的眼光扫到自己。

一次外语课上，一位来自商业银行的专家在演讲。做演讲的人总是希望有人配合他，于是他问道："教室内有多少学经济学的同学"，可是没有一个人回应。我知道，我们当中很多人包括我自己都是学经济学的，可是由于怕被提问，大家都沉默着。专家苦笑了一下，说："我先停一下，讲个故事给你们听。我刚到美国读书的时候，大学里经常有讲座，每次都是请华尔街或跨国公司的高级管理人员来演讲。我发现一个有趣的现象：每次开讲前，我周围的同学总是拿一张硬纸，中间对折一下，用极其醒目的颜色和大号、粗体字写上自己的名字，然后放在座位上。于是，当演讲者需要听者回应时，就可以直接看名字叫人。我不解，便问前面的同学。他笑着告诉我，演讲的人都是一流的人物，他们就意味着机会。当你的回答令他满意或者吃惊时，就预示着他可能会给你提供更多的机会。这是一个很简单的道理。事实也如此，我确实看到我周围的几个同学因为出色的见解得以供职于一流的公司。这件事对我影响很大，机会不会自动找到你，你必须不断醒目地亮出你自己，吸引别人的关注，才有可能寻找到机会。"

专家的演讲结束后，我明显看到有更多的同学举起了手，或做一些暗示：我可以回答。

亮出你自己，让别人熟悉你、了解你。在自己的身边找一个患难相助、荣辱与共的朋友，你就不会感到孤独。有朋友来分享你的快乐和烦恼，你也就有了更多的进步动力。

（摘自边玉芳主编的《心理健康》）

从中学走来，每一个大学新生所面临的都是一个全新的世界。无论是生活环境还是学习方法，无论是个人目标还是社会期望，都发生了很大的变化，有的同学可能一时还难以适应。要克服适应的困难，最好的办法就是在新环境中迅速找到新朋友，建立新的人际关系。

（1）在师生关系方面。在大学里面，班主任或辅导员与学生不会天天见面，为了能够较好适应这种新的师生关系，大学新生要学会自己确定学习目标、制订学习计划、安排学习时间、选择学习课程、检查学习效果，并且主动找教师征询意见，请教师帮助解决困难，定期向教师汇报学习情况，提出自己的计划并与教师共同探讨。

（2）在同学关系方面。班级和宿舍里的同学分别来自不同的地区和不同的家庭，大家在思想观念、价值标准、生活方式、生活习惯等方面都存在明显的差异，在遇到实际问题的时候往往容易发生冲突。差异是客观存在的，每个大学新生都必须面对它、接受它。要承认每个人有每个人的生活习惯和价值体系，如果你与别人生活在一起，就要试着接受他的生活方式。如果别人的生活方式有碍于你的生活（如夜里看电视影响你的休息、未经允许随便动你的东西等），你就要委婉地提出意见，并适当地进行自我调整（如调整作息时间、调整宿舍等）。

大学里的人际交往不能以个人好恶为标准，不能以自己的标准来要求他人，否则就不可能解决任何问题，这是一项最起码的原则。在大学与同学相处，可能需要一个较长的磨合过程，要不断调适。每个人都需要在不断的调适的过程中掌握主动，既解决问题，又能跟各种不同的人建立起和谐的人际关系。

三、快速记住同学的名字

在一个新群体里，记住他人的名字是我们远离孤独的有效方法。在一个新的班集体中，若我们能记住新同学的名字，往往意味着良好友谊的开端。你想过没有，怎样才能更快地记住他人的名字，也让他人更快地记住你的名字，从而拉近彼此之间的距离呢？

主动与对方打招呼，首先向新同学做自我介绍：

我的姓名：________________________________。

我的兴趣爱好：____________________________。

我的性格特征：____________________________。

我最喜欢的格言：__________________________。

想想看，除了以上方法，还有什么办法能尽快记住更多人的名字，认识更多的新朋友？

小贴士

俗话说“在家靠父母，出门靠朋友”，这话一点不假。陌生人是无法帮助你的，因为陌生人根本不了解你，不知道你需要什么样的帮助、什么时候需要帮助。而同学则不同，他们非常了解你，在你最需要帮助的时候，会伸出友谊之手，与你一起共渡难关。

四、我的人脉支持系统

新生报到，是谁帮你办理饭卡、领取棉被和日用品的？

新生报到，行李是谁帮你搬进宿舍的？

新生报到，是谁和你一起打扫寝室卫生的？

刚上大学，远离了父母，远离了昨日的朋友，当你感到迷茫、伤感时，你是向谁诉说的？

在大学里，假如遇到困难，你会向谁寻求帮助？

到目前为止，你在大学里遇到的最困难的一件事是什么？那时是谁帮助了你？

在白纸上写好以上问题的答案后，就在下面方框内按顺序写下来，具体写多少随你。可以只写三五个，也可以一口气写下十个，甚至更多。

1.
2.
3.
……
1.
2.
3.
……

小贴士

在大学的校园生活中，人总会有失意的时候。作家毕淑敏认为，个人的力量永远是有限的，要想在生活上有所依托，在事业上有所作为，离不开“支持系统”。支持系统如斜桥的绳索，孤立来看，每一根都貌不惊人；一旦按照科学规律排列组合，就有了惊天动地的合力。

五、构筑大学的支持系统

在大学里，你知道当你遇到麻烦和困难时该向哪些部门求助吗？

有关勤工俭学的事宜，可以向__________求助；

当生活中遇到困难时，可以向__________求助；

当心里觉得郁闷时，可以向__________求助；

当__________时，向__________求助；

当__________时，向__________求助；

当__________时，向__________求助。

请设想，在大学阶段，当你遇到灾难或是无以名状的忧郁、危机时，你会向谁求救？你能得到谁的帮助？想想看，你建立和拥有自己的支持系统了吗？你的支持系统运作得如何？

你打算采取什么措施强化你的支持系统？别人是你的支持系统，你也是别人的支持系统。你作为别人的支持系统的成员之一，做得怎么样？如果做得不够好，你应该制订什么计划、采取什么行动？

每个人的能力都是有限的，没有一个人能独自解决人生路上所遇到的一切麻烦，没有谁是永远的“孤胆英雄”。初到大学，展现在你面前的是一个全新的世界，离开了父母的呵护、亲人的关照，要自己打理生活，应对一切变化。这一切你能应付自如吗？当你发觉无法用自己常用的方法去解决所面临的问题时，便陷入困境了。这是一种危机状态，如同置身于隧道深处，感觉到周围一片黑暗。而倘若你能站在隧道口，向自己以外的人以及与自己有关的人求救，他们会为你解决问题提供助力。这对于处在烦恼中的你来说是很重要的，犹如雪中送炭，带给你持久的温暖、安全，让你重拾生活的勇气、信心和力量。

尽管摆脱困境、克服困难、适应环境最终要靠自己，但他人的帮助绝非可有可无。某种意义上，正是别人的帮助，为自助提供了支持和动力。在他人的帮助中获得温暖、爱、归属感和安全感，是人们内心深处最需要的慰藉。不管遇到什么困难，你都能获得最有力的支持，还有什么比这种感觉更能充实自己的人生呢？

小贴士

人互有短长，你解决不了的问题，对你的朋友或亲人而言，解决起来或许是轻而易举的。记住，他们也是你的资源和力量。要善于借力，个人的力量相对自然和社会而言都是渺小的。因此，要完成一件个人之力所不能及的事，必须善于借助外界的力量。

第三节　制定新目标

一、课堂练习

每个人都会有很多失败的经历。哪些失败的经历让你印象深刻？如考入的学校不理想，专业技能总比别人学得慢，经常处理不好与同学的关系，不受老师和家长的喜欢，经常挨批评，上课回答问题出洋相，被人瞧不起……

我的失败经历有：________________________________

结合韦纳的归因模型，试分析自己学习和生活失败的原因是外在的还是内在的，是稳定不变的还是不稳定的？哪些原因你觉得是可控的，哪些你觉得是不可控的？

我学习和生活失败主要是因为：

1. ____

2. ____

3. ____

知识窗

韦纳的归因模型如表1－2所示。

表1－2　韦纳的归因模型

归因因素	成败归因维度					
	稳定性		因素来源		能控制性	
	稳定	不稳定	内在	外在	能控制	不能控制
能力	√		√			√
努力		√	√		√	
工作难度	√			√		√
运气		√		√		√
身心状况		√	√			√
其他		√		√		√

小贴士

归因就是我们对自己所做某件事的结果（成功或失败）进行解释的理由，如自己这次为什么会成功或失败。对结果进行归因解释的维度主要包括能力、努力、运气、任务难易程度等。其中，能力和努力属于内部因素，运气和任务难易程度则是外部因素。

在生活中，我们会逐渐形成某种解释原因的习惯方式，即形成归因风格。例如，每次遇到挫折时，有的人会说“我运气不好!”，有的人则会说“我这次不够努力!”这就反映了他们不同的归因风格。

二、课堂思考

（一）思考现状

你的高考成绩没到二本分数线，你承认是智力原因吗？

我的智商不高？人脑细胞使用不到10%，普通人更低（犹如硬盘的存储量）。

我的学习方法不对头？

我没有好好学习，努力不够？

70% ~80%的大专院校学生是第三种原因。智商测试（瑞文标准推理测验）把人的智商分为五级（天才、中上、中、中下、弱智），考上大专院校的学生，智商都是中、中上等级。性相近，习相远！

大多数的人都是平常之人。可以肯定的是，来到专科院校，你一定是在此刻之前的某段时间放纵了自己。应学会反思，学会成长。穷不学，穷无止境；富不学，富不长久。知识不能改变起点，却能够改变终点！

有的同学会说：一个专科生，学了又能怎么样？

你要自信地说：我得重新活一遍！挖掘自己的潜能，好好地活！人可以不成功，但不可以不成长。人生得为自己搏一次；这三年一定要让自己活得无憾；现在的你对未来的自己负有责任。

思考一下我们的现状：

你是不是有许多时间都不知所措，有许多时间都是在宿舍里的床上度过，有许多时间都在用 QQ 闲聊，有许多时间都是在网络游戏里“厮杀”？

整天逛街、打牌、睡大觉，或整天想心事，郁郁寡欢……一眨眼，一个学期、一个学年过去了……

（二）思考奋斗目标

一支远征军正在穿过一片白茫茫的雪域，突然，一个士兵痛苦地捂住双眼喊道：“上帝啊！我什么也看不见了！”眼睛看不见的人越来越多，没过一会儿，几乎所有的士兵都患上了这种怪病。

这是什么原因呢？原来，在白茫茫的雪域中，士兵们的眼睛在不知疲倦地搜索着。如果连续搜索而找不到一个落点，眼睛就会因过度紧张而失明。

人生就是这样，大学新生也是这样，新生入学后，往往会有意放纵自己，导致目标、理想、方向迷失。目标太多或没有目标，今天想做这，明天想做那，一天一个主意，一天一个想法，终将使人生陷入一片黑暗和迷茫。大学新生，如果不想让你的人生陷入黑暗和迷茫，请为你的人生确定一个坚定的目标。

新生入学熟悉环境，认识了新朋友后，应立即确立一个新的奋斗目标。一个明确而现实的目标，能帮助新生克服迷茫感，它是你内心的支撑、力量的源泉、克服困难不断前进的动力。它能让你主动忙碌，过得充实。同时，从心理学角度来说，有一个明确的目标会使心理指向集中处，无形中会转移注意力。

经常问问自己“我来大学干什么”“我适合干什么”“社会需要什么”“我能干什么”“我在今后应该成为一个什么样的人”，给自己一个恰当的定位，树立一个合理的目标是成功的基础。

如何寻找你的奋斗目标？

（1）你的兴趣、爱好、能力如何？

（2）抛开所有的阻碍，从兼顾爱好、能力及专业出发，想想自己以后到底要做怎样的工作，或是怎样的事业。找一张白纸把自己最终的决定记录下来，请不要犹豫不决。

行政工作者？教师？技能工人？幼儿园老师？

（3）利用网络、人才市场招聘等渠道充分了解从事你想从事的工作所需要的专业技能和其他技能。

如果想做幼儿园老师，你就该挖掘幼儿教师的特质；

如果想做行政工作者，你就该有行政工作者的本领；

如果想做教师，你就该为磨炼教师的基本功做准备；

如果想做技能工人，你就该为炉火纯青的技能而努力……

（4）这些技能的理论知识大多是从书本上学来的，你需要做的是按从基础到精深的顺序给自己列出一个学习的书目。请写在纸上。（对此，我需要做哪些准备？）

（5）前进的过程中哪些力量我可以借助？

（6）如果这条路行不通，我还有哪条路可走？

（7）对于再次要选择的方向，又该如何准备？

所有这些问题，你要一一捋清，一一找出答案。

（三）思考如何实现目标

下面的阅读材料中的故事给我们什么样的启发呢？

阅读材料

山田本一

1984 年，在东京国际马拉松邀请赛中，名不见经传的日本选手山田本一出人意料地夺得了世界冠军。当记者问他凭什么取得如此惊人的成绩时，他说了这么一句话：凭智慧战胜对手。

当时许多人都认为这个偶然跑到前面的矮个子选手是在故弄玄虚。马拉松是体力和耐力的运动，只要身体素质好又有耐性就有望夺冠，爆发力和速度都在其次，说用智慧取胜确实有点勉强。

两年后，意大利国际马拉松邀请赛在意大利北部城市米兰举行，山田本一代表日本参加比赛。这一次，他又获得了世界冠军。记者又请他谈经验。山田本一性情木讷，不善言谈，回答的仍是上次那句话：用智慧战胜对手。这回记者在报纸上没再挖苦他，但对他所谓的智慧迷惑不解。

10 年后，这个谜终于被解开了，山田本一在他的自传中是这么说的：每次比赛之前，我都要乘车把比赛的线路仔细地看一遍，并把沿途比较醒目的标志画下来，比如第一个标志是银行；第二个标志是一棵大树；第三个标志是一座红房子……这样一直画到赛程的终点。比赛开始后，我就以百米冲刺的速度奋力地向第一个目标冲去，等到达第一个目标后，我又以同样的速度向第二个目标冲去。40 多公里的赛程，就被我分解成这么几个小目标轻松地跑完了。起初，我并不懂这样的道理，我把我的目标定在 40 多公里外终点线上的那面旗帜上，结果我跑到十几公里时就疲惫不堪了，我被前面那段遥远的路程给吓倒了。

应该承认，现在的你们好像也有目标，那就是想改变自己，想发展自己。但是这个目标太模糊，模糊得让你不知道该从何处下手，你缺乏一个最基本的明确的奋斗目标，和它所指引下前进的路线。

知识窗

SMART 原理设定目标

一个有效的目标必须符合 SMART 原则。

(1) Specific，即具体的、范围明确的，而不是宽泛的。例如，某企业 2006 年度的目标营业额是 1 000 万，这是一个具体、明确的目标。

(2) Measurable，即可测量的，不是模糊的。例如，“我的人际交往能力要有很大的提高”“我要拥有更多的朋友”都是不可衡量的，而“我要结识 10 位新朋友”才符合这一要求。在这里，“10 位新朋友”是可以度量的标准。

(3) Achievable，即可实现的，不是理想化的。“我希望自己成为系学生会的主席”，实际等于没希望。“我的目标是于 2007 年系学生会改选时当上主席”会变得更有意义。

(4) Relevant，即相关联的，基于结果而非行为或过程。所定目标应切实可行，不可与现有情况太过悬殊。同时，所定目标要是自己能够掌控的。例如，“提升自己的能力，增加在同学心目中的威信和受重视的程度”就是自己能掌控的目标。

(5) Time bound，即要有时间限制，而不是遥遥无期的。例如，“我要在 2006 年 12 月 31 日之前拥有一辆越野车”就符合这一标准。

请用 SMART 原理制定你高职阶段的目标。

（摘自边玉芳《心理健康》）

三、魏书生的人生规划理论

著名教育家魏书生认为，人生的规划应是四个部分：第一部分，终生朝哪个方向努力，一生中自己的德、智、体三方面大致要达到一个什么样的标准；第二部分，十年达到哪些目标；第三部分，一年怎样度过；第四部分，一月、一周、一天怎样安排。

例如，在准备外语过四六级考试的过程中，我们的目标不是这个学期我将背好单词，而是一年、一个月、一周、一天背多少单词量。如：

一周学习计划

内容列举	时间
英语晨读	每天早上 6 点 ~6 点半

当天学习计划

内容列举	时间

学校的自习时间比较长，做好每天的计划和目标，有助于大家好好利用自习时间。有些同学可能会想，天天定目标烦死了，还要占用时间。其实不然，订立一天的目标，只需要几分钟时间，可以使你这一天按部就班完成学习任务，轻轻松松的，何乐而不为呢？日久天长，小目标逐渐累积成大目标，许多当时觉得遥不可及的理想也就实现了。

现实生活中我们每个人都会制定目标，但不是每个人都能达到目标，为什么呢？成功学告诉我们：只有那些敢于制定大目标，然后将它具体化为可行的小目标并且坚持不懈的人，才是成大事者。

首先，你们的身边有太多混日子的大学生，他们过着同龄人向往的潇洒生活，要想完成你每天的目标，需要克服大环境的影响。

其次，大学里有太多的诱惑。QQ 里发出让人手痒的声音；网络游戏里有让人觉得兴奋无比的厮杀声；校园的路灯下，站着一对对相互依偎的情侣；牌桌前是让人兴奋的扑克……要想完成你每天的目标，需要拒绝这些诱惑。

再次，你们要有毅力，要耐得住孤独与寂寞。这好像与大学生活格格不入，但是成功与伟大的人都是孤独与寂寞的，他们在忍耐的过程中培养了超强的毅力与过人的智慧。

天将降大任于斯人也，必先苦其心志，劳其筋骨，饿其体肤，空乏其身……没有人随随便便就能成功……人生的规划和发展，是一步一步的，其间也许会有停滞，也许会走弯路，但总的来看，能保持上升状态就好。无论是人生的信念，还是简单的目标，要想实现，唯有行动起来。

阅读材料

建造一座伊甸园

1980 年 9 月，在美国的加利福尼亚州（简称“加州”），一座梦幻般的建筑物出现在人们面前，那就是能容纳一万多人的水晶大教堂。如今，它已成为世界建筑史上的奇迹与经典，也成为世界各地的人们前往加州必去观赏的胜景。然而有谁知道，这个奇迹的诞生本身就像是一个追梦的过程……

那是1968年的春天，一位名叫罗伯·舒乐的博士立志在加州用玻璃建造一座水晶大教堂。他向著名的设计师菲利普·约翰森表达了自己的构想："我要的不是一座普通的教堂，我要在人间建造一座伊甸园。"

约翰森问他预算，舒乐博士坚定却明快地说："我现在一分钱也没有，然而100万美元与400万美元的预算对我来说没有区别。重要的是，这座教堂本身要具有足够的魅力来吸引捐款。"

教堂最终的预算为700万美元。700万美元对当时的舒乐博士来说是个不仅超出了能力范围，甚至超出了理解范围的数字。

当天夜里，舒乐博士拿出一页白纸，在最上面写上"700万美元"，在下面写下10行字：①寻找1笔700万美元的捐款；②寻找7笔100万美元的捐款；③寻找14笔50万美元的捐款；④寻找28笔25万美元的捐款；⑤寻找70笔10万美元的捐款；⑥寻找100笔7万美元的捐款；⑦寻找140笔5万美元的捐款；⑧寻找280笔2.5万美元的捐款；⑨寻找700笔1万美元的捐款；⑩卖掉10 000扇窗，每扇700美元。60天后，舒乐博士用水晶大教堂奇特而美妙的模型打动了富商约翰·可林，他捐出了第一笔100万美元。第65天，一位倾听了舒乐博士演讲的农民夫妇，捐出了1 000美元。90天时，一位被舒乐博士孜孜以求精神所感动的陌生人，在生日当天寄给舒乐博士一张100万美元的银行本票。8个月后，一名捐款者对舒乐博士说："如果你的诚意与努力能筹到600万美元，剩下的100万美元由我来支付。"

第二年，舒乐博士以每扇500美元的价格请求美国人认购水晶大教堂的窗户，付款的办法为每月50美元，10个月分期付清。6个月内，1万多扇窗户全部售出。1980年9月，历时12年，可容纳1万多人的水晶大教堂竣工。水晶大厦最终的造价为2 000万美元，全部是舒乐博士一点一滴筹集而来的。

梦想人人都有，但不是每个人都会为梦想孜孜以求。让美丽的梦想变成灿烂的现实，是上帝给执着追求者最好的馈赠。

（改编自于满：《心灵小品》，地震出版社2004年版）

小贴士

对个人而言，目标的威力就是：给人的行为设定明确的方向，使人充分了解自己每一个行为的目的；使自己知道什么是最重要的事情，有助于合理安排时间；迫使自己未雨绸缪，把握今天；使人能清晰地评估每一个行为的进展，正面检讨每一个行为的效率；使人在没有得到结果之前就能"看"到结果，从而产生持续的信心、热情与动力。

四、课堂讨论

（一）你认为找到什么样的工作算是找到了工作（或你对未来职业的期待是什么）

招聘会上人潮汹涌，场面一年比一年壮观，可谓触目惊心（见图1－1）。

图1－1　招聘会上汹涌的人潮

（二）五位大学生毕业当起了船娘，你们怎么看

据《扬子晚报》报道，五位大学生毕业当起了船娘：在扬州瘦西湖游船划船（见图1－2）。

图1－2　大学生船娘

如果我现在毕业的话：

首先我会找到工作，无论什么工作我都要去做。因为我知道我是一个农村孩子，如果我找不到工作，我的父母是没钱养我的。

我一毕业就要工作，要能养活自己。我可以找月薪1 000元、2 000元甚至是5 000元的工作，这就要看自己的本领了。

这个工作最好是和我学的专业相关，这样就比较容易成长。比如说我是学英语的，我就会去找英语教学的工作，或者使用英语比较多的工作。我只要找到了工作，就努力争取自己对工作的热爱，不给家庭造成负担，这是第一。

所谓的职业，就是一辈子想做的。当你做到一定程度，比如说你做了会计，最后自己出来开一个会计师事务所，这就变成你的事业了。你把前面的就业、职业和事业做好了，失业就永远找不到你。

一个大学毕业生来到新东方工作，先让他去打扫卫生间，如果他同意了，我心里会有一点感动，一个大学生愿意去打扫卫生；如果打扫得干净，我会让他管理所有打扫卫生的员工；如果管理得好，我会让他做后勤行政副总裁；如果后勤做得出色，等我退休了他就是新东方的总裁。

（节选自俞敏洪的演讲）

五位大学生，既是船娘又是导游，身兼多种角色。她们因言谈举止、精神面貌有别于其他船娘而成为扬州瘦西湖的一大亮点。她们为所在船只带来了大客流量，获得了有别于其他船娘的可观收入。五位船娘不可能一辈子是船娘，几年后她们可能是优秀的管理者，再几年后，了解了、掌握了、娴熟了，可能成为旅游业精英、大亨！

大学生应树立正确的职业意识，从基层做起，先就业后择业。未来的就业是充满希望的。生活是由量变到质变的。许多企业的老总都是从基层做起的。一位权威人士说过，“我们可以引进外资，可以引进先进的设备，甚至可以引进先进的管理模式，但是不可能引进大批的技能工人”。现在大学生失业是结构性失业，有人没事干，有事没人干。

课堂提问：

如果去布达拉宫，你是选择步行还是坐飞机？生活中，你是想做蜗牛还是老鹰？

答案没有对错，只有不同，因为经历的过程不同，收获也不同。

在金字塔塔顶的鹰和蜗牛，达到了同样的高度，但鹰是一下子飞上去的，很快很容易，它觉得平常，蜗牛是一步步爬上去的，过程很艰难，但它很快乐，很珍惜顶部的风景和感觉。

我们要学习蜗牛的三点精神：一是永远向前、向上；二是要有足够的耐力和耐心；三是给自己足够的时间。

技能训练室

1. **制作自我标签**

1968 年，心理学家罗森塔尔对某学校一至六年级部分儿童进行了一项“预测未来发展”的测验，随机抽取了一部分孩子的名单，然后告诉老师，这些孩子有“优异发展的可能”。8 个月后的智力测验结果表明，这些孩子的成绩明显提高。以后的随访也表明，这些孩子果然在同学们中脱颖而出，成为佼佼者。

实际上，罗森塔尔交给老师的名单是随机的，真正让这些孩子出类拔萃的是心理学家给他们贴上的“心理标签”。亲爱的同学们，在新的起点，你愿意给自己一个怎样的“标签”呢？

____

____

____

2. **搭建心灵的“楼层”**

人的心灵空间有许多不同的层次，就好比楼房有不同的楼层。不同层次的朋友存在于你心灵空间的不同层次。请你按照下面的提示，写出每一个层次的朋友的名字，搭建自己的心灵“楼层”。如果你愿意，还可以与同学比一比，谁的“楼层”最坚固。

缘分朋友：______________________________

卧室朋友：______________________________

厨房朋友：______________________________

客厅朋友：______________________________

店面朋友：______________________________

一楼：店面朋友，通常几句固定的话就够用了，如：你好吗？吃饭没？去哪里？……每个人看起来都很平稳、安定、满足。

二楼：客厅朋友，可以坐在一起喝喝茶，讨论目前的学习，憧憬将来的前途，交流最近的体育新闻……大家可以一起打发时间，可以化解内心的孤独。

三楼：厨房朋友，就是可以推心置腹的那种，觉得自己被对方充分了解，人生一点也不寂寞。

四楼：卧室朋友，是可以给予无私帮助的朋友。

顶楼阳台：缘分朋友，是可遇不可求的朋友。

小贴士

朋友是有层次的，把各种朋友进行分类，目的在于从中发现影响我们学习、事业最主要的人际关系因素，然后有目的、有意识地加强和相关方面的交往，为自己创造良好的人际关系环境，建造牢固的支持系统。如果你的“楼层”还不坚固，那么好好利用你的大学生活吧，从现在开始搭建你心灵的“楼层”。开始行动吧！

快乐自习室

1. 采访一位高年级学长学姐，请他（她）谈谈大学生活的经验和体会，然后编撰一份大学生活适应备忘录。

____

____。

2. 设定目标的练习。

假如你还没有设定目标，没有达到目标的行动计划，以下原因是否是你内心的写照：①不了解目标的重要性；②不知道如何设定目标；③对失败的恐惧。这三个原因中，哪一个是你无法设定目标的最主要原因？你打算如何处理这些问题？

请在以下每一个领域中，写下三个目标：

学习方面的目标：　　①__________；②__________；③__________。

人际关系方面的目标：①__________；②__________；③__________。

锻炼能力方面的目标：①__________；②__________；③__________。

身体健康方面的目标：①__________；②__________；③__________。

第二章 健康的心理——人生最具魅力的财富

本章提要

本章主要介绍人的心理现象及实质，树立健康的大概念，让大学生了解心理健康的标准，并且能够充分认识到心理健康的重要意义，增强维护自身心理健康的自觉性。

点亮心灯

让我们的灵魂跟上我们的脚步

有一个探险家，到南美的丛林中找寻古印加帝国文明的遗迹。他雇用当地人作为向导及挑夫，一行人浩浩荡荡地朝着丛林的深处走去。

那群土著的脚力过人，尽管他们背负笨重行李，仍是健步如飞。

在整个队伍的行进过程中，总是探险家先喊着需要休息，让所有土著停下来等候他。探险家虽然体力跟不上，但希望能够早一点到达目的地。

到了第四天，探险家一早醒来，便立即催促土著打点行李，准备上路。不料领导土著的翻译人员却拒绝行动，令探险家恼怒不已。

经过详细的沟通，探险家终于了解，这群土著中自古以来便流传着一种神秘的习俗，在赶路时，皆会竭尽所能地拼命向前冲，但每走上三天，便需要休息一天。

探险家对于这项习俗好奇不已，询问翻译的向导，为什么在他们的部族中会留下这么耐人寻味的休息方式。

向导很庄严地回答说："那是为了让我们的灵魂能够追得上我们赶了三天路的疲惫不堪的身体。"

课前互动：

分享一下你对这个故事的感受或体验。

第一节 人的心理现象及实质

一、地球上最美的花朵

"世界上最辽阔的是海洋，比海洋更辽阔的是天空，比天空更辽阔的就是人的心灵。"我们常常会听到"这个人深奥难懂""这个人居心叵测""这个人令人琢磨不透"等话语，就是因为人的精神世界是世界上最广阔、最复杂的，也是最抽象、最难以把握、难以控制的，恩格斯把它誉为"地球上最美的花朵"。

人的心理现象虽然丰富、广阔、复杂，但它也是有规律可循的，见图2－1。

人的心理并不神秘，只要在清醒状态下，我们随时可以感觉到心理活动。人们对眼睛看到的、耳朵听到的、脑子想到的，根据以往的经验进行预测、推理，将过去和现在、未来连接在一起，这个过程心理学上称为心理过程。心理过程也叫"认识过程"，包括感觉、知觉、记忆、思维、想象。

- 心理现象
  - 心理过程
    - 认识过程：感觉、知觉、记忆、思维、想象
    - 情感过程
    - 意志过程
  - 个性心理
    - 个性心理特征：能力、气质、性格
    - 个性心理倾向性：需要、动机、兴趣、爱好、理想、信念、价值观、世界观
- 心理的实质
  - 心理是脑的机能
  - 脑是心理的器官
  - 心理是客观现实的主观、能动的反映。

图 2-1　心理现象及心理的实质

通常认为，感觉是人脑对直接作用于感觉器官的客观事物的个别属性的反映；知觉是人脑对直接作用于感觉器官的客观事物的各种属性、各个部分的整体反映；记忆是人脑对经历过的事物的反映；思维是人脑对客观事物间接、概括的反映，是人反映事物本质属性及事物之间本质联系和规律的过程。

在现实生活中，你可能因为一件事情而喜悦，面带微笑或手舞足蹈；可能因为另一件事情而悲痛，满面愁容或愤愤不平。人的一切喜、怒、哀、乐、悲、恐、惊等心理活动称“情感过程”。它与人的需要是否得到满足紧紧联系在一起。

人和动物不同。动物的行为是在本能的驱动下对环境的被动适应，没有目的性、计划性，更不能预测未来。而人类的大多数行为是有目的、有计划的，是由一定的动机驱动的。例如，去健身房，可能是减肥的动机驱动的。为了达到减肥的目标，可能需要克服种种困难，采取各种办法。这是人类的意志过程。

心理学家把人的心理活动划分为心理过程（认识过程、情绪情感过程和意志过程）和个性心理（个性倾向、个性心理特征）。人的各个心理过程都是密切联系、互相制约的。人的认识过程和意志过程总是伴随着一定的情绪情感活动，人的情绪情感、意志过程又是以认识过程为前提的，情绪情感和意志活动促进了人的认识的发展和深入。心理过程是个性心理之源，反过来，个性心理又制约着心理过程。

人的心理过程进行时所表现出来的个人的特征叫个性心理。它一方面表现为个性心理倾向性方面的差异，如人的需要不同，兴趣、动机乃至理想、信念、价值观也不同；另一方面表现为个性心理特征（能力、气质、性格）方面的差异。这是个性心理差异的集中表现，比较稳定地反映个体的特色风貌。

心理过程和个性心理是密切相连、密不可分的。人的个性心理是在人的心理过程中形成和发展起来的，已经形成的个性又会制约心理过程，心理学的任务就是研究人的心理过程和个性心理的形成与发展规律，进而促进或改进人的心理活动、心理特征的形成和发展。

既然人的心理现象丰富复杂、抽象难懂，那么，人的心理是不是就一定无法了解

了呢?

人的心理活动包括外显的行为和内隐的心理历程。外显的行为是可以观察到的，内隐的心理历程是外部看不见的。比如，人有各种不同的“笑”：微笑，大笑，甜蜜的笑，苦涩的笑，开朗的笑，奸诈的笑，自信的笑，卑微的笑，神秘的笑……各种“笑”都是内心活动的外部表现，心理学观察人的外部表现和行为，分析、研究影响心理的各种因素及其之间的相互联系，从而揭示人的心理活动规律，用以科学地解释、预测和调控心理行为的发生和发展，最终为人类服务，如使用测谎仪，进行心理测试等。也就是说，心理学可以通过人的外在表现和行为来推测人的心理。

二、心理活动的特点和实质

辩证唯物主义认为，人的心理是脑的机能，是客观现实的反映。科学研究早已证明，脑是心理活动的器官，离开大脑这一物质基础，任何心理现象都不会发生。

生物心理学和神经生物学研究表明：心理现象是在动物适应环境的过程中，随着神经系统的产生而出现，并随着神经系统的不断发展和完善，由低级逐步向高级方向发展的。无神经系统的动物没有心理现象，像蚯蚓这样的无脊椎动物，神经系统非常简单，它们只有刺激感应，因而只有感觉现象；脊椎动物有了脑和各种感觉器官，也就有了知觉的心理现象。高级的哺乳类动物，像大象、鲸，以及灵长类的猩猩、猴子等动物的大脑结构越来越复杂。研究表明，大猩猩的大脑结构与人类的大脑结构已经很接近了，在这类动物身上已经出现了思维的萌芽，能够解决简单的问题。可见，动物的心理从低级到高级的发展，是与其神经系统的不断发展密不可分的。人类出现了大脑皮层，神经系统更加复杂。人的大脑具有既分工又整合的机能，能够对复杂的信息进行加工，从而产生了语言、思维、情感、意志等高级的心理活动。

健全的大脑给人的心理活动提供了物质基础，但大脑只是心理活动的器官，具有反映外界事物而产生心理的机能，心理并不是人脑本身所固有的。心理现象是客观事物作用于人的感觉器官，通过大脑活动而产生的。所以，客观现实是心理产生的源泉和内容，离开客观现实来考察人的心理就变成了无源之水、无本之木。对人来说，客观现实既包括自然界，也包括人类社会，还包括人类自己。

人的心理反应具有主观、能动的特点。心理是在客观刺激的作用下，人的大脑中产生的客观事物的映像，但这种映像不是镜子式的反映，而是能动的反映，是一种主观映像，并具有社会制约性。这种映像从外部是看不见也摸不着的，但是它支配人的行为活动，又通过人的行为活动表现出来。因此，你可以通过观察和分析人的行为活动来客观地研究人的心理。

第二节　健康新概念

课堂思考：

健康、知识、金钱、家庭，对于你来说，哪个最重要？说明理由。

一、健康是个大概念

健康到底是什么？有人说：没病，就是健康。当然，他们指的没病、健康是经过人体测量、体格检查，用生理指标衡量的——关注的是生物学的变化。那么，仅仅无躯体上的疾病算不算健康？精神病病人属于健康人吗？有忧郁症、恐惧症等疾病的人算健康吗？在激烈的社会竞争面前，有的人终日惶惶无措，处理不好人与人之间的关系，最终采取逃避现实或极端的方法，如自杀弃世，这样的人算健康吗？

随着社会的发展，现代社会生活中的人们普遍面临着激烈的竞争，频繁、快速的生活节奏，前所未有的巨大的心理压力使人不堪重负，这对人类健康均产生重大影响。人们开始认识到心理、社会因素在健康与疾病及转化中的不容忽视的重要作用。因此，从更全面的角度来诠释健康的生物（躯体）、心理、社会模式应运而生。

1978 年世界卫生组织（WHO）对健康下的定义为：不仅指肌体的强健和没有疾病，而且是一种生理上、心理上和社会方面的完满状态。毕淑敏说，如果把人间比作原野，每个人都是在这片原野上生长着的茂盛植物，这棵植物会开出美丽的三色花：一瓣是黄色的，代表我们的身体；一瓣是红色的，代表着我们的心理；一瓣是蓝色的，代表我们的社会功能。无论黄花瓣多么艳丽，也只是这种植物的一部分，红花瓣和蓝花瓣也要怒放，才是生机勃勃的风景。

1989 年世界卫生组织又深化了健康的概念，提出 21 世纪健康的概念应包括“身体健康、心理健康、社会适应良好、道德健康”四个方面的标准。这一概念强调以身体健康为物质基础并发展心理健康和良好的社会适应，道德健康则是整体健康的统帅。

（一）生理健康

生理健康是生命之本，是人们正常生活和工作的基本保障，达不到这一点，就谈不上健康，更谈不上长寿。培根说：“健康的身体乃是灵魂的客厅，有病的身体则是灵魂的禁闭室。”毛泽东说：“健康的身体载知识之车，寓道德之所也！”古希腊著名的哲学家赫拉克利特说：“如果没有健康，智慧就难以表现，文化无从施展，力量不能战斗，知识也无法利用。”

知识窗

人体生物钟现象

有人研究，在24小时中，人体功能呈如下变化：

凌晨1时：大多数人已入睡数小时，进入易醒的浅睡阶段，对疼痛特别敏感。

2时：大部分器官工作效率减慢，而肝脏活动异常活跃。在这段时间里，肝脏加紧生产人所需要的物质，同时加紧清除肝脏和血液中对人体有毒害的物质，仿佛进行着人体内的“扫除”。

3时：全身进入休息状态，肌肉完全放松，血压降低，呼吸和心跳次数均减少。

4时：血压更低，脑部供血进入一日中最低点。此时是各种严重疾患者易死亡的时刻。全身器官工作节律虽较缓慢，但听觉灵敏，稍有响动即惊醒。

5时：肾脏几乎不分泌。在经历了浅睡、做梦及不做梦的深睡几个阶段之后，人的精力基本恢复。此时起身，顿有精神饱满之感。

6时：血压升高，心跳加快，即使想继续入睡，也睡不安稳。

7时：人体的免疫功能特别强，若身体此时遇到病毒或病菌，最有希望抵抗住，肾上腺分泌激素最多，心率增加，体温升高。血液在体内循环的脉冲强，这是大自然本身发出的“闹钟声”。

8时：肝内的有毒物质全部排尽，此时绝对不要喝酒，因为它会给肝带来很大的负担。此时性激素分泌达高峰（不是惯常认为的薄暮时刻）。男人比女人更能意识到这一点。

9时：精神活性提高，痛感降低。心脏开足马力工作。此时脑啡肽和内啡肽达峰值，对人体有麻醉作用。这是一天中需要止痛剂最少的时间。

10时：精力充沛。注意力和记忆力最佳，运动状态最佳，是最好的工作时间。

11时：心脏照常努力工作，人体不易感到疲劳。

12时：到了全身总动员的时刻，此时最好不要马上吃午饭，把它推迟到13时。

13时：身体最易受到酒精的影响。午饭时喝马丁尼会对午后的工作产生灾难性的影响，原因即在此。此时，肝休息，有部分糖原进入血液。上半天的最佳工作时间即将过去，人易感到疲倦，需要休息。

14时：这是一天24小时中的第二次最低点。此时几乎人人感到精力不济，与午饭吃什么关系不太大，而与中午时间正常的内分泌变动关系最大。

15时：情况开始好转。人体器官此时最为敏感，特别是嗅觉和味觉。工作能力逐渐恢复。

16时：血液中的糖分增加。有的医生叫它“饭后糖尿症”。但这不是疾病，因为血糖含量很快就会降下去。此时人会脸上发红，身上出汗，呼吸费力，这是因为体内的新陈代谢在发生变化，在为应付白天的后半天做准备。

17 时：工作效率更高。运动员的训练量可以加倍。嗅觉和味觉最灵敏。听觉达到每日的第二次高峰。

18 时：痛感重新下降。希望增加活动量。神经活性降低。此时，人的潜在体力正值高峰。精力和耐力在这时最盛，尽管心理因素可以使这种力量减弱。

19 时：血压增高，精神情绪最不稳定，任何小事都会引起口角。这是由于内分泌变动引发脾气烦躁，易发怒。

20 时：体重最重，反应异常迅速。司机此时驾车很少出车祸。体重最大是缘于此时一天的食物和水分都已贮存在体内。这时不宜爬楼梯。

21 时：神经活动正常。此时最适于学生背书、演员记台词。晚间记忆力增强，可以记住不少白天没能记住的东西。

22 时：血液内充满白细胞，每立方厘米白细胞数从 5 000 ~ 8 000 增加到12 000。体温下降，呼吸减慢，内分泌水平降低。身体功能全面处于低潮。

23 时：人体准备休息，继续做恢复细胞功能的工作。

24 时：一昼夜中的最后一点钟，如 22 时就寝，现在该进入梦乡了。午夜，机体开始它最繁忙的工作，排除死去的细胞，制造新的细胞，为下一天的生命活动做好准备。

（摘自方建文主编的《全面素质教育手册》）

（二）社会功能

健康的人具有良好的社会适应能力，能建立良好的人际关系，有自我调节的能力和适应各种复杂环境及其变化的能力。

（三）道德健康

健康的人能接受社会公认的道德准则，并以此约束自己的言行，具有辨别善恶、美丑、荣辱、是非的能力，做到不损人利己，能为他人健康与幸福做出自己的贡献。

道德纳入健康范畴是有科学依据的。巴西著名医学家马丁斯研究发现：屡次贪污受贿的人易患癌症、脑出血、心脏病和精神过敏症；品行善良、心态淡泊、为人正直、心地善良、心胸坦荡，则使人心理平衡，有助于身心健康；违背社会道德准则，胡作非为，则会产生紧张、恐惧等不良心态，有损健康，据测定，这类人很容易得神经中枢疾病，内分泌系统功能容易失调，其免疫系统的防御能力也会减弱，最终会在恶劣心态的重压和各种身心疾病的折磨下，或者早衰，或者早亡。

（四）心理健康

1. 心理健康运动的兴起

克利福德·威廷汉姆·比尔斯（Clifford Whittingham Beers，1876—1943）是美国精神卫生专家，一般被认为是现代心理卫生运动的发起人。他 18 岁就读于耶鲁大学商科，毕业后到纽约一家保险公司工作。比尔斯的哥哥患有癫痫，他目睹其兄病情发作时昏倒在地、四肢抽搐、口吐泡沫的可怕情景，担心自己也会得这种病，于是终日惶恐不安。24 岁时，比尔斯因精神失常从四楼跳下，经人救起被送往精神病医院治疗。3 年住院期间，他经历了当时精神病院中种种非人的待遇，目睹了病友们遭受的不可言状的痛苦，立志将自己的余生贡献给精神病人，并终生从事预防精神病工作。

病愈后，1908 年，他将自己在病中的所见所闻写成了一本自传著作《一颗找回自我的心》（*A Mind That Found Itself*），标志着近代心理健康运动的开始。在这本书中，他用生动的笔墨历数了当时精神病院的冷酷和落后，详细记述了自己的病情、治疗和康复经过，并且向世人发出改善精神病患者待遇的强烈呼声。

此书问世之后，得到当时哈佛大学教授、心理学大师 W. 詹姆斯的赞赏和著名精神病学家 A. 迈耶的支持。比尔斯得到各方面的赞助和鼓励后，于 1908 年 5 月 6 日成立了“康涅狄格州心理卫生协会”，这便是世界上第一个心理卫生组织。1909 年 2 月 11 日，又在纽约成立了全国心理卫生委员会（比尔斯任顾问）。1917 年，全国心理卫生委员会创办了《心理卫生》杂志，采用多种形式宣传普及心理卫生知识，使心理卫生运动逐渐在美国形成了一股热潮。1930 年 5 月 5 日，比尔斯等心理卫生的推行者在美国华盛顿召开了第一届国际心理卫生大会，中国也派出了代表参加。本次大会产生了一个具永久性质的国际心理卫生委员会。在美国心理卫生活动的推动下，世界许多国家纷纷成立心理卫生组织，标志着心理卫生运动已经发展成为一种世界性的潮流。

心理健康运动的兴起与普及绝非偶然，它反映了社会发展的需要，也证明它符合人类自身的利益。

2. 心理健康的概念

一般而言，心理健康是指人的心理，即知、情、意活动的内在关系协调，心理内容与客观世界保持统一，并据此能促使人体内外环境平衡和促使个体与社会、环境相适应的状态，由此不断地发展健全、稳定的人格，提高生活的质量，保持旺盛的精力和愉快的情绪。广义上讲，心理健康是指一种高效而满意的持续的心理状态；狭义上讲，心理健康是指人的基本心理活动的过程内容完整、协调一致，即知、情、意、行、人格完整协调，能适应社会。

理解心理健康的含义，要重点把握心理健康的三个主要特征：一是心理过程具有完整性和协调性，即心理活动中的认知、情感、意志三个过程内容要完整、统一、协调；二是心理活动与外部环境具有同一性，即个体能够根据客观环境的需要和变化，不断调整自己的心理行为，使所思所想、所作所为能正确反映外部世界，无明显差异，达到与客观环境保持协调的状态；三是个性心理特征具有相对稳定性，即人的个性心理特征在没有经历重大的外部环境改变的前提下，气质、性格、能力等个性特征相对稳定，行为表现出一贯性。

3. 大学生心理健康的标准

心理学家认为，心理健康的一般标准包括：悦纳自我；能与他人合作，有较强的人际交往能力；能够恰当控制和管理自己的情绪，使自己基本上能够保持一种积极的、乐观的心态；独立自主，有较强的社会适应能力；有较强的意志品质，能够承受挫折；

热爱生活和学习，能在生活和学习中获得幸福感；在学习、工作中发挥自己的潜力，有创新能力；人格完善和谐、智力正常（IQ>80）；心理年龄与生理年龄相符合。从这些标准中可以看出，界定心理健康与否，应该从环境适应能力、情绪调控能力、挫折耐受能力、社会交往能力以及自我意识水平等方面进行衡量。

了解什么是心理健康标准，对于增强与维护人们的整体健康水平有重要意义。大学阶段是大学生心理迅速走向成熟的时期。这一时期，个体智力发展进入最高阶段，心理需要呈现多样化，情感体验丰富而深刻，自我意识趋于成熟与完善，性意识和爱情需要有了进一步发展。但由于大学生心理发展未完全成熟，在心理发展过程中呈现出一些明显特点：一是心理社会成熟度相对滞后，引发种种矛盾和冲突，心理发展具有双重性；二是心理发展处于急剧变化之中，存在着不稳定因素，容易受外界和生活情境的影响，具有可塑性；三是不同年级的大学生心理发展，因面临任务、所处环境不同而有所差异，其心理发展具有阶段性。

大学生心理健康标准，需要依据大学生心理特征和心理发展特点来确定。国内心理学工作者依据大学生心理特征和心理发展特点，提出我国大学生心理健康的具体标准如下：

（1）能正确认识自我和接纳自我。这是大学生心理健康的重要标志。正确的自我评价乃是大学生心理健康的重要条件。大学生应自我观察、自我认定、自我判断和自我评价，恰如其分地认识自己，摆正自己的位置，既不以自己在某些方面高于别人而自傲，也不以某些方面低于别人而自惭，能够自我悦纳，自尊、自强、自制、自爱，正视现实，积极进取。

（2）具有良好的学习能力。这是大学生学习、生活与工作的基本心理条件，也是适应周围环境变化所必需的心理保证，因此衡量时，关键在于是否正常地、充分地发挥了效能，即是否有强烈的求知欲，乐于学习，能够积极参与学习活动。

（3）能保持和谐的人际关系。良好而深厚的人际关系，是事业成功与生活幸福的前提。其表现为：乐于与人交往，既有广泛而深厚的人际关系，又有知心朋友；在交往中保持独立而完整的人格，有自知之明，不卑不亢；能客观评价别人和自己，善取人之长、补己之短，宽以待人，乐于助人，积极的交往态度多于消极态度，交往动机端正。

（4）具有良好的适应能力。个体与客观现实环境保持良好秩序。客观观察以取得正确认识，以有效的办法应对环境中的各种困难，不退缩，还要根据环境的特点和自我意识的情况努力进行协调，或改革环境适应个体需要，或改造自我适应环境。

（5）具有顽强的意志。意志是人在完成一种有目的的活动时，所进行的选择、决定与执行的心理过程。意志健全者在行动的自觉性、果断性、顽强性和自制力等方面都表现出较高的水平。意志健全的大学生在各种活动中都有自觉的目的性，能适时地做出决定并运用切实有准备的方式解决所遇到的问题，在困难和挫折面前能采取合理的反应方式，能在行动中控制情绪和言行，而不是行动盲目、畏惧困难，顽固执拗。

（6）具有良好的情绪状态。其标志是情绪稳定和心情愉快。内容包括愉快情绪多于负面情绪，乐观开朗，富有朝气，对生活充满希望；情绪较稳定，善于控制与调节自己的情绪，既能克制又能合理宣泄；情绪反应与环境相适应。

（7）具有完整和谐的健康人格。人格是指个体比较稳定的心理特征的总和。人格完善就是指有健全统一的人格，即个人的所想、所说、所做都是协调一致的。健康的人格就是人格结构的各要素完整统一，具有正确的自我意识，不产生自我同一性混乱，以积极进取的人生观作为人格的核心，并以此为中心把自己的需要、目标和行动统一起来。

（8）心理行为符合大学生的年龄特征。大学生是处于特定年龄阶段的特殊群体，大学生应具有与年龄和角色相对应的心理行为特征。

了解了这个群体的心理健康标准，大学生可以以此为依据进行心理健康的自我诊断。如果发现自己的心理状况与心理健康标准有一定距离，就要有针对性地加强心理锻炼，不断提高自己的心理健康水平。

知识窗

中国人心理健康标准首度公开出台

中国心理卫生协会理事长蔡焯基教授在《维护心理健康　构建和谐社会——心理健康的概念与标准》的学术报告中，首次公开介绍中国人心理健康标准及其制定和确立的过程。

中国人心理健康标准的研究基于两个背景：一是心理健康对人生的幸福以及对构建和谐社会所产生的影响日渐明显；二是党和国家十分重视我国人民心理健康的维护工作，心理健康的意义已经得到国家高度重视和社会充分认可。

专家讨论后初拟出14条中国人心理健康标准：一是智力，表现为智力正常；二是现实性，表现为适应周围环境，能面对和接受现实；三是人际关系，表现为人际关系协调；四是社会道德，表现为行为符合社会规范；五是社会角色功能，表现为能有效行使社会角色的功能；六是自我评价，表现为客观评价和要求自己；七是自我认识，表现为自尊、自信、自我接纳；八是主观体验，表现为有安全感与幸福感；九是同情心和爱，表现为具有同情心和爱心；十是情绪健康，表现为心境愉快，情绪稳定；十一是意志健康，表现为具有独立性、果断性、坚持性和自制性；十二是心理行为与年龄，表现为心理行为与年龄相符；十三是自我实现，表现为有积极向上的人生目标；十四是人格完整和谐，表现为人格健全，心理活动与行为方式和谐统一。

研究人员将这14条标准的专家意见稿进行整理，再征求全国各省在精神卫生领域或心理学领域有着长期深入研究的学者们的意见。

在处理时，采取的原则是：对专家的同意率进行分析，将同意率大于等于95.0%的标准予以保留；将专家意见归为合并、删除、修改、其他四类，依据比较集中的专家意见进行统计和进一步修改。经过分析后得到10条心理健康标准：智力活动基本正常；适应环境，应对现实；人际关系和谐良好；认识自我，悦纳自我；情绪稳定，有安全感；心理活动和谐一致；社会角色功能良好；具有同情心和爱心；具有独立性、果断性、坚持性和自制性（意志健康）；人生态度现实积极。

4. **如何理解心理健康的概念和标准**

人的身高可以用尺子测量、体温可以用温度计测量，心理健康水平的测试就困难得多了。不妨先来看看下面的例子：

一个人玩扑克游戏正玩得开心，同伴走过来拿走了他的扑克牌，他立刻哇哇大哭，你认为他正常吗？也许你认为他不正常。但是，如果他是一个四五岁的孩子，你还这样认为吗？

有一位同学，精力旺盛，易于与人相处，成天无忧无虑。可是近两个星期来，他变得极为抑郁，不能集中精力学习，晚上失眠，还时常发出阵阵失去控制的哭喊声。他是精神不正常了吗？也许你会这样认为。但是，假如你知道，他两个星期前收到家里的来信，得知自己的弟弟得了白血病，两天前又得知弟弟已离开人世。你还会认为他的精神出了问题吗？

这些例子说明了什么呢？

以什么为标准，这是一个复杂的问题。由于地域不同，社会评价标准不同，所以心理健康没有一个普遍模式。对于同一个人，心理健康可能以不同的方式表现出来。即使是同一个人，在不同时期，其反映心理健康的特点也可能是不同的。

（1）人的心理健康状态是相对的。判断人的心理健康必须考虑年龄、性别、社会身份、情境等各种因素。某些行为发生在孩子身上是正常的，发生在成人身上则是不正常的；某些行为发生在女性身上是可以接受的，发生在男性身上则难以容忍；某些行为在特定的社会背景和条件下是正常的反应，而在其他情况下出现则是变态。基于此，心理学家提出判定一个人的心理是否正常，就看其在同等条件下是否符合大多数人的心理和行为的一般模式。至于具体的、绝对的标准，还没有定论。

（2）心理健康状态的模糊性。人的心理健康与不健康，不是泾渭分明的对立面，而是一种连续或交叉的状态。因此，心理健康或者不健康不是一下子就能截然分清楚的，良好的心理健康状态与严重的心理疾病之间是一个渐进的连续体，异常心理与正常心理、变态心理与常态心理之间没有绝对的界限，只是程度上有差异。

（3）心理健康状态具有可逆性。人如果不注意心理保健，经常出现不良的心理状态，心理健康水平就会下降，甚至会出现心理变态或患上心理疾病；反过来，当心理出现困扰或失衡时，学会及时自我调整或者寻求心理帮助，就会很快解除烦恼，恢复愉快的心情。

（4）心理健康状态具有动态性。心理健康是个体较长时间内的一种持续稳定状态，也是一种不断积极完善、不断向上的发展过程。

知识窗

大学生心理健康日（5 月 25 日）

2000 年，由北京师范大学心理系团总支、学生会倡议，北京十多所高校响应，并经有关部门批准，确定 5 月 25 日为“北京大学生心理健康日”。

“5 · 25”是“我爱我”的谐音，对此，发起人的解释是：爱自己才能更好地爱他人。

心理健康日首先在北京确立并推广开来。经过心理学人的努力，心理健康日越来越受到上级部门和广大师生的重视和支持。

2004 年，团中央学校部、全国学联共同决定将 5 月 25 日定为“全国大中学生心理健康节。”

你了解世界精神卫生日吗？

1948 年成立的“世界精神卫生联盟”，由专业人员、患者和家属及其他感兴趣的人士组成。

1991 年，尼泊尔提交了第一份关于“世界精神卫生日”活动的报告。

1992 年，世界精神病学协会（World Psychiatric Association，WPA）发起创立“世界精神卫生日”，并将时间定为每年的 10 月 10 日。

随后的十多年里，许多国家参与进来，将每年的 10 月 10 日作为特殊的日子：提高公众对精神疾病的认识，分享科学有效的疾病知识，消除公众的偏见。减少歧视，增进寻求帮助、自助和帮助他人的能力。

后来，世界卫生组织确定每年的 10 月 10 日为“世界精神卫生日”，并结合现实情况和精神卫生的需要，确定每年的活动主题。

第三节 健康的心理——人生最具魅力的财富

课堂讨论：

作为一个现代人，好不好？

当人类依仗科学技术的神力成功地将自己从自然的束缚下解放出来之后，人类几乎到了随心所欲的地步。难道现代人真的获得自由了吗？现代人真的享受到了真正幸福、充实与安全的生活吗？

一、心理问题带来的社会影响

（一）心理问题严重地困扰着人们的生活，降低了人们的幸福感

随着生活步伐的加快，社会竞争日益激烈，人们的压力也越来越大。现实中，人们活得并不轻松愉快。许多人无法体验到生活的幸福。

上海可锐管理咨询公司2003年度的客户抽样调查显示，68%的白领职业安全感低，自觉“朝不保夕”，职业焦虑严重。今天工作不努力，明天就要努力找工作，甚至今天工作很努力，明天也得努力找工作。

据不完全统计，1980年以来，我国内地已有1 000多位企业家自杀身亡。其中，既包括一些比较著名的大企业的企业家，如原上海大众汽车公司总经理方宏跳楼自杀，贵州习酒老总陈星国举枪自尽，也包括一些不太著名的中小企业的企业家，如年仅29岁的茂名永丰面粉厂老板冯永明在家中割腕自杀。冯在遗书中写道：“现实太残酷，竞争和追逐永远没有尽头，我将到另一个世界寻找我的安宁和幸福……”

（二）心理问题让人们的身心疾病日益凸显

负性情绪无法摆脱，严重影响荷尔蒙的分泌（分泌毒素），进而破坏人的免疫系统的功能，使人产生各种各样的身心疾病。

在北京召开的世界精神病协会年会发表的数字显示，目前我国有5%的人存在不同程度的心理障碍，13%的人患有不同程度的精神疾病。我国卫生部提供的数字说明，20世纪50年代，我国精神病总发病率为2.7%，20世纪80年代以来呈上升趋势，目前已达13.47%，上涨了近4倍。现在总发病人数达1 600万人，其中精神分裂者600万人，相当于每60户中即有一例，并以每年10%以上的速度增加。我国每年有28.7万人自杀死亡，另有200万人自杀未遂。自杀成为我国15~34岁人群的首位死因，成为全部人群的第五位死因。

（三）心理问题有严重的社会危害

心理健康问题之所以成为“最大问题”，不仅在于这个问题本身的严重性，而且还在于这个问题的严重社会危害性：一是加重疾病负担。世界卫生组织的研究显示，在中国负担较高的20种疾病中，精神疾患占了5项，分别是抑郁、双相情感疾病、精神分裂症、强迫症和自杀。精神障碍造成的负担，在目前中国疾病总负担中排名第一，已超过心脑血管疾病、糖尿病和恶性肿瘤等。二是摧残人力资源。中国各种精神疾病所致的劳动力丧失占全部疾病及外伤所致的残疾和劳动力丧失的20%。例如，自杀造成人力资源的直接损毁，企业家的自杀使这一稀缺资源的供给更加短缺。三是增加社会负担。据统计，一个人自杀会对6个人造成巨大影响，在对家人、亲友造成巨大心理创伤的同时还给国家、社会和家庭带来沉重的经济负担。

大量有心理问题或精神疾患的人群的存在，是埋在人们身边的“隐形炸弹”。云南大学的马加爵走上犯罪道路之前，重庆铜梁的袁代中因与妻争吵而酿出一场死伤数十人的惨剧之前，都已经有了严重的心理问题，由于没有得到及时的疏导与治疗，最终导致悲剧发生。心理不正常的人，犹如“隐形炸弹”，一旦遇到刺激，哪怕在正常人看来是微不足道的刺激，都随时会爆发为杀人、放火、投毒、毁坏财物等恶性事件，产生难以想象的后果。

二、重视心理健康已成为社会发展的必然结果，也是社会发展对教育提出的必然要求

心理健康为人们重视的程度是与社会的发达程度相关联的。一般来说，社会发展的程度越高，人们所承受的社会压力越大，人们的心理健康问题越突出。目前，心理健康教育日益为人们所重视，正是社会发展的必然结果，也是社会发展对教育提出的必然要求。

（一）关注心理健康状况是社会发展的必然结果

首先，随着社会进步，人类物质生活水平逐渐提高，在基本的生存和温饱问题得到解决之后，心理问题便显示出来。

其次，伴随着医学科学的进步，人类卫生习惯和生活条件的改善，许多昔日严重危及人类生命的疾病已经得到有效的治疗和控制。人类的平均寿命延长，各种生理疾病对于生命的威胁不再像过去那样严峻，而心理状况对于生命质量的影响则日益突出。

最后，急剧变化、发展迅速的现代社会，对于人的心理素质提出了比过去高得多的要求，人们普遍承受着比以往沉重得多的心理压力，各种心理障碍和心理疾病的出现也比过去频繁得多，并呈现出不断增长的趋势，对于个人幸福和社会发展造成了明显的威胁。

心理健康问题首先在发达国家引起了人们的注意。迄今为止，世界各国的经验表明，社会的现代化程度越高，发展速度越快，人类的心理健康问题的意义也就越突出。中国的改革开放极大地加快了社会现代化的进程。同时，中国社会的心理健康问题也正显示出严重性，并且日益引起人们的重视。随着中国现代化进程的深入，社会成员的心理健康问题将更加严峻，成为我们必须正视和解决的难题。

中国人力资源开发网联合国内众多知名媒体启动了“2005 年中国员工心理健康”调查，调查问卷发布在中国人力资源开发网、新浪、搜狐、雅虎、网易、腾讯等媒体上。共有 5 266 名在职人士填写了问卷，结果表明：四分之一的上班族存在一定的心理健康问题。在所有参加调查的人中，有 25.04% 的被调查者存在一定程度的心理健康问题，2.24% 的被调查者存在着严重的心理健康问题。被调查者经常频繁出现的心理健康问题有：精神上的压力，感觉不开心、郁闷，觉得自己不能担当有用的角色。

（二）开展心理健康教育是社会对于学校和家庭的要求

很长时期内，人们对于心理健康的追求主要局限在医学范畴，也就是说主要在于对心理疾病的治疗方面，往往耗费大量精力、财力、时间在少数已经出现严重心理障碍和心理疾病的患者身上，结果却事倍功半，没有顾及大多数人的心理健康。

这种状况近年来开始出现改变。许多心理咨询、心理治疗专家越来越认识到，与其如此，不如将注意的焦点转移，放到教会大多数社会成员如何预防心理障碍的产生、如何调适心理冲突等方面。也就是说，从以治疗为主转移到以预防为主，而预防的主要渠道便是教育。事实证明，在帮助心理障碍与心理疾病患者的过程中积累起来的理论和方法，在加以变通后同样可以应用在正常人身上，达到防患于未然的效果。

这种认识上的转变是一个重大的进步，标志着人类的心理健康事业进入了新的阶段。正是在这种认识下，心理健康与学校、家庭逐渐结合起来，成为教育的一个重要组成部分。

在北美、欧洲和日本，心理健康教育首先成为学校追求的重要目标，开展心理健康教育是学校的正式任务。在早期，学校有关措施主要是配备心理咨询人员，为学生提供心理咨询服务。目前的情况有了较大的变化，面向全体学生的各种各样的心理辅导课程普遍开设，与学校心理咨询并驾齐驱。值得注意的是，利用学校教育的优势对所有受教育者而不只是其中一部分人的心理健康发挥影响，这种类型的课程即使在这些发达国家也是比较新的，而且发展的速度相当快。同时，人们越来越重视心理健康教育向家庭的渗透。

在我国，改革开放对于教育所产生的必然结果之一，就是心理健康教育进入学校教育和家庭教育领域，这是社会发展对教育提出的要求。中国儿童中心发布的《中国儿童的生存与发展：数据与分析》显示：中国 17 岁以下的少年儿童中，至少有 3 000 万人受到各种情绪障碍和行为问题的困扰。5. 2% 的儿童存在明显的躯体化、强迫症状、人际关系敏感、抑郁等心理健康问题。近年来，大学生的心理健康问题已引起了社会的广泛关注。有数据表明，大学生群体中有心理障碍倾向的占 20%，有较严重心理障碍的占 10%，严重的占 1%。因心理问题休学、退学的现象时有发生，自杀、凶杀等一些反常或恶性事件不时见诸报端。数据提醒我们：我国学生的心理健康状况不容乐观。学校必须主动地适应社会对教育提出的新要求，家庭也要根据子女心理健康的要求，调整自己的教育内容和方法。

近几年来，中国的教育工作者——从科研人员到普通教师，对于受教育者健康的认识实现了一次转变和飞跃：对于健康，从片面狭隘地理解为生理上的良好状态，变成了自觉地理解为包括生理和心理两个方面的良好状态。今天为人们普遍接受的健康概念，不仅意味着强壮的体格，还意味着积极的心理状态。这是因为人们已经充分感受到，在变化迅速、竞争激烈的现代社会，如果缺少良好的心理素质和心理健康，就不会有个人的幸福，就无法满足社会的需求。在全社会，尤其是教育界，随着对于健康的认识的转变，越来越多的家长开始意识到子女心理健康的重要性，意识到它对于孩子成长的意义。

三、大学生心理健康的价值与意义

大学时代是人生旅途的一个重要转折点。在成长过程中，大学生将面临许多重要的发展课题，将遇到种种苦难和挫折，将会体验到伴随成长的焦虑、苦恼、悲观、失望以及兴奋、喜悦、欢乐和自信。在这急剧变化的人生发展阶段，具备良好的心理素质是大学生尽快适应大学生活、完成学业、走向社会的必备条件。

心理压力、心理冲突、心理健康问题对当代大学生们有着广泛而深刻的影响。

（一）心理健康对生理健康具有直接的影响

人的心理健康与生理健康是相互影响、相互作用的。《黄帝内经》指出："怒伤肝、喜伤心、思伤脾、忧伤肺、恐伤肾。"现代生理学研究已证明，积极的心理对生理健康具有促进作用。俄国生理学家曾对战场上的伤员进行调查，发现战胜方伤员的伤口要比战败方的愈合得快，且愈合得好。其原因为战胜方伤员的心态更为积极。

相反，如果一个人的心理长期处于不健康状态，则必然导致生理异常，或发生病变（心理学实验：过度焦虑的猴子易得胃溃疡）。有的医学家经过研究发现，不少癌症患者并不是由于癌细胞的扩散导致快速死亡，而是心理的过分恐惧导致寿命大大缩短，换句话说，是被"吓死的"。而那些能够在医生的治疗下战胜癌症的人，都有一个共同的特征：始终保持自信、乐观。

心理是大脑活动的产物，大脑是全身的主宰。人要通过大脑的调节来完成肌体内外环境的协调，包括心理活动和生理活动的平衡。心理发生异常反应，就会扰乱大脑的机能，引起新陈代谢、内分泌的异常，内脏的功能也会随之紊乱失调，许多疾病就有可能产生。例如：发怒可使脑垂体、肾上腺等分泌物质增加，导致心脏提前收缩，产生心律不齐；剧烈的感情冲动可使大脑皮层高度兴奋，导致心跳加快，血压升高，甚至诱发心绞痛或心肌梗塞，精神过度紧张可使植物神经中枢受刺激，导致肠道正常机能失调而出现腹泻或便秘。临床实践证明，40% 以上的疾病与心理因素有着直接或间接的关系，心理不健康尤其是情绪不稳定，犹如一枚"定时炸弹"，随时会酿成大祸。

保持健康心理有利于促进身体新陈代谢，保持各器官生理活动平衡，提高肌体免疫力，促进人的身体健康。现代科学家、美国哈佛大学医学院教授对 208 名男大学生做了整整 60 年的跟踪研究发现，最长寿的是那些心态良好、乐观开朗的人。我国著名心理学家王极盛积累 36 年的研究成果，提出了"不良心理因素对健康的危害不亚于病菌，良好的心理因素对健康的作用胜过保健品"的论断。这些都充分说明，人的心理健康对身体健康有着直接影响。

所以，心理因素对健康的影响已引起医学界和心理学界的广泛关注。一个人如果长期处于郁闷或者焦虑的状态下，迟早会憋出病来。要想保持一个健康的身体，除了加强锻炼之外，保持良好的心境也是必不可少的。

（二）心理健康是智力发展（学习）的必要条件

大量调查表明，心理问题和心理疾病成为困扰大学生正常学习、生活的大问题，是大学生休学、退学的主要原因。大学生的主要任务是学习，即掌握知识、形成技能、发展能力。大学生的心理健康水平对学业发展有着重要的影响作用。

1991—1995 年，武汉某高校办理休学 188 人，其中因神经衰弱、情感障碍等原因休学的占 24%。江西省对 1995 年以来 28 所院校大学生退学、休学情况进行调查，结果显示，在所有退学者中，52.41% 的学生是因为承受不了学业上的精神压力而放弃学业的。在休学者中，有心理疾病的约占 1/2。

大脑是心理活动的器官，也是智力活动的器官。心理活动通过大脑直接影响智力活动。轻松、愉快、乐观的情绪，使人记忆力增强，反应敏捷，思维活跃；焦虑不安、悲观、苦闷、愤怒等不良情绪，则使人心烦意乱，思维停滞。（要是同学之间发生了矛盾，心里面憋着一股气，即使身在图书馆，能看得进书吗？）长期的心理紊乱必然导致大脑机能失调，破坏正常的智力活动。以脑力劳动为主的大学生，一旦心理不健康，就难以继续正常学习。心理健康是大学生进行正常学习与生活的基本保证。

现代心理学研究也证明，情绪和情感会对人的学习和工作效率产生重大的影响。积极愉快的情绪能激活大脑兴奋中心，促进认知和创造力等智力因素的提高，提高学习、工作效率；烦躁、忧郁等不良情绪会使大脑的左右半球处于不协调状态，压抑、阻碍人的感知、记忆、思维和想象等认识机能，从而降低学习、工作效率。这说明，积极良好的心态是大学生最大限度发挥自己能力、促进学业发展的前提，也是强调愉快教育、调动学习积极性的原因所在。

德国著名化学家奥斯特瓦尔德，曾收到过一个不知名的青年人寄来的一篇论文，请他审阅。恰巧奥斯特瓦尔德正患牙病，情绪烦躁不安，他粗略地看了一遍，顺手把论文丢进了纸篓。两天后，他心情好转，又从纸篓里捡起那篇论文重读一遍，发现论文有重要的科学价值，于是马上提笔向德国的一家科学杂志做了推荐。论文不久发表了，这个青年的这项发现后来得了诺贝尔奖。这个真实的故事充分说明了心理因素的作用。

（三）健康的心理是成才的重要保证

健康的心理会给你一股来自心底的力量，去开启自身的宝藏。很多资料证明，人类大量的潜能有待开发。有人把潜能比作屹立在大海中的一座冰山，露出水面的部分被看作已发挥出来的潜能，深藏在水下的部分被看作尚待开发的潜能。还有人把它喻为一座待开发的金矿，蕴藏丰富，价值珍贵。可以说，潜能是人类最大而又开发得最少的宝藏。

影响个人潜能开发的主要因素是心态。良好的心理素质和乐观的情绪是开发个人潜能的重要“营养素”。一个心理不健康的人，难以在学习、工作和生活中充分发挥个人潜能。只有心理健康，才会有积极的心态、广泛的兴趣、强烈的求知欲和顽强的毅力，才能不断地激发并运用自己的潜能，能够做成以前认为做不到的事情。拥有健康的心理，才能积极与人沟通，感受群体的力量和快乐，构筑良好的社会支持系统，才能有安全感、归属感。

一个人即使很聪明，但如果心理不健康，那么他也可能难以适应社会，难以成才。这在现实生活中不乏其例。

案例

杨某是广州某大学的生物学博士。从小学以来，由于成绩优异，她一直是老师的宠儿、父母的骄傲、同学们的羡慕对象，1998 年她读完硕士后，又继续攻读博士学位。毕业前夕，她去好几家单位应聘，但都被拒之门外。理由不是专业不对口，就是单位不需要这么高学历的人。来来回回好几次，本以为可以“待价而沽”的她终于无法面对现实的打击和自尊心受到的伤害，几个月后患了精神分裂症而被送到了精神病医院。

（四）心理健康能促进事业成功

心理健康的人都具有良好的非智力因素。在激烈的竞争中，一个人在事业上成功的秘密在哪里？美国哈佛大学的著名教授戈尔曼告诉人们，成功的秘密在于 EQ（情商），与我们说的非智力因素相似。戈尔曼教授认为，一个人的事业成就，20% 决定于 IQ（智商），80% 决定于 EQ，EQ 对一个人取得业绩、获得成功的作用，比智力和技能的总和还大。智商和技能，可以决定一个人能做什么事，比如能不能做记者、医生、律师和工程师等，这些职业对智商和技能的要求都比较高。但进入这个领域的人能否成功，EQ 则成为主要的决定因素。他在《工作情感智力》一书中引用大量数据证明：智商和技能两者加起来的作用，还不如 EQ 的作用大；一个人的职位越高，EQ 的作用越大；在高层领导中，EQ 的作用可达到 85% 以上。

美国著名心理学家韦克斯勒曾考察过 40 多名诺贝尔奖获得者，发现他们在儿童时的智商绝大部分是中等或中等偏上，都不是“神童”，他们的成长和成就主要来自非智力因素，即 EQ。可见，心理健康对于一个人事业的成功有着多么大的作用。

心理健康是一个人创造财富、获得成功、享受成功喜悦的关键条件。心理健康的人能面对现实，客观地认识自己和悦纳自己，以顽强的毅力承受挫折，接受命运的挑战。有了奋斗精神，生命才会丰满结实。一个心理健康积极向上的人总是怀着对爱情的向往、知识的渴望以及对人类灾难深深的怜悯，它是人生价值观的精髓，是一个人持之以恒的动力源泉，也是事业成功的核心元素。

小贴士

有优异的成绩，却不懂得与人交往，是个寂寞的人；
有过人的智商，却不懂得控制情绪，是个危险的人；
有超人的推理，却不了解自己，是个迷惘的人。

——樊富珉

技能训练室

1. 请你按照下面的步骤，亲手画出来。也许你会认为画它太容易，简直浪费时间，但是在动手的过程中，你的心也许会被不经意地触动，对你产生启发。

第一步，先在纸上画一道从左到右的直线，两端都画上箭头。它是一条被相反的力量拉伸着的直线。

第二步，把直线分成3份。注意，不是平均分配，而是两端较短，中间较长。

第三步，在左面那个线段上写上“心理超常健康的人”，在右面那个线段上写上“精神病人”，在中间的那个线段上写上“正常人”。

想一想，这个图和你有什么关系呢？以往心理学涉猎的范畴多半集中在正常人和精神疾病患者交界的区域。所以，人们常常把心理疾病和精神疾病混为一谈。但是，随着社会的进步和发展，心理学的很大一部分工作和研究重点，甚至可以说最主要的工作领域，已经转向了如何让基本正常的人群心理潜能得到更好的发挥，更好地享受生活的快乐和人生的幸福。

快乐自习室

1. 对照大学生心理健康的标准，检验一下自己的心理状态，如果觉得自己状态不理想，可以求助同学、朋友或老师。

2. 同学之间以小组为单位，谈谈对“人生的较量有三个层次：最低层次是技巧的较量；其次是智慧的较量；最高层次的较量则是人格的较量”这句话的理解。

第三章
解除桎梏你心灵的枷锁——大学生常见心理问题的识别与调适

本章提要

本章主要让学生学会区分心理正常与心理异常，了解大学生存在的主要心理问题，能够主动调节心理状态，维护自身的心理健康。

点亮心灯

我喜欢嫉妒别人怎么办?

亲爱的老师:

您好!

我是一名大二的学生,自己觉得还算优秀,在班里也算一个小干部。但是我看见别人干得好,我心里就不自在,不希望别人和我一样强,要是有人比我强,我就一定要想办法超过他。超不过他,我就心里很难受。并且我发现,有好几个学生干部和蔼可亲,人缘比我好,老师对他们好像更加偏爱,我几乎一下得了"红眼病",甚至想去诋毁、中伤别人。我觉得这可能是有心理问题,老师,怎么办呀?

老师啊,我是不是有心理疾病了?

亲爱的老师:

您好!

我是咱校大一的一位学生,来自农村。从小家里就比较贫穷,条件不太好,为了让我读完大学,妹妹辍学在家,所以,我是家中的希望,压力很大。我知道,现在大学生找工作难,但我也清楚,这样的结果是由于个人自由散漫、不学无术,我不想未来也如此。看到身边的同学每天都忙于打游戏、闲聊、搞对象……我很不想这样做,想到未来,我很郁闷。想好好学习,可有时候又学不进去。课堂上总走神,很长一段时间都是如此。我想从这种状态中解脱出来,可自己又无计可施。

老师啊,我是不是有心理疾病了?

课前互动:

亲爱的同学们,你们也遇到过这种情况吗?你会区分心理健康与不健康,心理有病与没病吗?上述两位同学的状态,你帮他们判断是不是得了心理疾病。

第一节　心理异常与心理正常及其区分

一、心理异常与心理正常的区分标准

心理异常与心理正常的区分有很多标准,如医学标准、统计学标准、内省经验标准、社会适应标准、常识性的区分标准、心理学的区分标准等。这里我们只介绍常识性的区分标准和郭念峰教授提出的心理学上的区分标准。

（一）常识性的区分标准

常识性的区分标准是非专业人员依据日常生活经验来区分正常心理与异常心理的标准。

（1）离奇怪异的言谈、思想和行为。假如，有人对你讲："我是国际巡回大使，主管世界所有国家的军政大事。昨天我从纽约回来，明天飞往莫斯科找俄国总统普京，让他陪我检阅波罗的海舰队。"或者，你见到一人披头散发，满脸泥垢，满街乱跑。这时，你即使不是变态心理学家或精神科医生，也可以判断，他们的言谈是异常的。

（2）过度的情绪体验和表现（过度低沉、过度兴奋）。假如，一个人终日低头少语，行动缓慢；与人交谈十分吃力，甚至想不出词汇，未开言，先流泪；流露出对生活的悲观失望，失去兴趣，觉得现实世界似乎笼罩在灰蒙蒙的雾中（过度低沉）。或者，一个人彻夜不眠，时而唱歌，时而跳舞，时而说东，时而说西，说个不停（过度兴奋）。这时，你可以依据自己的生活经验断定，他的行为已经偏离正常。

（3）自身社会功能不完整（沟通和交往）。一个人的社会功能大多表现在与人沟通和交往上。假如，一个人怕与他人的眼光相对，为此不敢见人。或者，一个人由于耳朵长得比别人大些，所以不允许别人摸他的耳朵，认为别人摸他的耳朵就是讽刺他，为此常常与别人吵架。又或者，一个人总说别人瞪他，别人合伙欺负他（事实不是这样）。如果你碰到这样的人，你可以依据自己的生活经验断定，他的行为已经偏离正常。

（4）影响他人的正常生活。假如，一个人总给你打骚扰电话，这种恶作剧危害了你的正常生活，你首先是气愤，而后就会想："这是为什么？"当你从自身找不到任何理由时，你一定会觉得"对方精神出了毛病"。

判断一个人的心理是否异常，要把他的心理状态和行为表现放到当时的客观环境、社会文化背景中加以考虑，只有通过和社会认可的行为常模比较，才能判断他有无心理变态以及心理变态的程度如何。如果一个人的行为符合社会的准则，能根据社会要求和道德规范行事，这时我们可以说他的行为是一种社会适应性行为。否则，我们就认为此人心理可能异常。

（二）郭念锋教授提出的区分心理正常与异常的三原则

1. 主观世界与客观世界的统一性原则

如果一个人说他听到或看到了客观世界中并不存在的引起他这种知觉的刺激物，那他产生了幻觉，也叫无对象的知觉。根据感受器官不同，幻觉可分为幻听、幻视、幻嗅、幻味、幻触和内脏性幻觉。临床上最为常见的是幻听，其次是幻视，其他种类的幻觉很少见。

如果一个人的思维内容脱离现实，或思维逻辑背离了客观事物的规定性，他便产生了妄想。妄想是一种脱离现实的病理性思维，不能通过摆事实、讲道理进行知识教育以及自己的亲身经历来纠正这种荒唐的结论。妄想有两个特点：①以无根据的设想为前提，违背思维逻辑，得出不符合实际的荒唐结论；②对荒唐的结论坚信不疑。

这些都是我们观察和评价人的精神与行为的关键，我们又称它为“统一性”或“同一性”。在精神科临床上，常把有无“自知力”作为判断精神障碍的指标。所谓无“自知力”或“自知力不完整”，是指患者对自身状态的错误反映，或者说是“自我认知”和“自我现实”的统一性的丧失或部分丧失。

幻觉和妄想便是精神分裂的典型症状。

2. **心理活动的内在协调性原则**

知、情、意、行协调一致是人类精神活动的整体性表现。一个人的心理过程一致表现在内心体验与环境的一致，如该笑的场合就笑，该哭的场合就哭，儿子结婚办喜事喜气洋洋，已故亲人办丧事痛哭流涕。这就是情感与所处的环境协调一致。病态则相反，该哭的不哭，该笑的不笑，知道不该做而又控制不住自己的一致行动，这就是反常、病态。常见的有精神分裂症及神经症。

3. **人格的相对稳定性原则**

每个人在长期的生活道路上，都会形成自己独特的人格心理特征。这种人格心理特征一旦形成，便有相对的稳定性；在没有重大外界变革的情况下，一般是不会改变的。江山易改，本性难移，说明人格具有相对稳定性。若一个人没有明显的外界因素作用而出现性格的反常，如平素开朗外向，突然沉默寡言、孤僻不接触人，这是他性格稳定性的反常，有可能得了抑郁症。

二、心理异常与心理正常区分

心理异常与心理正常的区分如图 3－1 所示。

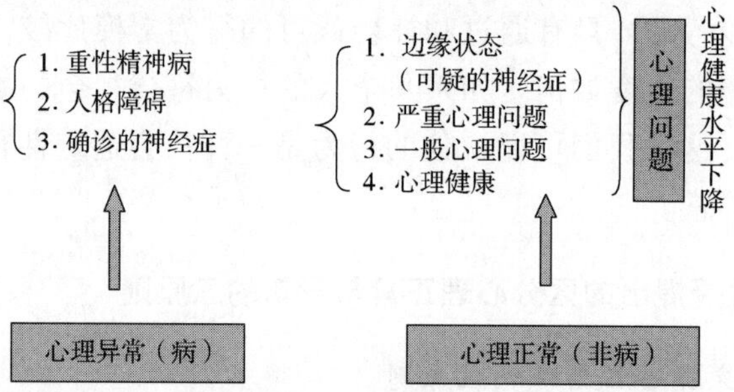

图 3－1　心理异常与心理正常的区分

（一）重性精神病

重性精神病的病因未明，可能具有感知、思维、情感、意志、行为等多方面的障碍，以精神活动的不协调或脱离现实为特征，智能多完好，患病期间自知力基本丧失。

其典型症状是伴有幻觉或妄想，不主动求医。

案例

某女，34岁，中专毕业，会计。

近一年来，把每月的工资都花在买衣服上，到处分送给亲朋好友，认为这是“希望工程”，当家人问及此事时，还断然否认，认为“做好事不应声张”。家中经济条件好，但个人的衣着不整，不修边幅，家中卫生极差。给10岁女儿的信中写道：“天有不测风云，月有阴晴圆缺。让我们在今后的日子里，在各自的工作岗位上，好好做人，力争去做一个21世纪继往开来的优秀的好人，一生平安。虽然我小气，但我从不伤人，让我们携手并肩，向着共同的目标奋进，好吗?”经常给孩子的老师写信，思维逻辑混乱。

（二）人格障碍

人格障碍是指人格特征明显偏离正常，是正常人格的一种变异（格格不入型）。患者表现出一种固有的、不可更改的反映个人生活风格和人际关系的异常行为模式。这种模式显著偏离特定的文化背景和一般的认知方式（尤其是在待人接物方面），患者为此感到痛苦，但对自己的人格缺陷缺乏正确判断。患者无智能障碍，但病情已明显影响其社会功能与职业功能，在社会生活中经常碰壁，造成社会环境的适应不良，有时会造成危害社会的不良后果。人格障碍者行为问题的程度不同，有的人与正常人一样生活，只有他的家人才能察觉他的怪癖与难以相处；严重者表现为明显的社会适应障碍，不能正常地学习和生活。不良的行为模式难以矫正，仅少数病人在成年后行为有一定程度的改善；通常开始于童年期或青少年期，并长期持续发展至成年或终生。

知识窗

人格障碍种类及临床表现

1. 偏执型人格障碍。以猜疑和偏执为主要特点。表现出普遍性猜疑，不信任或者怀疑他人忠诚，过分警惕与防卫。强烈地意识到自己的重要性，有将周围发生的事件解释为“阴谋”、不符合现实的先占观念。过分自负，认为自己正确，将挫折和失败归咎于他人。容易产生病理性嫉妒。对挫折和拒绝特别敏感，不能谅解别人，长期耿耿于怀，常与人发生争执或沉湎于诉讼，人际关系不良。

2. 分裂型人格障碍。以观念、外貌和行为奇特，人际关系有明显缺陷和情感冷淡为主要特点。对喜事缺乏愉快感，对人冷淡，对生活缺乏热情和兴趣，孤独怪僻，缺少知音，我行我素，很少与人来往，因此也较少与人发生冲突。

3. 冲动型人格障碍。又称爆发型或攻击型的人格障碍。以行为和情绪具有明显的冲动性为主要特点。发作没有先兆，不考虑后果，不能自控，易与他人发生冲突。发作之后能认识到不对，间歇期一般表现正常。

4. 强迫型人格障碍。以要求严格和完美为主要特点。希望遵循一种他所熟悉的常规，认为万无一失，无法适应新的变更。缺乏想象力，不会利用时机，做事过分谨慎与刻板，事先反复计划，事后反复检查，不厌其烦。犹豫不决、优柔寡断也是其特点之一。

5. 表演型人格障碍。高度以自我为中心、过分情感化和用夸张的言语和行为吸引注意是主要特点。情感浮浅，易受暗示。

6. 反社会型人格障碍。以行为不符合社会规范为主要特点。感情冷淡，对人缺乏同情，漠不关心，缺乏正常的人间爱。常发生冲动性行为。即使给别人造成痛苦，也很少感到内疚，缺乏罪恶感。常发生不负责任的行为，甚至是违法乱纪的行为，虽屡受惩罚，也不易接受教训，屡教不改。临床表现的核心是缺乏自我控制能力。

7. 自恋型人格障碍。自以为了不起，平时好出风头，喜欢别人的注意和称赞。好“拔尖”，只注意自己的权利而不愿尽自己的义务。从不考虑别人的利益，要求旁人按照他们的意志去做，不择手段地占人家的便宜，而不考虑对自己的名声有何影响。这种人缺乏同情心，理解不了别人的感情。

8. 被动攻击型人格障碍。惯于隐藏内心的愤懑和仇恨。对分配给他们的事情，当面答应，唯唯诺诺，心里却在想方设法拖拉敷衍，常常找借口故意把事情弄糟糕。

（摘自朱月龙的《心理健康全书》）

（三）神经症

案例

某男，19 岁。

两年前，他偶然发现父亲手机中有一条短信，是一个女人和父亲“谈情说爱的内容”，当时感到震惊和痛苦，有一种世界末日之感。因为对父亲非常尊敬，他不敢相信这是真的。想到父母二人非常恩爱，他为被父亲欺骗的母亲感到痛苦，想揭穿父亲的“罪行”又没有勇气。于是每天晚上临睡前双眼注视墙上的菩萨像，不准脑中有杂念。关灯时，必须在关灯的那一瞬间在脑中回想全家幸福地在一起的意境。如果不能，就要重新开关灯，有时反复做十几次。这种“睡前仪式”通常要保持半个小时或更长时间。他知道世上没有鬼，这样做并没有意义，很想用顽强的意志克服它。曾经有一段时间“睡前仪式”有些简化，但恰在这时，他妈妈心脏病发作而死。他认为是“睡前仪式”简化所致，症状加重，学习成绩直线下降。他后来求助心理医生，但医生所做的开导无济于事。他知道自己得的是强迫症，为此与它展开了殊死搏斗，写了无数条宣言和无数个警句，两次刺破手指血写“克服强迫”，然而也无济于事……

神经症的特征：①只有病的症状，但尚未成病，和神经系统毫无联系，没有可证实的器质性病变；②这类心理异常常常因为持久的心理冲突（神经症性心理冲突中的两个对立面）长期得不到解决，压力过大；③它表现为一种持久性的精神紧张与焦虑、痛苦、无能为力状态，对学习、工作、生活带来一定的影响（心理功能、社会功能），且无法摆脱；④有自知力，主动求医，本人十分痛苦，时间常以年计算，有强烈的求医欲望，甚至“遍访心理专家”，这是和重性精神病的最主要区别。

神经症的种类包括强迫性神经症、焦虑性神经症、恐怖性神经症、疑病症、神经衰弱症、抑郁性神经症等。

现实生活中，有点儿强迫倾向是正常现象。

课堂思考：

一妇女口述：

老公近一个星期行动异常，总担心自行车丢失。下班回家把自行车放楼道内，锁上自行车后，低下头看一看，用手触碰一下，确认已上锁，才回屋子。回到家，在沙发上坐着心事重重，喊他吃饭，他说自行车没锁，要下楼锁自行车。下楼之后，把他进楼门锁车时的程序重复一遍。再回家中，再下楼，重复数遍……

她怀疑老公得了强迫症。

请问：她老公是否得了强迫症？

知识窗

神经症与正常心理的分界线

在精神科工作中，神经症与正常心理的分界线并不是一个问题，因为到精神科就诊的病人几乎都是症状比较重且患病时间比较长的。但是，在内科或基层保健室里，这个问题就会经常出现。因此，需要深入了解病人的心理，弄清楚心理冲突的性质。从现象或事实的角度来说，心理冲突有常形与变形之分。心理冲突的常形有两个特点：一是它与现实处境直接相联系，涉及大家公认的重要生活事件。例如，夫妻关系不和，病人长期想离婚又不想离婚，十分苦恼。二是带有明显的道德性质。无论持什么道德观点，总可以将冲突的一方视为道德的，而将另一方视为不道德的。上述例子便是如此。心理冲突的变形有相应的两个特点：一是它与现实处境没有什么关系，或者它涉及的是生活中的鸡毛蒜皮之事，一般人认为简直不值得为它操心，感到难以理解：很容易解决的问题为什么病人却解决不了？例如，某病人每天晚饭后就陷于吃药还是不吃药的痛苦冲突之中：吃药怕肝硬化和上瘾，不吃药怕睡不着。这在不懂精神病学的局外人看来是不成问题的，想吃就吃，不想吃就拉倒，实在决定不了可以去找医生，医生叫你吃就吃，医生叫你别吃就不吃。二是不带道德色彩。如上例，你不能说吃药和不吃药何者道德何者不道德。心理冲突的变形是神经症性的，而心理冲突的常形则是大家都有的经验。显然，如果陷于心理冲突的常形，甚至并没有什么痛苦的心理冲突，那么充其量只是出现心理障碍，而不是神经症。要注意的是，一旦出现头痛、失眠、记忆力差或内脏功能障碍，原来不明显的心理冲突便会尖锐化，也很容易出现变形，如出现明显的疑病症状。

心理冲突的解释和分析需要精神病学的知识和技巧，一般通科医生可以用比较简单而容易掌握的方法来进行评定。这包括三方面。①病程。不到三个月为短程，评 1 分；三个月到一年为中程，评 2 分；一年以上为长程，评 3 分。②精神痛苦的程度。轻度者，病人自己可以主动设法摆脱，评 1 分；中度者，病人自己摆脱不了，须靠别人的帮助或处境的改变才能摆脱，评 2 分；重度者，病人几乎完全无法摆脱，评 3 分。③社会功能。轻度社会功能受损害者，能照常工作、学习或者工作、学习以及人际交往只有轻微妨碍者，评 1 分；中度社会功能受损害者，工作、学习或人际交往效率显著下降，不得不减轻工作或改变工作或只能部分时间工作，或某些社交场合不得不尽量避免，评 2 分；重度社会功能受损害者完全不能工作、学习，不得不休病假或退学，或完全回避某些必要的社会交往，评 3 分。

如果总分为 3，可以认为不够诊断为神经症。如果总分不小于 6，神经症的诊断是可以成立的。4 ~5 分为可疑病例，需进一步观察确诊。要补充说明的是对精神痛苦和社会功能的评定，至少要考虑近三个月的情况才行，评定涉及的时间太短是不可靠的。

（选自许又新：《神经症》，人民卫生出版社 1993 年版第 166 ~168 页。）

焦虑性神经症

某男，45 岁，已婚，外企工作，因焦虑不安求助。

求助者任一家外企驻某市办事处负责人，已十余年。老板为美国人，常驻美国，有时来本市。经营业务的内容是在本市组织货源，用集装箱海运到美国销售。前几年生意好做，自己的薪金较高，房子、车子都有。妻子做中学教师，夫妻感情好，女儿正在上高中，学习优异。近年来生意有些难做，老板似有不满之意，但是市场变化很复杂，自己虽然很努力，也不尽如人意，逐渐感到生意不会再有起色，忧心忡忡。有时担心货运船只中途沉没，又担心美国老板会突发某种疾病不治身亡。有时想到虽然现在夫妻恩爱，等到将来退休白发苍苍，妻子仍然貌美年轻，可能会离婚再嫁。又想到女儿考上大学后要面临工作择业和谈婚论嫁等诸多问题，自己如何应付。头痛、失眠、心慌接踵而至，常常半夜醒来一身大汗，坐立不安，吸烟量明显增加。睡不着觉就只好起来在房间里走来走去，既影响家人的睡眠，楼下的邻居也有意见。但他自己没有更好的办法。服用安定有些效果，又怕长期服用会成瘾依赖。

归纳求助者的问题表现为：①有焦虑的情绪体验，其基本内容是对未来的担心和害怕，而这种担心和害怕并没有事实依据。担心的内容很广泛，想到什么就害怕什么，是很典型的“漂浮式”或“自由式”的焦虑。②有植物性神经系统功能紊乱的症状，表现为心慌、胸闷、出汗。③有运动性不安（走来走去，坐立不安）。这些症状持续的时间已超过半年，故符合焦虑性神经症的诊断。

恐怖性神经症

某女，34岁，已婚，会计，因害怕别人在自己面前吸烟而来求助。

丈夫本来也吸烟，这并未成为二人婚姻的障碍，但自从去年父亲因肺癌去世后，想到父亲的病可能和吸烟有关，就开始对“烟味”特别讨厌。开始时，嗅到烟味要咳嗽，尽量回避，逐渐发展到一嗅到烟味就要“哮喘”，呼吸困难，有时有要憋死的感觉。为此，多年吸烟的丈夫戒了烟，朋友到她家来都不能吸烟，办公室的同志谅解她，办公室也成了“无烟办公室”。最近症状加重，看到电视上有吸烟的镜头，也要犯“哮喘”，甚至看到烟盒也感到不舒服。有时感到“烟味”无处不在，因而不想上街，不想上班，很苦恼。

该女性虽然表现为对“烟”的过敏，但实质上是对吸烟能引起肺癌这一现象的恐惧。恐惧的心理又转化成为一种哮喘的躯体症状。许又新教授提出诊断恐怖性神经症有三条标准：①害怕与处境不相称。恐怖症病人的害怕是异常的。②病人感到很痛苦，自己又无法摆脱，往往伴有显著的植物神经功能障碍。③对所怕处境的回避，直接造成社会功能受损害。

疑病性神经症

某女，36岁，未婚，美容师，因腹痛半年，屡治无效，近半月来失眠心烦而来。

求助者：医生，您看我的气色怎么样？

咨询师：您的气色看起来很好。

求助者：很好？没有面黄肌瘦吗？

咨询师：没有，看起来很正常。

求助者：那您再看看我的舌苔。（伸出舌头）

咨询师：舌苔也很正常。（确实很正常）

求助者：再看看我的眼珠子有没有发黄？

咨询师：没有。

求助者：那试试脉吧。

咨询师：（把试脉搏）脉率一分钟70次，均匀有力，没有什么不正常。

求助者：可我有消化系统方面的毛病。我看书了，书上说有消化系统毛病的人会面黄肌瘦，舌苔改变，有的人眼珠子还会发黄。最近我又有些心慌，您没发现我有什么不正常？

咨询师：脉搏很正常。您消化系统有毛病？去医院检查了吗？

求助者：有时腹痛，大医院都检查遍了，能做的检查都做了。大夫说胃镜检查就是有点胃黏膜充血，诊断为“浅表性胃炎”，给开了些药吃，一点也没效果。有的大夫说“胃炎”应该是上腹疼痛，可我是下腹痛，而且位置很不固定，有时左边，有时右边，没有个准地方。偶尔有稀便，医院给做了结肠镜检查，也没查出什么，大夫说可能是“应激性结肠炎”。已经折腾了半年多，到现在花了1万多元，也没有个准确诊断，我很着急。总怕是得了“癌症”，早期查不出来，把病给耽误了。我想再去北京、上海查查，我总想有病怎么会查不出来呢？还是技术水准不行。家里人也催我，让赶快把病治好，都这么大了。越催我越心烦，最近半个月失眠，开始吃点安眠药还管用，现在也不行了。弄得我生意也懒得做了。有大夫建议我看心理医生，这和心理有关系吗？

咨询师：有些病的确和心理有关系，您刚才说家里人催您说“都这么大了”，是指您的婚姻大事吗？

求助者：您怎么知道的？

咨询师：您看，您在登记表上写着36岁，未婚，家里人能不着急吗？

求助者：着急也不是一年半年了。这一年来，也不知听谁说的年龄大了生孩子会难产，就一个劲儿地催我找对象结婚，可我就是不想结。

咨询师：男大当婚，女大当嫁，您本人条件不错，却不想结婚，一定有您的道理吧。

求助者：和谁结婚？男的碰碰我，我都会起“鸡皮疙瘩”。

咨询师：讨厌男性？

求助者：虽然说不上讨厌，但不能谈婚姻事。我自己就是个男孩子脾气，怎么能和男人结婚？我喜欢和女孩子接触，所以干了美容这一行，真要谈结婚，我倒想找个女孩子和我过。有人说我这是“同性恋”，您说我是吗？这些话，可不能和我父母讲，他们知道后非气死不可。

咨询师：我肯定为您保密。

本例的“疑病症”诊断是成立的，表现在对身体的过分注意和感觉过敏，怀疑自己得了癌症，各种检查不能动摇她对“疾病”的恐惧，交谈中注重的是“诊断”而不是治疗等。疑病症者出现一些情绪反应是很常见的。

（摘自《心理咨询师》）

（四）一般心理问题

一般心理问题有以下特征：①因现实生活和工作的压力、处事失误等因素而产生烦恼、厌倦、困惑、灰心、后悔、怨气、内疚等；②持续时间1~2个月。③社会功能方面，不良情绪反应仍在相当程度理智控制下（始终能保持行为不失常态），人格没有明显异常，行为不失常态，生活、学习、社交基本正常，但效率下降；④反应没有泛化（离婚挺痛苦，看见别人走进婚姻的殿堂就流泪是泛化）。

案例

心理咨询师：你遇到什么困扰了，愿意跟我谈谈吗？你不必有什么顾虑，我们今天的谈话，你的班主任是不会知道的。

求助者：最近三个星期，我的心情一直很不好，感觉很压抑，上课时无法集中精力听讲，也不愿跟同学交往，不想吃饭，晚上躺下后总是胡思乱想睡不着，现在真是难受死了。

心理咨询师：看得出来现在你的情绪很低落。发生什么事情了吗？

求助者：每当面对同学的时候，我总感觉特别自卑。

心理咨询师：你说自己感觉很自卑，你能举例告诉我什么事情让你自卑吗？

求助者：（一愣）我的父母都是工人，只有初中文化水平，而我寝室好几位同学的父母是大学毕业，我很羡慕他们有这样的父母，我感到自卑。

心理咨询师：还有呢？

求助者：我已经大学二年级了，还没谈恋爱。看到校园内一对对的恋人，我心里羡慕，可眼睛却不敢正视，因为我觉得自卑。

心理咨询师：还有哪些让你自卑的？

求助者：（想了想，摇摇头）好像就这些。

心理咨询师：噢！你说寝室同学的父母是大学毕业，而自己的父母只有初中文化，有些同学找了女朋友，而自己没有，因此你感到很自卑，心情低落、压抑，自己的学习、饮食和睡眠都受到了影响，是这样吗？

求助者：嗯。我总觉得很不公平，为什么他们出身那么好而我什么都没有……

（五）严重心理问题

严重心理问题有如下特征：①引发原因是较为强烈的、对个体威胁较大的现实刺激，如离婚、丧偶、失业、辍学，以及意外伤害等造成的悔恨、冤屈、失落、恼怒等；②时间在2～6个月；③社会功能受损，对生活、工作和社交有一定程度影响，单纯依靠自然发展或非专业性干预难以解脱；④反应泛化，与最初相类似、相关联的刺激，也可以引起此类痛苦。

案例

求助者：女，19岁，大学一年级。

自述近三个月来一直处于情绪低落状态，经常感到委屈，有时独自流泪，认为现实是冷酷无情的，觉得对很多事情都提不起精神来，工作生活没有意思，对未来的生活悲观失望。吃不下饭，睡眠减少，白天注意力不集中，记忆力下降，容易急躁，情绪反应强烈，遇到一点小事就发脾气。自己始终难以摆脱，犹豫再三前来求助，希望得到心理咨询师的指点。

心理咨询师观察了解到的情况是求助者自幼身体健康，未患过严重疾病。从小性格内向，听话，在大人眼中一直是个好孩子，没有什么让父母担心的事。父母要求比较严格，从小到大生活一帆风顺。

在大学生活3个月后，高中时候的男朋友突然提出分手，这种重大刺激让她感觉天要塌下来，非常气愤，悔恨交加，日渐憔悴，情绪低落，脾气暴躁。听到别人谈论恋爱问题就特别敏感，甚至看到同学谈恋爱都感到受不了。虽然还能坚持学习，但积极主动性较之前降低，生活的兴趣也大不如前了，学习、生活受到影响。

（六）非精神病性心理问题

第三种类型（神经症性心理问题）的心理不健康状态，已接近神经症或就是神经症早期（边缘状态或可疑神经症），已经出现神经症的症状，只不过还没有达到神经症的确诊条件，或严重程度不够，或持续时间不够等。有时，我们也把有严重心理问题但没有严重的人格缺点者（如均衡性较差的人格）列入这一类。

我们可以把心理诊断中经常出现的几个诊断结果按严重程度做如此划分：重性精神病—神经症—神经症性心理问题（可疑神经症）—严重心理问题—一般心理问题。一般心理问题、严重心理问题是心理咨询的主要工作对象，心理咨询的效果较好。

知识窗

心理异常的原因

1. 遗传因素

历史上最早对这一问题进行研究的是高尔登，他认为人在特质和能力方面的差异受到遗传和环境两方面的影响，他所提出的用同卵双生子研究遗传和环境因素在决定心理特点中的相对作用的方法，直到现在仍被沿用。遗传因素在许多精神疾病的发病原因上有着明显的作用，基因的变异构成心理异常的基础。

2. 大脑机能状态与脑损伤

巴甫洛夫的“条件反射”学说为心理异常提供了一种中枢神经系统的机能解释，包括催眠时相、孤立病灶以及实验性神经症的概念。催眠时相是指大脑皮层从觉醒（或睡眠）到睡眠（或觉醒）状态过渡的一种机能状态。孤立病灶又称“病理惰性”，是指高级神经活动机能出现个别的病变点，但其他高级神经机能仍很正常。这种病灶可能是过去经受的精神创伤的后果，遗留下来而成为产生心理异常的原因。巴甫洛夫认为，兴奋和抑制是高级神经活动的基本过程，但如果兴奋和抑制不能协调，就会造成大脑机能的混乱，从而产生行为的混乱，他称之为实验性神经症。

3. 素质因素

很多精神疾病与脑损伤或其他的躯体疾患无关，器质病因论者认为精神疾患与病人的素质有关。

一般认为脑损伤或其他生物躯体性损害，可能不是所有神经症、精神病和人格障碍的直接原因；应激反应经历、个人内心矛盾冲突、适应不良习惯都可能诱发精神疾病，但是只有易感或脆弱素质的人才会受激发而患病。躯体需要的剥夺，也会降低应激的抵抗力。

（摘自525心理网）

第二节　大学生常见的心理问题

大学生中常见的心理问题按照其严重程度，可以分为心理问题（一般心理问题、严重心理问题）、心理障碍（广泛的心理异常或行为异常）和精神疾病几个方面。其中，大学生常见的心理问题包括适应问题、学习问题、人际关系问题、恋爱与性心理问题、就业问题、网络成瘾问题。大学生常见的心理障碍包括焦虑障碍、性心理障碍、人格障碍、心境障碍。大学生常见的精神疾病包括双相情感障碍、精神分裂症。

一、大学生常见心理困惑及表现

事实上，大学生当中患有心理障碍和精神疾病的学生极少，多数学生遇到的都是一般心理困惑。但是，即使是一般心理困惑，也会在很大程度上影响学生的发展。因此，对于这类问题的识别就显得尤为重要。

（一）适应问题

新生出现适应问题十分普遍，如果新生生活自理能力差、心理承受能力差、人际交往能力差，就有可能产生适应问题。新生产生适应问题的主要原因及表现：①大学的作息时间以及老师的管理方式与中学时期明显不同；②集体宿舍学生之间不同的个性和生活习惯；③部分同学对父母过分依赖；④远离自己的亲人、熟悉的朋友和老师等；⑤理想和现实的差距。这导致很多新生出现失眠、食欲不振、焦虑、自卑等多种身心问题。

案例

一位大一新生自诉：

来到大学，心中烦闷，远离了父母，远离了昔日的朋友，我的内心非常迷惘、非常伤感。当大学生活初步安顿下来，开始了正常的学习生活之后，最初的惊奇与新鲜逐渐逝去，新同学的陌生更增加了我心底那份孤独。每天背着书包奔波在校园中，独自品味着生活的喜怒哀乐，日子就像白开水一样平淡。从农村到城市，从温暖、充满关爱的小家庭到校园中的大家庭，不能很快适应。洗澡要排队，衣服要自己洗，食堂的饭菜难以下咽，没考上二本，还来到这样的学校……为此天天通过手机和家里人诉苦。

（二）学业问题

学习进度的快慢、内容的繁简、成绩的高低都会引起学生情绪的变化，可能造成心理问题。学生产生学业问题的主要原因及表现：①面对社会发展变化带来的竞争和挑战，有些学生感到自己知识匮乏，想努力学习，长期处于紧张的学习气氛之中，但又不知从何做起，导致自己的学业压力过大；②有些学生因为没考上理想的学校，对专业缺乏了解或不感兴趣，所以学习缺乏热情，学习动力不足；③进入大学后，有些学生课堂上不专心听课，只上网或打游戏，导致学习成绩不理想；④考入专科的学生，丧失了学习的兴趣和动力，甚至从此一蹶不振；⑤考试来临，许多学生会在不同程度上体会到焦虑和恐惧。

案例

一位大二学生自诉：

我现在是大二的学生，刚刚知道我的英语四级没有过，我很伤心。因为没过，拿不到毕业证书，辜负了我的父母，也对不起我自己。毕业证书没有拿到，还读什么书呢?

每逢重要的考试我都很紧张，在考试中从来都不曾发挥正常。虽说明年还有一次机会，可那是仅有的一次了，要是还不过，我怎么办？想想都可怕！我现在读书一点也提不起劲儿。

我觉得其他同学都瞧不起我，班上32位同学，只有10位同学没有过，我是其中一位。其余九位同学都是经常挂科的，我从来都没有挂科，却跟他们一样没过四级。我心情很糟，不知怎么办?

（三）人际关系问题

大学生的心理仍处于发展时期，社会经验不丰富，情绪性格不稳定，人际冲突时有发生：孤独（无依无靠、孤单烦闷）、人际冲突（以自我为中心，有了误会不知道沟通，有了冲突不懂得忍让）、沟通不良（思想观念、价值标准、风俗习惯、语言文化和兴趣爱好方面都存在着很多不同，因而造成沟通不畅或无法沟通）等。

案例

小婧是寝室里最有钱的学生，父母每月给的生活费常在 3 000 元以上。刚进大学时，小婧常请寝室的同学吃饭，自己的东西也常与朋友们共享，关系一度很好。后来，由于同学不小心弄坏了小婧的苹果手机和台灯等，加上平时会产生一些观点上的小摩擦，她逐渐瞧不起这些“乡下同学”，这种情绪在言行上表现出来后，寝室里的其他同学结成“同盟”来孤立她。受不了孤独的小婧最终不得已搬出了寝室，从此也陷入郁闷之中。

（四）恋爱与性心理问题

当前大学生恋爱的特点主要表现为：低龄化、公开化，从众心理（有的学生本来无意谈恋爱，但见到同寝室的其他学生都有了异性朋友，为了满足虚荣心也去谈了）、轻率心理（不求天长地久，只求曾经拥有）、消极心理。有些学生失恋后不能自拔。

随着大学生性心理的发展，会出现一系列的性心理行为，如对性知识感兴趣，爱慕异性，产生性欲望、性幻想、性冲动以及自慰行为等。由于性知识的匮乏，恋爱中性心理方面出现的问题越来越多，已严重影响到大学生正常的学习和生活。调查结果显示，大学生对性问题有矛盾心理的占 55%，感到敏感的占 53%，感到无所适从的占 28%，感到害怕的占 17%，感到厌恶的占 10%。由此可见，大学生在性观念上存在一定的认识偏差。

案例

一位大一新生自诉：

我最近刚刚和本市另一所大学就读的女朋友分手。两个人在高中的时候就已经暗生情愫，并相约考入同一个城市的大学，三年来两个人的感情也是风平浪静。可是大约一个月前女孩身边的另一个男生对她展开了攻势，也是在这个时候，女友对他的态度发生了转变。两个人开始因为小事产生口角，且女友动辄讲另一个追求她的男生如何优秀。男生也渐渐不能忍受，提出让她尽快在他和另外一个男生中做出选择。女孩最终选择了放弃他。他无法接受这个现实，很难相信三年的感情这么不堪一击，心中又实在无法把她放下，试图与她谈话沟通，尽力挽回却无果。近日情绪低落，茶饭不思，不爱学习，甚至想退学。

（五）就业问题

高年级学生的心理问题主要表现在求职择业方面。市场经济条件下的就业实行双向选择、自主择业。首先，它能为每个毕业生择业提供公正、平等的竞争环境，如果大学生没有积极进取的心态和强烈的竞争意识，就不可能成就事业、实现理想。其次，社会不良风气的存在导致一些学生求职受挫，悲观失望，又无可奈何。最后，对爱情和理想的追求与就业的现实需要常常发生冲突，使得一些毕业生难以取舍，有的甚至不堪重负，从而导致出现心理问题。

案例

大学高年级一男生，面容憔悴，愁眉不展，可以看出精神状态不是很好。自述原因是年后的几次求职都以失败告终。今年7月，就要大学毕业了，这段时间一直在为找工作的事忙活。然而，两个多月来参加了数十场招聘会，岗位都不理想，多数都是临时岗位，工资待遇太低，专业还不对口……到现在工作还是没有着落。面临毕业，觉得学业和经济的压力都很大，自己感觉脾气越来越坏，内心非常焦虑，觉得总这样下去不好，非常郁闷。

（六）网络成瘾问题

“网瘾”即“互联网成瘾综合征”，英文简称为IAD。其基本症状是上网时间失控，欲罢不能，可以不吃饭、不睡觉，但是不能不上网。患者即使意识到问题的严重性，也无法自控。

通常，网络成瘾的判定标准有三个：一是连续一个月以上，每天上网玩游戏4～6个小时；二是认为上网能得到快乐；三是不上网就会出现躯体症状，如头痛、出汗、烦躁不安等，但一坐到电脑前，这些症状就立刻消失。目前，在我国大学生当中，“网瘾”现象较为普遍。

二、大学生常见心理障碍及其表现

“心理障碍”有一个比较一般的定义，通常指一个人由于生理、心理或社会原因而产生各种异常心理过程、异常人格特征的异常行为方式，表现为一个人没有能力按社会认可的方式行动，以致其行为的后果对本人和社会产生不适应。

简单地说，广泛的心理异常或行为异常统称为“心理障碍”。心理障碍是这类心理异常的临床表现或症状，不把它们当作疾病看待。使用心理障碍一词容易被人们所接受，能减轻社会上的歧视。

大学生常见的心理障碍包括焦虑障碍、性心理障碍、人格障碍和心境障碍。

（一）焦虑障碍

焦虑障碍有别于正常的焦虑心理，是一种病理性的焦虑状态，二者的区别主要表现为：正常焦虑是一种情感表现，指当个体面对潜在的或真实的危险或威胁时都会产生的情感反应；而病理性焦虑是指当没有明确的致焦虑环境因素时所产生的严重的或持续的焦虑反应。在大学生当中比较多见的焦虑障碍有以下几种：

（1）特定对象恐惧症。特定对象恐惧症，是指对某种特定刺激无明显缘由地感到恐惧。其主要表现为：恐惧来源局限于特定场合或特定事物，如怕某种特殊动物、恐高、怕雷电、怕黑暗、怕飞行、怕封闭的空间、怕吃某种食物、怕牙医、怕见血或见到伤害等。

（2）社交焦虑症。又名社交恐惧症，是指对任何社交或公开场合都感到强烈恐惧。其主要表现为：回避社交，社交功能减退、社会功能受损；处在社交环境中就紧张、焦虑，严重时可出现惊恐发作，伴随躯体症状。

（3）强迫症。它是一种以强迫观念和强迫动作为主要表现的精神障碍。其主要表现为：有意识的强迫和反强迫并存，二者的强烈冲突使患者感到焦虑和痛苦；自我无法控制、无法摆脱；社会功能受到严重的损害。

（4）广泛性焦虑。这是一种以广泛而持久的焦虑和担忧为主要症状的精神障碍。其主要表现为：持续时间长达3个月以上；患者常有头痛、失眠、紧张、惊跳、出汗、心跳加快、口干、头昏、喉部梗塞等感觉；面容焦虑、肢端震颤、腱反射活跃、心动过速或瞳孔扩大等。

（二）性心理障碍

性心理障碍是以异常行为作为满足个人性冲动主要方式的一种心理障碍，其共同特征是当面对常人所不感兴趣的某些物体或情境时，能产生强烈的性兴奋。

在大学生当中比较多见的性心理障碍有以下几种：

（1）恋物癖。恋物癖是指以获取异性贴身衣物而非异性本身来取得性满足的一种变态心理。多采取偷窃手段来取得这些东西。该症状多见于男性。

（2）裸露癖。这是指男性在陌生女性面前出其不意地露出生殖器，以取得性满足的一种变态心理。

（3）窥视癖。这是指在暗中窥视异性裸体或性活动，以取得性满足的一种变态心理。

（三）人格障碍

人格障碍是指明显偏离正常人格，并与他人和社会相悖的一种持久和牢固的适应不良的情绪和行为反应方式。人格障碍患者形成了特有的行为模式，对环境适应不良常影响其社会功能，甚至促使其与社会发生冲突，给自己或社会造成恶果。人格障碍常开始于幼年，青年期定型，持续至成年期或者终生。

（四）心境障碍

心境障碍是一种以心境紊乱作为原发性决定因素或者作为其核心表现的病理心理状态，在大学生当中比较多见的心境障碍即抑郁症。

心境障碍的症状标准主要以心境低落为主，具体表现为下列各项中的至少 4 项：①兴趣丧失，无愉快感；②精力减退或有疲乏感；③精神运动性迟滞或激越；④自我评价过低，自责，或有内疚感；⑤联想困难或自觉思考能力下降；⑥反复出现想死的念头或有自杀、自伤行为；⑦睡眠障碍，如失眠、早醒，或睡眠过多；⑧食欲降低或体重明显减轻；⑨性欲减退。

心境障碍的严重标准是指社会功能受损，给本人造成痛苦或不良后果。其病程标准为：①符合症状标准和严重标准至少已持续 2 周。②可存在某些分裂性症状，但不符合分裂症的诊断。若同时符合分裂症的症状标准，在分裂症状缓解后，满足抑郁发作标准至少 2 周。

心境障碍的排除标准是指排除器质性精神障碍或精神活性物质和非成瘾物质所致抑郁。

（五）大学生常见精神疾病及表现

精神障碍是指大脑机能活动发生紊乱，导致认知、情感、行为和意志等出现不同程度障碍的总称。大学生常见的精神障碍包括双相情感障碍和精神分裂症。

1. 双相情感障碍

双相情感障碍是指以情感高涨（躁狂）和低落（抑郁）两种状态反复交替出现为主要症状的一种精神疾病。情绪高涨时，言语比平时增多或滔滔不绝，注意力不集中，随境转移，意念飘忽，思维奔逸，自负，自我评价过高，头脑灵活，身体特别强壮或精力充沛，对睡眠的需要减少，活动增多，轻率任性，不顾后果；情绪低落时，对日常活动丧失兴趣或无愉快感，精力明显减弱，出现无原因的疲倦，软弱无力，反复出现死亡的念头或有自杀企图及行为，自责或内疚感增多，思考能力或注意力减退，精神运动迟钝或激越，失眠、早醒或睡眠过多，食欲减退，体重明显减轻。

2. 精神分裂症

精神分裂症是一种持续的、通常为慢性的重大精神疾病，是精神病里最严重的一种，是以基本个性、思维、情感、行为的分裂，精神活动与环境的不协调为主要特征的一类最常见的精神病，多发病于青壮年，严重影响人的行为及情感。

认识精神分裂症的早期症状是十分重要的，可以做到早发现、早治疗。这类精神疾病不是高校心理健康教育工作的主要对象，一经发现，应马上转介到医疗机构进行治疗。

第三节　大学生常见心理问题的调适与应对

一、大学生常见心理困惑的调适与应对

（一）适应问题的调适与应对

离开了家乡熟悉的一切，面对陌生的校园，会产生诸多不适应。上课常常找不到教室，问事不知该去哪栋楼、哪个办公室；饭菜完全不对口味；洗澡时那么多人挤在一起；生活上遇到难事不会处理；半夜里睡不着觉，经常思念父母……不适应环境的变化让许多同学产生了烦恼。当你遇到类似的适应类问题时，可以通过以下方式进行调节。

（1）尽快了解新环境，找到归属感。陌生的环境让人没有安全感。帮助自己尽快适应大学生活的方式之一，就是主动去了解校园环境。熟悉校园环境可以带来心理上的安全感和归属感，可以使自己更快适应环境。

（2）主动交往，充分运用资源。人际交往就像是一面镜子，你微笑时看到的也是微笑，你冷漠时看到的也是冷漠。在学校里，多展现笑脸，多参加集体活动，热情帮助他人，主动结识新朋友，会让你更有归属感，更充实快乐。另外，主动和师兄、师姐以及同乡交流，了解他们的适应过程、学习方法。他们都是过来人，可以帮助你在很短时间内对校园、对大学生活有更多的了解，他们的经验和教训可以让你少走很多弯路。

（3）总结方法，科学安排时间。可以通过多方交流，整体了解大学课程，分析每门课程的特点，思考自身的学习特点和风格，总结出适合自己的学习方法，科学地安排时间。

（4）制订计划，合理使用时间和金钱。可以通过记录和观察，了解自己花费时间和金钱的特点，即一般都把时间和金钱用于什么方面；要认清生活的主要目标，认清目前最需要花时间和金钱去做什么，制订合理而有弹性的计划，并及时对计划进行调整。

（5）设立目标，立足眼前，规划未来。进入大学，我们首先要经历的是一个探索自我、重新定位的阶段。我们需要探索自己喜欢什么、擅长什么、看重什么，也需要

了解自己的个性特点是什么，探索我们周围有什么样的机会，可以获得什么资源。在对自己和环境条件都有比较全面认识的基础上，为自己设立一些目标，包括长期目标，即我希望十年后的自己是什么样的；中期目标，即我希望四年后的自己是什么样的；短期目标，即我希望一年后的自己是什么样的。然后，了解现实和目标之间的差距，并通过实际行动一步一个脚印地落实计划目标。

（6）调节情绪，从容面对改变。在大学里，你可能经常体会到失落、焦虑、自卑、愤怒等情绪。当你被这些情绪控制的时候，感觉会很不好，甚至会失去解决问题的能力，为此，我们应当提高识别情绪和管理情绪的能力。

（二）学业问题的调适与应对

在大学里“想学”是学习的动力，“会学”是学习的效能。“想学”加“会学”才能取得良好学习效果。当你遇到学业问题时，可通过下列方式进行调节：

（1）明确学习目标，开发原生动力。学习的最终目标是实现自我价值，成就你自己——成为一个人格健全和身心成熟的人，一个会生活、会工作的人。在大目标下，制定你的具体目标，用目标激发你的动力，积极投入学习。

（2）激发学习兴趣，坚持快乐学习。爱因斯坦说，兴趣是最好的老师。大学的学习具有较多的探索性和更大的主动性，需要你对学习拥有浓厚的兴趣，把它作为学习的内在动力。有了兴趣，学习就会更有劲头，更有自觉性。要尽快培养自己对专业或学科的兴趣，激发对学习的热情。

（3）次序分配，学会科学管理。次序分配法对学习计划管理很有效。方法如下：每个人要做的事情根据重要性可分为A，B，C三类，如果把A和B两类事办好，就完成了工作的80%以上。要是有特殊情况出现，如老师催办C类，就可将其上升为B类，或将B类上升为A类等，将最有效的时间安排给最重要的事情。

（4）方法得当，可以事半功倍。了解并善于发现自己的学习类型，可以提高学习效能。想一想你的学习特点属于什么类型，然后加以训练，即可达到事半功倍的效果。具有视觉型学习特点的学生应当尽可能多做笔记，尽量使用图片、影片、投影、软件等帮助学习；具有听觉型学习特点的学生，应当多次大声复述你想记住的东西，另外，多与同学、朋友进行讨论也有助于学习；具有触觉型学习特点的学生，建议做好课堂笔记，把便签随时放在手边，使用学习卡，多写多练。

（5）开发潜能，创新学习。要不满足于获得相同的答案或结果，对所学习的内容展开独立思考，进行多向思维，创造性地探索新的问题。要善于质疑，合作交流，归纳释疑。通过积极参加学习竞赛、科技竞赛等活动，激发自己的学习兴趣，培养创新能力。

（6）掌握学习生物钟，找到最佳学习状态。猫头鹰型的人，在夜深人静的时候学习效率最高；百灵鸟型的人，早晨大脑最清醒，学习效果最好。根据你的生物钟，调整学习时间，有利于激发最佳学习状态。

（7）降低焦虑，从容应对考试。对自己恰当评价，不给自己施加过大的压力。平日里劳逸结合，有张有弛。经常听音乐、做运动、深呼吸，训练渐进式肌肉放松，减轻考试焦虑。

（三）人际关系问题的调适与应对

孤独感在大学生中很常见。有的人内心虽希望与人交往，但不懂得了解别人的特点和需求，活在自己的世界中，同时，也欠缺人际交往的技能。当你遇到类似的人际关系问题时，可以通过掌握以下原则进行自我调节：

（1）距离适度。保持人际距离是每个人内心安全感的需要，对于异性间的交往尤为重要。把握适度的交往距离是处理人际关系的一个要素。

（2）主动示好。有些人在当众发言或讲话时，为了表现得好一点，总喜欢等一等，看看别人怎么发言再说，结果越等越没信心，越等越紧张。被动会产生压力，所以不妨“先示好为强”。

（3）开放自我。有效沟通还要注意交流信息的对等，不能只听不说，应开放坦诚，主动介绍自己的有关信息。你能开放自己，别人才更愿向你敞开内心。

（4）积极倾听。每个人都有被倾听的需要。倾听意味着关注，意味着你对别人的尊重。不能只图自己开心，一直说个不停，要用心倾听对方讲话。

（5）寻找共同话题。关心对方的谈话内容，寻找你们的共同话题切入点，能够很快建立沟通关系。

（6）不抢话，适当表现。抢话或无故打断别人说话会让人产生被冒犯的感觉，过度表现容易让别人心生厌意。

（四）恋爱与性心理问题的调适与应对

其实爱情并不神秘，恋爱也是需要学习和准备的。下面教给你一些爱情方面的基本知识和技巧：

（1）爱情的生化基础。在爱情开始的100天里，由于化学物质及新鲜感、神秘感的作用，两个人往往沉醉在甜蜜而幸福的爱情里，觉得对方十分完美。然而，100天以后，化学物质的作用开始减弱直至消失，新鲜感、神秘感消失，激情退却，而且两个人在一起这么长时间，会发现对方有这样、那样的缺点和不完美。

（2）神奇的苯乙胺。当恋爱顺利地进行时，苯乙胺的含量增多，使大脑处于兴奋状态，表现出情绪高涨、生气勃勃的状态；倘若恋爱遇到挫折，苯乙胺的浓度迅速减少，大脑转入抑制状态，引起思绪迟钝、情绪低落、寡言少语、不思饮食的各种表现。

（3）恋爱准入证。恋爱是双方互相了解、信任、融合的过程，这就要求恋爱中的双方必须有良好的自信心、健康的人格，对对方充分信任，对爱充满激情，具有稳定的个人生活状态。只有这样，才能相互满足需求。

（4）安全度过“爱情磨合期”。出现各种问题时不应过分焦虑，而应冷静下来，认真思考两个人的摩擦和问题是否能解决，不完美的对方你是否还能接受，两个人的性格是否合适。

（5）相互适应。两个人在一起，本来就有许多需要磨合和相互适应的地方。如果双方共同努力维护爱情，调整情绪和行为，沟通交流，度过磨合期，彼此就能更加了解，更加珍惜这份感情，更懂得如何去爱，也就能收获更美丽的真爱。

（6）理性抉择。如果矛盾很严重，经过努力仍无法解决，双方性格也确实不合适，可以进行沟通交流，做出是否分手的抉择。

（7）调整情绪。向知心朋友倾诉，参加一些活动，如参加体育运动、逛街等，尽快让内心轻松、平静下来。

（8）走出失恋的阴影。走出失恋阴影的主要方法有倾吐和宣泄。找一个可以信赖的师长或好友，尽诉自己心中的爱与恨、怨与愁，以释放心理压力，并倾听他们的评说与劝慰，或用文字如日记、博客把自己的苦闷记录下来，求得心理解脱。实在难以排解时，不妨关起门来，放声大哭一场。男生拉着哥们儿痛快踢场足球，女生叫上几个姐妹大声唱 K，都不失为宣泄的好办法。

（9）换种方式思考，乐观面对。时间会抚平心灵的创伤。应感谢那个抛弃你的人，为她（他）祝福，因为她（他）给了你寻找幸福的新的机会。

（10）移情。移情并非别恋，不是要你迅速投入新恋情，而是及时适当地把情感转移到失恋对象以外的其他人或事情上。离开二人世界，回归大集体的温暖，与朋友发展更为密切的关系；参加摇滚演唱会，看场足球赛，跟着大家大声喊，让自己释放压力；投入大自然的怀抱中，得到心灵的抚慰；听着轻松的音乐，大步走开去参加你喜欢的文体活动，让快乐冲淡忧伤。

（五）就业问题的调适与应对

（1）未雨绸缪——职业生涯早规划。许多人宁愿花时间来计划如何度过一个假期，也不愿仔细考虑自己一生 7 万多个小时的职业生涯和未来生活将何去何从。请不要等到毕业时再去思考你的就业和职业发展问题，从现在起，尽快了解自己和社会，做到未雨绸缪早规划。

（2）心理辅导帮你忙。你了解自己的职业兴趣、职业能力、职业价值观、气质类型、性格特征吗？专业的心理辅导也许能够为你提供必要的帮助。对这方面的深入探索，可以帮助你在求职就业中减少盲目性。你可以下载《霍兰德职业性向测验量表》等国外较成熟的心理测验表，测一测。当然，如果你愿意的话，也可以就测试结果与学校的心理辅导老师或就业指导老师聊一聊，听一听他们的分析，对你也许会有所启发。

（3）掌握成功就业六方略：①精心准备。择业求职如同一场“战役”，必须及早做好充分的准备，其中包括自我心态的调整、求职资料的构思设计和精心制作等。②主动出击。要克服依赖、等待、自卑、害怕竞争等消极心理，发挥个人的主观能动性、创造性，大胆地去“推销”自己，尽可能地在求职“战役”中掌握主动权。③善抓机遇。古人云：机不可失，时不再来。因此，当机遇来临时，就要当机立断，绝不能犹豫彷徨，让它与自己失之交臂。④信息先行。信息在求职就业中举足轻重。对求职信息要做到“三敏”：敏感——注意从网络报纸、老师、亲朋好友等各种渠道收集了解就业信息，并进行分析、筛选，以确定自己的求职方向和目标；敏锐——要眼观六路、耳听八方，善于发现那些被别人忽视的求职信息；敏捷——捕捉到了有价值的求职信息，就要立即动手，敢于尝试。⑤以智取胜。一要讲究语言艺术，求职时用语要准确流畅、言简意赅；二要讲究心理艺术，在求职时不仅要表情自然，行为举止落落大方，充满自信心，注意力高度集中，而且要揣摩、分析招聘者的心理，回答和提问要讲策略，既要诚实可信，又要扬长避短，充分显示你与众不同的个性、良好的教养和才华。⑥务实为本。对自己的才能、实力评价过高，就会人为地抬高就业门槛，很难找到合适的就业位置。要从自己的实际能力出发，客观评价自己，准确定位，理智选择，不图虚荣，不与别人盲目攀比。先就业、后择业也是务实为本的明智之举。

（六）网络成瘾问题的调适与应对

要想彻底摆脱网瘾，大学生需要做到以下几点：

（1）理性认识，健康上网。网络为大学生的学习和成长提供了大量资源。从网络的虚拟世界中你也许能够获得鼓励，满足自己被肯定的需求，但那毕竟是虚幻的，我们一定要努力让自己在现实中得到真正的满足，而不是依赖网络。

（2）积极应对压力，寻求现实社会支持。大学生普遍面临着学习、交际、情感、就业等方面的成长压力，在这个过程中出现自卑感、挫折感和逃避心理是正常的。这些烦恼和困扰对大学生的成长和成熟提出了要求，也激发了奋斗的动力。在面对压力时，大学生可以主动寻求家人、朋友、老师、同学的实际帮助和情感支持。

（3）明确发展目标，为自我成长负责。刚刚迈进大学门槛的时候，几乎所有的大学生都会感到迷茫。但是，经过一段时间调整以后，大多数人都能找到自己的成长和成才目标，从而更加理性地规划未来，并努力行动去实现自己的梦想。拥有明确的方向和目标，对实现目标具有极大热情，就能使你在遇到困难时仍拥有继续前行的勇气，成为自身发展的主人，也就不容易沉溺于网络了。

（4）寻求专业帮助，关爱心灵成长。网络成瘾本身并不是问题，如何应对现实的压力和实现自己的愿望，获得被支持、被肯定、被关注的感觉才是最重要的。因此，网络成瘾的大学生，当你鼓起勇气走进心理咨询室的时候，你已经迈出了戒除网瘾、掌控自我的最为关键的一步。

阅读材料

你的不自律，正在慢慢毁掉你

小悦

一

在知乎上看过一个问题：“你见过最不求上进的人是什么样子？”

点赞数第一的回答是："我见过的最不求上进的人，他们为现状焦虑，又没有毅力践行决心去改变自己。三分钟热度，时常憎恶自己的不争气，坚持最多的事情就是坚持不下去……

终日混迹于社交网络，脸色蜡黄地对着手机和电脑的冷光屏，可以说上几句话的人却寥寥无几。他们以最普通的身份埋没在人群中，却过着最最煎熬的日子。"

短短的几行文字，竟描绘出普通人每日的生活轨迹。

上班摸鱼、下班打游戏，熬夜刷着各种娱乐新闻和社交网站，没有兴趣与爱好，周末只想"葛优瘫"。放弃早起、放弃健身、放弃有益的阅读和交际，不肯花时间好好思考自己的人生。你是否就像这样，终日浑浑噩噩、随波逐流、得过且过。也曾为生活焦虑，但仍找不到奋斗的方向，无意义地耗费着生命……

几年前，经历过一场变故的我，渐渐形成了这样的人生观：

做人应当活在当下、及时行乐，因为你永远也不知道明天和意外哪一个会先到来。

然而，当懒散成了习惯、不自律成了生活的常态，我却发现自己越来越痛苦。

《少有人走的路》里有这样一句话："自律，是解决人生问题的首要工具，也是消除人生痛苦的重要手段。"

我开始明白，不自律会慢慢摧毁一个人的心智、外貌甚至是人生。唯有自律，才是解决人生痛苦的根本途径。

二

我表弟今年上大二，常常在微信上找我聊天，说大学生活无聊透顶、空虚至极。

他列举了他日复一日的大学生活状态："白天上课，晚上去食堂吃个饭，回宿舍就和舍友一起打游戏。打完几局就觉得没意思，但又没有其他事可做。"

我问他怎么不花时间去读书，不要每次都等到考试前才临时抱佛脚，他却振振有词："宿舍那么吵，我根本就读不进去。"

"那你可以去图书馆或者自习室啊。"

他却总有理由："图书馆离我们宿舍太远了，在路上要浪费太多时间。"

我又建议他去参加社团活动或者约同学一起打篮球、跑步，他却说白天的课程已经让他筋疲力尽，提不起精神去运动。

我终于明白他的问题所在："你并不是无事可做，而是你只想打游戏。"

"我能怎么办？我舍友、我同学，人人都靠着玩游戏打发时间，这难道是我一个人的问题吗?"

表弟始终不愿意承认沉迷于游戏是他自己的责任，他觉得外界干扰和影响才是罪魁祸首。他没有办法解决，只能消极应对，因此将大学生活过得一塌糊涂。

许多人习惯将自己不自律的原因推卸给他人和外界环境："上班太累了，下班后哪有精力去读书写作？只想看电脑综艺放松一下。""我的体质就是喝水都会胖，就算去健身房锻炼也没用的。"……

推卸责任的时候，可能感觉舒服和痛快，但却永远无法进步、心智永远无法成熟。

趋利避害、逃避责任是人类的天性，但是每个人的人生轨迹，都是由自己主宰的。

畅销书作家严歌苓，曾被人问过怎么能写那么多书？她说，我当过兵，对自己是有纪律要求的。当你懂得自律，那些困难都不算什么，人必须对自己负责。

她的自律，就是每天至少写作六小时，隔一天游泳1 000米，几十年如一日。就算坐到书桌前，偶尔她也会全身颤抖、痛苦到不行，但她知道，唯有自律，才能找到自己存在的价值。

推卸责任容易，坚持一件事很难。想要变得自律，必须从敢于承担责任开始。

三

那些自律到极致的人，都活成了什么样？

前段时间国产电视剧《人民的名义》刷屏，剧中的老戏骨们，不仅演技在线，连身材也是全程刷存在感。

剧中扮演沙书记的张丰毅，尽管已经61岁，6块腹肌却从不离身。他的秘诀便是烟酒不沾，每天早晨7点起床跑步，下午必去健身房举铁。明星工作时常常过着黑白颠倒的生活，但张丰毅曾在采访中说过，自己不管在什么条件下都会坚持运动："在剧组也会每天运动，睡前抽空锻炼一下，第二天早晨也会比其他人早起半小时运动。"

因该剧而圈粉无数的达康书记扮演者吴刚，今年也已55岁，但剧中的他身手矫健、身材匀称。在处理大风厂事件的那一集，他毫不费力地攀爬脚架的镜头给观众留下了深刻的印象。50多岁的年龄，也许在很多人眼里已经可以放任自流了。但吴刚仍然严格要求自己，坚持跑步5公里和游泳，拍戏的时候也是一有空就去健身房。自律帮助他在拍戏时保持良好的状态、精力充沛。

反观我们身边，有多少年龄刚过30的男人，纵欲过度、无法自控，腆着啤酒肚，眼神也变得越来越浑浊。

虽然选择什么样的生活完全取决于自己，别人没有权利去干涉，但就像康德所说，假如我们像动物一样，听从欲望、逃避痛苦，那么我们并不是真的自由了，因为我们成了欲望和冲动的奴隶。我们不是在选择，而是在服从。唯有自律，使我们与众不同，令我们活得更高级。

对于成功者来说，自律已经融入了血液和骨骼，成为身体和灵魂的一部分。他们在自律中超越自我、慢慢成就自我。

四

并不是说自律一定能带来成功，但是自律的过程一定会让你更加爱自己。

我仍记得第一次看《百元之恋》这部电影给我带来的震撼：女主角是32岁的大龄未婚女性，终日过着颓靡的生活。在家啃老，足不出户，大口咀嚼垃圾食品，每天打着游戏度日，没有目标，毫无自律可言。这多像当下将"努力不一定成功，但不努力会很轻松"挂在嘴边的年轻人的生活状态。然而，就是这样的一个女孩，因为喜欢上一个拳击手而接触拳击，开始慢慢改变。她加入了拳击俱乐部，每天挥汗如雨地坚持练习，戒掉了烟酒，连饮料也从可乐换成了矿泉水。由于年龄限制，她仅有一次代表俱乐部参加专业拳击赛的机会。她为此付出了全部的努力。拳击场上的她变得光芒四射，与几个月前的颓靡形象形成了巨大的反差。

但是，现实生活中并没有那么多励志故事，电影并没有就此收场。女主角在首轮就被淘汰，她被打得鼻青脸肿、满嘴流血。

就算输掉了比赛，但以此为分界点，她彻底与过去的人生告别。自律让她赢得了尊严，她不再自暴自弃，人生从此不再颓靡。

五

自律和不自律的人生，真的有着天差地别。

我问过身边考研失败的朋友，是否后悔过曾经自律到极致的那段时光？

她说，考研的那段日子，是我人生中最美好的时光。现在的我，每当遇到困难想要放弃，我都会想起，自己曾经为了一个目标，可以自律成那种模样。

你最拼命的时候是什么样？

你有没有为自己的人生好好地拼过一次？

能坚持下去的自律，都会成为蜕变的契机。

二、大学生常见心理障碍的应对

（一）焦虑障碍的应对

对于大学生中常见的焦虑障碍，专业的心理咨询及诊疗机构会采取如下步骤进行调节和治疗。首先，会运用认知行为疗法，即根据具体症状的不同，采用不同的方法来帮助大学生克服焦虑情绪。如果大学生的焦虑症状与某些确定的情境有关，那么，会通过“情境分析”找出引起焦虑的关键因素，然后运用“系统脱敏”的技术降低大学生对这些特定因素的焦虑程度。如果大学生的焦虑症状游离于任何特定情境，也就是不与某种特定环境有特殊的关系，那么会运用“放松训练”来降低学生的总体紧张水平。另外，由于有些焦虑者经常表现出无助感，所以会帮助大学生通过学习有用的技巧，来提高面对各种情境的信心。其次，会帮助大学生分析自己个性中的优点与缺点，进一步了解自己个性特征中的强项和弱项，有意识地克服敏感多疑、顾虑重重、情绪不稳定等弱点，培养和训练豁达大度的个性。

（二）性心理障碍的应对

性心理障碍的诊断主要依据详细的病史、生活经历和临床表现，但在诊断某类型的性心理障碍之前，需要排除躯体器质性病变，检查有关性激素及有无染色体畸变。对于已确诊的性心理障碍，目前尚缺乏根本性的治疗措施。专业的心理咨询与诊疗机构会以精神治疗为主，常用方法有领悟、疏导等心理治疗、厌恶治疗。在患者主动配合下，行为治疗也可适度改变患者的变态性行为。对于此类心理障碍的具体疗法有：①脱离相关物体或环境；②认知领悟疗法（与精神分析差不多）；③性教育；④结婚疗法；⑤支持性心理疗法；⑥疏导疗法；⑦移情疗法；⑧清心疗法；⑨厌恶疗法；⑩在医生的指导下服用抗雄性激素药物。

（三）人格障碍的应对

对于人格障碍，目前尚无较好的治疗方法，但患者仍需保持积极的态度配合矫治。目前，被学术界较为接受和认可的治疗方法主要有：①药物治疗。尽管药物不能改善人格结构，但有助于改善某些症状。②精神治疗。可通过在精神支持性治疗基础上进行行为治疗，或通过参加治疗性团体（又称“治疗性社会”）组织的活动以控制和改善其偏离的行为。③精神外科治疗。额叶切除或立体定向手术可改善一些人格障碍的表现，但该方法所适用的具体症状还有待商榷。

（四）抑郁症的应对

抑郁症的早期干预和治疗非常重要。目前，抑郁症的治疗包括药物治疗和心理治疗。近年来，疗效好、副作用小的抗抑郁药大量产生。在西方国家，药物已经成为治疗抑郁症的主要手段之一。当然，心理治疗也是非常重要的方法之一。例如，认知心理治疗和社会心理支持就是非常有效的方法。大量研究证实，单独心理治疗或单独药物治疗，都不如二者同时使用的治疗效果好。同时，抑郁症患者应当调整自己的生活节奏，放松自己，好好休息。随着医学的发展，抑郁症已经是一种可以完全治好的疾病。专业的心理咨询及诊疗机构会采取以下步骤进行调节和治疗：

（1）药物治疗。可以用药物来改变脑部神经化学物质的不平衡，所用药物包括抗抑剂、镇静剂、安眠药、抗精神病药物。

（2）心理治疗。心理治疗主要是用来改变患者不恰当的认知方式、思考习惯或行为习惯，其中具体包括：①鼓励患者对情绪进行疏导和宣泄。可以帮助患者树立战胜挫折的信心，明确生活的目标，增强自我防卫能力和对环境的适应能力。②鼓励患者“接受现实，积极行动”。将“顺其自然，为所当为”视为一种生活的态度，积极面对生活的困难和痛苦，自己按本身应有的“生的欲望”积极行动。鼓励患者去做她（他）曾经认为感兴趣的、力所能及的、具有建设性的活动。通过积极的行动去获得成功和喜悦，反复实践，再行动、再成功、再喜悦，以这种良性循环替代失败与痛苦的恶性循环。③运用认知行为疗法。运用该方法能够使患者更为客观地对待自己、看待世界、预测未来，从而达到治疗效果。通过辨认负性思维和逻辑错误，让患者亲自用事实检验自己的认知假设，通过改变行为来改变认知，摘掉“有色眼镜”，重建健康的认知结构。④多接受阳光及运动。多接受阳光与运动对于抑郁症病人能起到有利的作用，多活动身体，可使心情得到意想不到的放松作用，阳光中的紫外线可或多或少改善一个人的心情。⑤养成好的生活习惯。规律与安定的生活是抑郁症患者最需要的，早睡早起，保持身心愉快，以愉悦的心情面对每天的生活，抱着积极乐观的态度，以期增加个人生命的色彩与亮度。

（3）社会支持。社会支持是改进抑郁的重要措施。研究发现，社会支持可缓解人们的心理压力，从而起到预防或减轻抑郁的作用。家人、朋友、同学的精神支持，将有助于患者病情的康复。社会支持可以改变患者的不良认知，提高其适应能力，有助于改善人际关系。可以说，社会支持是比物质帮助更有效的“灵丹妙药”。

三、大学生常见精神疾病的应对

精神障碍属于一类较为顽固且不易治愈的变态性心理问题。因此，一发现周围存在疑似精神障碍的同学，应立即通知学校老师。由其家人陪同，到专业的医疗机构进行鉴定和治疗，尽量做到“早发现、早治疗、早治愈、早返校”。不要对该类疾病有抵触和拖延心理，以防病情恶化。

（一）对精神疾病的误解

（1）有精神疾病的都是“疯子”。在一些人眼中，患精神疾病等于疯子，因而对精神疾病很恐惧。其实，由于生理、心理、社会的各种复杂原因，在高压力、快节奏的现代生活中，当人们出现了心理问题却没有及时进行调整和咨询，从而对生活、情绪和人格产生较大影响时，就有可能发展成为精神疾病。也就是说，人人都可能患精神疾病。精神疾病有许多种，如抑郁症、焦虑症、恐惧症、强迫症、精神分裂症及其他行为障碍等。

（2）精神疾病见不得人。有的人认为得了精神疾病很可耻，所以很怕别人知道，也不去看病。其实，如同我们的身体会生病一样，我们的心理也会生病，这很正常。我国精神障碍的患病率为10%，即全国约有1.3亿患者。抑郁症被精神科专家称为“心灵感冒”。身体得病没有人觉得耻辱，为什么得了精神疾病就觉得可耻呢?

（3）服用治疗精神疾病的药物会变傻。有的人已被医生诊断为患有某种精神疾病，需要服药治疗，但自己或亲属担心药物有副作用，甚至担心服用之后会变傻，所以拒绝吃药。其实，这种担心是不必要的。要相信科学，相信医生。有的人刚服药时会有些不适应，但慢慢会好的。如果药物反应过大，可以向医生询问，医生会做出调整。

（二）正确的处理心态

（1）得了精神疾病，要及时到精神科医院诊治。有了精神疾病，仅靠自我调节和心理咨询不能解决根本问题，因为有些精神疾病的发生有其生物学原因。当各种有害因素作用于人体，使大脑的功能发生紊乱时，人就会产生精神疾病，导致认识、思维、情感、意志和行为等精神活动异常。很多人患抑郁症是由于大脑的情绪中枢发生了生物学上的变化，即管高兴的物质少了、管抑郁的物质多了。因此，必须配合药物治疗。

（2）精神疾病可以治愈。尽管造成心理疾病的原因比较复杂，疗程可能比较长，效果比较缓慢，但只要及时治疗，增强治愈的信心，积极配合医生治疗，精神疾病是可以治好的。

技能训练室

请仔细阅读下面这封大一学生给老师的信，你有什么收获？

我怎么就等不来一个好人缘？

亲爱的老师：

您好！

我特别希望自己有好多朋友，可是，偏偏我总是人缘不好。

在学校我很想和大家成为朋友，可是别人却不和我好。在寝室，她们甚至不愿意和我一起聊天，特别是有什么事情总是对我保密，所以我也就什么事情都不和她们说。周末，我很想和她们一起出去，就一边看书一边等，可是我等啊等啊，最后她们还是一起出去了，也没招呼我，我感觉她们一定对我有意见，因此我上街也不招呼她们。结果弄得我和她们在一起非常别扭。

在家里，我上面有一个比我大两岁的姐姐，另外还有两个堂姐，现在都在同一个城市。两个堂姐经常给我姐姐打电话、发短信，还和姐姐聚会。可是她们却不理我，不给我打电话。我经常盼望得到堂姐的消息，哪怕是一个短信也好，可是没有人理我。

我在堂姐妹中最小，一不高兴了，我就发脾气，从小大家都让着我，都哄着我，可能我习惯了别人主动对我好。可是，现在我打心里不想和别人闹别扭，也希望有好朋友，别人为什么不愿意和我好？我怎么就等不来一个好人缘？

你的学生：×××

×年×月×日

纤云翩翩：

清代乾隆年间，有个叫百菊溪的，人缘很好。百菊溪和李晓园是好朋友，两个人都在浙江做大官。有一次两个人因为一点儿小事发生了误会，李晓园大怒，一个月不去拜见百菊溪。后来，李晓园就给朝廷写奏章请求调任，离开百菊溪。奏章已经写好，就要往外发了，这时仆人急匆匆跑来，说：“老爷，百菊溪大人有样东西送给您。”当时是夏天，李晓园拿过来一看，原来是一把很精致的折扇，心里非常高兴，再一看，折扇上有一句诗：“我非夏日何须畏，君似清风不肯来。”李晓园看完很感动，赶紧备轿拜见百菊溪。刚到门口，就看见百菊溪正在门口迎接他呢。两个人执手大笑，由此交情更进一层。

百菊溪为什么拥有好人缘？秘诀就是先主动对别人示好。

我们在交往中总是期待别人承认自己，接纳自己，喜欢自己，从而满足自己的需求。我们都是普通人，为什么要别人先接纳自己，而不是自己先去接纳别人，为什么要求别人先给予，而自己不先付出？人可以要求自己先付出，但不能这样要求别人。你肯播撒爱的种子，才能有爱的收获。这就是营造好人缘的秘诀——“主动性原则”。

主动对人微笑。微笑是人际交往的第一张通行证。微笑之中隐含着对他人的尊重和接纳。在人际交往中，主动对他人微笑，表达了你对他人友好的态度，传递出你对他人接纳的信息。如同照镜子，人际交往中微笑最容易得到回报。

主动向他人问候。一位朋友这样谈自己的经历：有一天我去咖啡厅。一进门，一楼一个外国人在做木工。他看见我，冲我微笑，大声说“哈罗”。我想自己又不认识他，就只微笑了一下。那位很可爱的外国人没听见我吭声，似乎有点儿奇怪，又大声地说：“How are you?”（你好吗）这句我也懂，只好再次冲他微笑，转身离开。这时背后再次传来问候：“Nice to meet you!”（见到你很高兴）这一次我尴尬了，觉得再不说点什么，太难堪了。于是我回过头来，用比平时更大的声音说：“你好啊!”他终于咧嘴一笑，放过我了。当我大声说出那三个字后，心情一下子轻松了。很多时候，我们被对方敷衍地拒绝一次，会感到不高兴，于是放弃了继续沟通。而这个可爱的外国大胖子，锲而不舍地对“我”喊出三句问候，“我”被他伴随着灿烂笑容的三声问好打动了，外国大胖子付出的主动，终于收到了回报。换位思考一下，如果你觉得有些人对你冷淡，那么或许是因为你没有主动付出足够的热度。

主动伸出援手。予人玫瑰，手有余香。在别人遇到困难的时候，主动伸出援手，人际互动往往由此而来，好人缘也往往由此而生。伸出援手，不一定要多少钱财，不一定要多少力量，关键是那份与人为善的爱心和真情。即便彼此曾经陌生，即便彼此曾有隔膜，随手献出的爱心和真情，会使陌生和隔膜化解，会使人际关系进入良性循环。

主动求助他人。在人际交往中有意求助他人，不失为一种主动与人交往的策略。求助他人本身表达了你对他人的知识、能力和品性的肯定和承认，而他人对你的帮助本身，又隐含着对你给予他的承认的回报，这样就能在双方心灵之间建立起一座沟通的桥梁。你也许会说，这不是没事找事吗？许多时候没事找事恰是一个主动发展关系的好办法。没事找事的方法很多，找人借一本书可以是没事找事，向人请教一个问题可以是没事找事，请人一块儿吃饭可以是没事找事，求人帮忙可以是没事找事。总之，这样主动求助他人，会增加接触的机会，增进交往，加深关系。

纤云翩翩于×年×月×日

快乐自习室

你有心理问题吗？请在你的作业本上写下你目前存在的心理困惑。

第四章
师爱在学生心中流淌
——学会享受学校心理咨询

本章提要

本章主要让学生了解学校心理咨询的概念、学会区分心理咨询与心理治疗及思想政治教育的关系，掌握心理咨询的类型及心理咨询的对象，走出对心理咨询认识上的误区，树立心理咨询的正确观念，具备助人自助的意识。

点亮心灯

去做心理咨询或心理治疗丢不丢人?

刚进校园的大一新生，对自己的心理世界还不太了解，许多人还分不清“心理正常”与“心理不正常”、“心理健康”与“心理不健康”、“有病”与“没病”以及“学校心理咨询”与“精神科的心理治疗”的区别。对心理咨询或心理治疗的惧怕与怀疑可能源于对“精神病”的无知。很多同学觉得去做心理咨询或看心理医生是很难为情的事情，认为去学校做心理咨询的人都是心理变态，怕被同学和老师当成“精神不正常”看待，或是把心理问题当成“心理病态”“精神病”。然而，轻微的心理问题如果不寻求科学解决，最后会发展成重型精神病。

心理咨询或心理治疗是促进人的成长与发展的最佳途径之一，是预防精神疾病的有效方法，是提高生活质量、实现人生成功的必由之路。心理咨询或心理治疗的最基本原则里面包括“绝对保密”，你可以把内心世界坦诚说给学校的心理咨询师听，心理咨询师会帮助你排除对学校心理咨询的误解并给予你精神的呵护……

心理咨询在中国是个新生事物，人们对它的了解还不够，这可能是造成这种误解的原因之一。另外，许多人对心理咨询不信任，认为是骗人的东西。这也是误解。

其实，正如哈佛大学博士岳晓东所说：“心理咨询是一种享受而不是痛苦，是明智的选择而不是愚蠢的做法。”

学校心理咨询室是学生心灵的港湾，学校心理咨询是教师爱的暖流在学生心中流淌。

课前互动：

你的心理存在问题吗？你了解心理咨询吗？你有勇气走进学校心理咨询室吗？

第一节　学校心理咨询概述

一、心理咨询的含义

心理咨询的发展历史虽有近百年，但至今有关心理咨询的内涵与外延仍旧众说纷纭。没有哪一种定义得到了专业工作者的公认，也没有哪一种定义能简洁明了地反映出心理咨询工作的丰富内涵。各种解释往往随着咨询理论流派及职业特点等的不同而有很大差异。

但关于心理咨询的定义也有共同的特征：

（1）心理咨询是心理咨询工作者（以下简称“咨询者”）对主动求助的咨询对象（以下简称“来访者”或“咨客”）进行帮助（协助）的过程，这一过程是建立在双方良好的人际关系基础之上的。咨询者运用专业技能及所创造的良好咨询气氛，能帮助来访者以更为有效的方式对待自己和周围环境，促进个人的成长与发展。

（2）心理咨询是一系列心理活动的过程。从咨询者的角度看，心理咨询能帮助来访者更好地理解自己、更有效地生活，其中包含一系列的心理活动。从来访者的角度看，在咨询过程中需要接受新的信息，学习新的行为，学会调整情绪以及解决问题的技能，做出某种决定，这都涉及一系列的心理活动。

（3）心理咨询是由专业人员从事的一项特殊服务。咨询者必须是受过严格专业训练、拥有这项服务所必需的知识和技能（尤其是具有接受他人的基本态度和理解他人的能力）、得到权威机构认可的专业人员。

（4）心理咨询的服务对象（即来访者）不是有精神病、明显人格障碍、智力低下或脑器质性病变的患者，而是在心理适应和心理发展上需要帮助的人。

学校心理咨询同样具有上述特征，综上所述，我们尝试给学校心理咨询做如下定义：学校心理咨询是指由受过专门训练的学校咨询者运用心理学的理论和技术，通过语言及非语言的交流，给来访者（学生）以帮助、启发和教育，使来访者改变认知、情感和态度，解决其在生活、学习、工作等方面出现的心理困扰与心理冲突，促进来访者人格的和谐发展和社会适应能力改善的过程。

心理咨询是否成功在很大程度上取决于来访者是否有主动参与的态度和行动，解决的是心理问题或由心理问题引起的行为问题，并且是当事人自己的心理问题而非第三者的心理问题，除此之外，不帮助解决任何生活中的具体问题以及引发心理问题的生活事件。另外，不是通过一两次的交谈就能解决心理问题的，有时会有迂回曲折甚至反复，有些问题甚至是难以完美地解决的。

二、心理咨询与心理治疗的关系

心理咨询与心理治疗之间有着本质的区别。心理咨询体现平等的咨询关系，以帮助来访者独立思考和决策为首要目标；心理治疗则体现医患关系，以治愈病人的心理障碍或病态行为表现为首要目标。所以，心理咨询强调咨询者对来访者的尊重和理解，而心理治疗则强调患者对心理医师的顺从与配合。

心理咨询是成长咨询，是每个人都需要的帮助；心理治疗是异常咨询，是神经官能症患者与人格障碍、重性精神疾病之人所需要的治疗。换言之，心理咨询求发展，它使人寻求自我完善；心理治疗求消除病症，它使人寻求心理健康。

心理治疗是指在良好治疗关系基础上，由经过专业训练的治疗者运用心理治疗的有关理论和技术，对在精神和情感等方面有障碍或疾患的人进行治疗的过程。

心理咨询与心理治疗的异同点如下。

（一）心理咨询与心理治疗的相同或相似点

（1）在两者关系的性质上，两者自始至终都注重建立帮助者与求助者之间的良好的人际关系。

（2）在工作的目的上，两者都希望通过帮助者和求助者之间的互动，达到使求助者改变和成长的目的。

（3）在工作的对象上，两者的工作对象常常是相似的。例如，心理咨询师与心理治疗师可能都会面对因人际关系问题、情绪障碍而来寻求帮助的来访者。

（4）在指导理论和方法技术上，两者所遵循的指导理论和采用的方法、技术常常是一致的。例如，心理咨询师对来访者采用的来访者中心治疗的理论与方法和心理治疗师采用的同种理论与方法别无二致。

（二）心理咨询与心理治疗的不同之处

（1）心理咨询的工作对象主要是正常人，正在恢复或已复原的病人。心理治疗则主要是针对有心理障碍、心理疾病的人。

（2）心理咨询着重处理的是正常人所遇到的各种问题，主要问题有日常生活中人际关系的问题、职业选择方面的问题、教育求学过程中的问题、恋爱婚姻方面的问题、子女教育方面的问题等。心理治疗的适应范围则往往是存在心理障碍和有心理疾病的人。

（3）所需的时间不同。心理咨询所需的时间较短，一般为一次至数次，少数可达十几次。而心理治疗则往往费时较长，常需数次、数十次不等，有的甚至需要数年。

（4）涉及意识的深度不同。心理咨询涉及的意识深度较浅，更重视教育性、支持性、指导性工作，焦点在于找出已经存在于来访者自身的内在因素，并使之得到发展，或在对现存条件进行分析的基础上提供改进意见。而心理治疗的某些流派主要针对无意识层面进行工作，重点在于重建病人的人格。

（5）目标不同。心理咨询的目标往往较为直接、具体、明确；而心理治疗的目标常比较模糊，它往往着眼于整个人的成长和进步。

（6）专业训练及所属专业组织不同。在国外（尤其在美国），从事心理治疗的人接受专业训练的时间多于心理咨询专业工作者。此外，各自所属的专业学术团体也不相同。

（7）工作场所不同。心理咨询工作的场所相当广泛，包括医院、诊所、学校、社区、法律部门、职业培训部门等；心理治疗则大多在医疗环境或私人诊所进行。

（8）称谓不同。在心理咨询工作中，帮助者被称为咨询者（counselor），求助者被称为来访者或咨客（client）；在心理治疗过程中，帮助者被称为治疗者（therapist），求助者被称为病人或患者（patient），也有称来访者的情况。

三、学校心理咨询与学校思想政治工作的关系

由于我国心理咨询工作的专业化程度不高，加之目前心理咨询从业人员，特别是学校心理咨询工作者当中有不少人过去曾经从事思想政治工作或德育工作，所以社会上很多人不清楚学校心理咨询与学校思想政治工作的关系。

其实，学校心理咨询与学校思想政治工作既有区别又有联系，既不能把学校心理咨询与学校思想政治工作混为一谈，也不能把两者割裂，应当把学校心理咨询与学校思想政治工作有机地结合起来。学校思想政治工作者从咨询心理学中借鉴某些方法与技术，以增强思想政治工作的吸引力与感染力；学校心理咨询工作者也应该接受思想政治教育，以保证学校心理咨询工作的正确政治方向。

江光荣认为，心理咨询与德育（或思想政治工作）之间的一个关键区别，就在于对价值的处理不同，后者本质上是以一套既定的、统一的世界观（其核心是价值观）去塑造人的心灵，而心理咨询则不以品德塑造为自己的基本目的，不指定任何既定的价值观，不从内容上干预当事人的价值取向。

综上所述，并根据我们对这一问题的理解，把学校心理咨询与学校思想政治工作的主要区别列举如表 4 -1 所示。

表 4 -1　学校心理咨询与学校思想政治工作的主要区别

区别	学校心理咨询	学校思想政治工作
理论基础	各种心理咨询与心理治疗理论以及人格心理学、社会心理学、变态心理学和心身医学等	辩证唯物主义和历史唯物主义
目的	帮助来访者（学生）摆脱消极情绪、确认内在价值、了解自身需求、洞察自我心理特点、提高适应能力、达到个性的全面和谐与发展	塑造学生的世界观、人生观和道德观，为实现党和国家的中心任务服务
内容	日常生活中各种心理问题的调适、专业与职业的选择、人际关系的调整、学习与工作效率的提高、心理障碍的缓解和消除	基本路线教育，爱国主义、集体主义、革命传统、理想道德和纪律、民主法制、国防教育，形势政策教育，热爱本职工作教育，基本行为训练
从业人员资格	受过心理咨询专门训练的专业人员	除了专职干部外，学校各级领导干部以及党团员、先进模范人物、班组长等
方法与途径	个别咨询或治疗、团体咨询或治疗；保持价值中立，不指定任何既定的价值观，不将自己的价值观强加给对方	个别谈话，座谈讨论，大会报告，参观访问；以一套既定的统一的世界观（其核心是价值观）塑造人的心灵
效果评价	提高来访者（学生）的心理健康水平	促进社会主义物质文明和精神文明建设

第二节 心理咨询的主要流派与方法

一、精神分析疗法的理论与方法

19 世纪末，奥地利心理学家弗洛伊德创立精神分析学说。就它在心理治疗领域的地位和作用来说，它既是一个系统的疗法，又是整个现代心理治疗的奠基石。在该学说的基本理论中，与心理咨询和心理治疗有关的部分如下：无意识和压抑的理论、人格结构学说、性心理的发展学说以及神经症的心理病理学说等。

（一）无意识和压抑的理论

无意识和压抑的理论认为，作为一切意识行为基础的是一种无意识的心理活动。人的精神生活主要由两个独立的部分组成，意识和无意识（潜意识），中间夹着的很小的一部分为前意识。

无意识，一是指人们对自己的一些行为的真正原因和动机不能意识到，另一个是指人们在清醒的意识下面还有潜在的心理活动在进行着。后一种含义的无意识，包含各种为人类社会伦理道德、宗教法律所不能容许的原始的、动物性的本能冲动以及与各种本能有关的欲望。它是过去经验的大贮藏库。一些无法得到满足的情感经验、本能欲望与冲动被压抑到无意识之中，但它们并不肯安分守己地待在那里，而是在无意识中积极地活动着，不断地寻找出路，追求满足。

前意识，介于意识与无意识之间，其中所包含的内容是可召回到意识部分中去的，即其中的经验经过回忆是可以记起来的。其中的观念可以说暂不属于意识，但随时能够变成意识。

意识，是可以直接感知到的有关的心理部分，是对客观世界的明确认识。

压抑的功能是把主体的经历和回忆、各种欲望和冲动保存和隐藏起来，不让它们在意识中出现。但这些东西并未消失，而是一直潜伏着、活动着，在压抑的作用下存在于无意识之中。

无意识和压抑的理论认为，心理障碍和心理疾病是那些被压抑在潜意识中的矛盾冲突和本能欲望没有得到释放的结果，通过分析治疗使潜意识中的“症结”意识化，是解决问题的关键。

（二）人格结构

弗洛伊德把人格结构分为三部分：

处于无意识最深层的有一个“本我”，是行为动力的源泉，这些本能和欲望强烈地冲动着，不懂得逻辑、道德和价值观念，其活动只受“快乐原则”支配，一味寻求无条件的、即刻的满足。由于本我不能直接同外部世界接触，所以总是在急切地寻找自己的出路，而其唯一的出路就是走出自我。

意识中有“自我”，它是从无意识中产生的，指导行为采取社会允许方式满足本我的需要（遵循现实原则）。它合乎逻辑，受现实原则支配；对本我之中的东西有检查权，防止被压抑的东西扰乱意识；它还要在超我的指导下，按外部现实的条件，去驾驭本我的要求。就这样，自我可以说是同时在侍奉三个严厉的主人：超我、本我和现实。

意识中还有一个“超我”，代表良心或道德力量，对自我起监察作用，不让其有越轨行为，否则就给予惩罚（遵循至善原则），是道德化了的自我。它被认为是人格最后形成的而且也是最文明的一部分。它是一切道德准则的代表。超我是从自我中分化出来的，能进行自我批判和道德控制的部分。

健康人格中，三种结构是均衡和协调的，如果三种力量不能保持动态的平衡，必定会产生心理失常。

（三）性心理的发展学说

1. 关于性本能

弗洛伊德认为，人类本能有两种，一为生本能（性本能——以性欲为基础的种族保存本能，自我本能——以食欲为基础的自我保存本能），一为死本能。生本能要使生命得以延续和不断发展，而死本能要使生命回复到无机状态。两种本能有机地结合在一起，生命就在它们的冲突和相互作用中表现出来。

两种本能的影响远不如弗洛伊德关于性本能的论述。他认为，在性本能背后有一种潜在的力量，称为“力比多”，又称“性力”，是一种力量，性生活即力比多的机能。力比多驱使人寻求快感的满足，它对人的行为具有推动作用。

2. 性心理的发展

人的发展就是性心理的发展，其发展源于力比多的驱动。性心理有 5 个发展阶段，在不同的阶段，性欲满足的对象也发生变化。每一阶段的性活动都可能影响人的人格特征，甚至成为日后发生心理疾病的根源。其中，儿童早期的经历对一个人之后的心理发展是至关重要的。

（1）口欲阶段（0～1 岁）。此时期，婴儿的主要活动为口腔的活动，快感来源为唇、口的吸吮、吃，长牙后，快感来自咬牙、咬东西。

（2）肛欲阶段（1～3 岁）。此时期，婴儿要接受排泄大小便方面的训练，主要是对肌肉紧张的控制，快感表现为忍受和排便。

（3）性器欲阶段（3～6 岁）。此时期，儿童能分辨两性了，产生对异性双亲的爱恋和对同性双亲的嫉妒。此外，生殖器部位的刺激也是快感来源之一。

（4）潜伏期阶段（6～12 岁）。此时期，儿童性欲倾向受到压抑，快感来源主要是对外部世界的兴趣。

(5) 青春期阶段（12~18岁）。此时期，兴趣逐渐转向异性，幼年的性冲动复活，性生活继续沿着早期发展的途径进行。

弗洛伊德认为，性心理的发展过程如不能顺利地进行，停滞在某一发展阶段，即发生固着，或在个体受到挫折后从高级的发展阶段倒退到某一低级的发展阶段，即产生了退行，就可能导致心理异常，成为各种神经症、精神病产生的根源。

(四) 精神分析理论的主要治疗方法和技术

1. 自由联想

自由联想法是弗洛伊德1895年创造的。他让病人很舒适地躺着或坐好，把自己想到的（进入头脑中的）一切都讲出来，不论其如何微不足道、荒诞不经、有伤大雅，都要如实报告出来。精神分析家的工作则在于对对方所报告的材料加以分析和解释，直到从中找出病人无意识之中的矛盾冲突，即病的起因为止。在弗洛伊德看来，浮现在脑海中的任何东西都不是无缘无故的，都是有一定因果关系的，借此可发掘出无意识之中的症结所在。

2. 释梦

弗洛伊德1900年出版了《梦的释义》一书。他在给神经症病人治疗时发现梦的内容与被压抑的无意识幻想有着某种联系。他认为睡眠时自我的控制减弱，无意识中的欲望乘机向外表现。但因精神仍处于一定的自我防御状态，所以这些欲望必须通过化装变形才可进入意识成为梦象。因此，梦是有意义的心理现象，梦是人愿望的迂回的满足。

在梦中所出现的几乎所有物体都具有象征性，成为性器官和性行为的象征。只有通过凝缩、置换、视象化和再修饰，才能把原本杂乱无章的东西加工整合为梦境，这就是能回忆起来的显梦。显梦的背后是隐梦，隐梦的思想，梦者是不知道的，要经过精神分析家的分析和解释才能了解。对梦的解释和分析就是要把显梦的重重伪装层层揭开，由显相寻求其隐义。为了得到梦的潜隐内容，治疗者仍需采用自由联想技术，要求病人对其梦中内容进行自由联想。通过联想，治疗者就可获得梦的真实意义。在分析过程中，由于阻抗的作用，病人可能会歪曲梦的内容。因此，治疗者需突破病人清醒时的防御，才能达到理解梦的象征性的目的。

3. 阻抗

阻抗是指病人有意识或无意识地回避某些敏感话题，使治疗重心偏移。产生有意识的阻抗，可能是因为病人怕治疗者对自己产生坏印象，或担心说错话，或对治疗者还不能信任，这种情况经治疗者说服即可消除阻抗。无意识的阻抗则表现为对治疗的抵抗，病人自己并不能意识到也不会承认。病人往往口头上表示迫切希望早日完成治疗，行动上却对治疗不积极热心。例如，病人可能表现为不愿更改其某种行为，即使这种行为给他带来了很大的痛苦；病人也可能很难正视和讨论他的创伤性体验，或寻找其他话题；在自由联想过程中，病人还会表现出很难回忆起一些与症状相关的重要事件及线索。

病人对精神分析治疗的这种强烈抵抗，自己无法意识到，也不会承认，他们可能还会为自己的这种无意识行为寻找理由，进行辩解。无论其表现形式如何，阻抗会贯穿治疗的全过程。阻抗一方面是治疗神经症的障碍，另一方面是治疗的中心任务之一。精神分析的治疗无法回避这种无意识的阻抗。如果治疗者需经过长期的努力，通过对阻抗产生的原因的分析，帮助病人真正认清和承认了阻抗，那么治疗便向前迈进了一大步。

4. 移情

由于做精神分析治疗所用的时间很长，病人会把对自己父母、亲人等的感情转移到治疗者身上，即把早期对别人的感情转移到治疗者身上，把他当成自己的父母、亲人等。这种移情有的是正性的、友爱的，有的是负性的、敌对的。但移情并非对治疗者产生了爱慕，也并非有意识地恐吓治疗者，移情是病人无意识阻抗的一种特殊形式。移情表示病人的力比多离开原来的症状而向外投射给治疗者。治疗者通过移情可以了解病人对其亲人或他人的情绪反应，引导他讲出痛苦的经历，揭示移情的意义，使移情成为治疗的推动力。精神分析治疗认为，对移情的处理成为病人对症状领悟的重要来源。因此，移情被认为是精神分析治疗的重要组成部分。

5. 认知领悟疗法

认知领悟疗法是由我国学者钟友彬提出来的，是精神分析法在我国临床实践中创造性应用的结果。该方法主要通过交谈、鼓励，使来访者对问题的实质有所领悟，接受关于“自己的疾病是一种幼稚行为，自己完全有能力控制”的观点，并放下心理包袱，树立信心，矫正不良行为。在这里，咨询师的解释和来访者的领悟是重点，而领悟的关键在于来访者对解释的信任。认知领悟疗法的主要适用范围是强迫症、恐惧症和某些类型的性变态。

二、行为治疗的理论与方法

行为主义是现代心理学的主要流派之一，对西方心理学有着巨大的影响，被称为西方心理学的第一势力。从理论基础来看，行为治疗的基本理论源于行为主义的学习原理，主要以经典条件作用原理、操作条件作用原理和模仿学习原理为基点。

（一）行为治疗的基本过程

1. 了解来访者非适应性行为或疾病产生的原因

来访者的非适应性行为往往不是由单一因素引起的，而是多种因素（生物、心理、社会因素）综合作用的结果。只有比较准确地把握了这些影响因素，才能奠定有效咨询的基础。

2. 确定需要矫治的目标行为（或称靶行为）

来访者的非适应性行为往往十分复杂，其中有主要的，也有次要的；有“原发性”的，也有“继发性”的。因此，需要把来访者非适应性行为的主要表现确定下来，即把需要矫治的靶行为确定下来，作为治疗的目标；然后通过观察、检查，记录下来访者非适应性行为的严重程度与出现的频度，并列出治疗前症状表现的基线，作为治疗时的对照指标。例如，对焦虑，就可按照所规定的轻、中、重的等级标准，确定其表现的严重程度与出现的频度。这项工作的完成为下一步制订恰当的治疗方案打下了基础。

3. 向来访者说明行为治疗的目的、意义和方法

行为治疗的实施方案和程序虽然是由治疗者制定的，但必须取得来访者的主动配合才能实施成功。行为治疗从表面上看，治疗者是主动的，来访者是被动的，但实际上，必须双方密切配合，来访者的主动配合行动是行为治疗取得理想疗效的关键。因此，在治疗开始之前要向来访者说明行为治疗的目的、意义和方法，使其消除由于无知而产生的不必要的疑虑和心理阻抗，从而主动配合治疗。

4. 采用专门的行为治疗技术或必要的药物或治疗器具进行治疗

行为治疗技术种类繁多，每种方法都有一定的适应征范围。在开始进行行为治疗时，必须根据靶行为的临床特点、治疗的目的，选取一种或两种最为恰当、最可能取得可靠疗效的行为治疗技术。有时，为了提高疗效，还需采用一定的药物或治疗器械。

5. 根据行为治疗技术的性质及来访者行为的改变情况给予正负强化

治疗过程中，治疗者根据选用的治疗技术本身的特点和靶行为的性质、特点，以及形成原因、治疗目的（例如，是对靶行为进行消退、改造，还是进行重塑，或是形成新的行为以取代旧的行为），给予相应的正强化（如表扬、鼓励或物质奖励等）或负强化（如批评、疼痛刺激或撤销奖励等），并且在整个治疗的过程中针对行为改变的具体情况而变换方式，以取得最佳疗效。

6. 根据治疗的转变情况调整治疗方法

由于来访者的非适应性行为大多数是经过相当长的时间逐渐形成起来的，而且形成的原因也很复杂，所以不经过一定的疗程难以治愈。因此，在治疗开始以后就需要根据治疗情况的变化，对治疗方法与措施做适当的调整。

7. 将治疗效果迁移到非治疗情境中

行为治疗一般都是在专门的治疗情境中（如治疗室）进行的，在这种特殊的治疗情境中可能是有疗效的。但是，能否将疗效迁移到日常生活情景中？这是行为治疗经常碰到的一个难题。可能的解决方法之一，是借助归因理论，特别是“归因—韦纳模型”，通过改变归因，强化来访者的行为自由感和“自我引导感”（sense of self initiation），训练他们的抗干扰能力。

（二）行为治疗的常用方法

行为治疗家在行为治疗的基本理论之上，经实验与临床实践，创立了许多富有成效的治疗方法。

1. 放松训练

放松训练（relaxation response），又称“松弛疗法”，是通过一定的程式训练学会精神上及躯体上（骨骼、肌）放松的一种行为治疗方法。其核心理论认为，放松所导致

的生理改变对应激所引起的生理改变是一种对抗方量。放松可阻断焦虑，副交感支配可以阻断交感支配。因此，各种放松技术的共同目标都是降低交感神经系统的活动水平、减少骨骼肌的紧张，减轻焦虑与紧张的主观状态。放松训练的主要类型有渐进性肌肉放松、自生训练、自我催眠、静默、生物反馈辅助下的放松。

2. 系统脱敏疗法

系统脱敏疗法（systematic desensitization），也称“交互抑制法”或“缓慢暴露法”，是行为治疗中的第一个规范化且至今仍然盛行的一项基本技术，由南非的精神病学家沃尔普（Wolpe）于1958年创立。这一疗法主要运用交互抑制（reciprocal inhibition）原理或对抗条件作用（counter conditioning）的原理，在系统的程序下，从轻而重地逐渐消除在某一特定情景下产生的超出一般紧张的焦虑或恐怖状态。该方法主要用于治疗恐怖症，除此之外，也适用于其他以焦虑为主导症状的行为障碍，如口吃、性功能障碍、强迫症等。

系统脱敏法的具体步骤是：第一步，设计对焦虑对象由轻到重的分级表，建立焦虑等级；第二步，放松训练，使来访者学会肌肉放松的方法；第三步，系统脱敏，让来访者从最低层次开始想象产生焦虑的情境，直到能在原引起恐惧的情境中保持放松状态，焦虑情绪不再出现为止。

建立焦虑（或恐惧）等级表十分关键。首先，要根据来访者的病史及会谈资料找出所有使来访者感到焦虑（或恐惧）的事件。其次，将这些事件进行相互比较，根据致病作用的大小分成若干等级。通常可将刺激因素按其可引发来访者的主观焦虑程度，分为五等或采用百分制（0～100），如引起1分主观焦虑或恐惧的刺激为一等，引起2分的为二等，以此类推。最后，将这些不同的刺激因素按等级依次排列成表，即为“焦虑（恐惧）等级表”。

3. 冲击疗法

冲击疗法又称“情绪冲击疗法”或“满灌疗法”，在治疗时，一下子就将来访者置于能引起其极大恐惧的刺激情境中，物极必反，从而达到消除恐惧情绪的目的。冲击疗法的主要类型为现实冲击疗法和想象冲击疗法。前者是指让患者到现实的情境中体验强烈的恐惧情绪；后者是指治疗者口头指示，让患者想象可怕的情境，体验恐惧情绪。冲击疗法的治疗程序是：让来访者了解治疗过程，经同意可拟定治疗协议；进行身体及精神科检查，身体虚弱者不适宜采用此疗法；准备治疗场地及其他条件；实施冲击。

4. 强化法

强化法是以“操作条件作用”原理为依据的：一个行为发生后，由紧随其出现的直接结果来决定加强或减弱该行为再发生的可能性。如果得到的是奖励等正性强化，该行为就可能在将来再次出现；若得到的是惩罚等负性强化，则会减弱该行为再次出现的可能。大量研究表明，该方法对建立良性行为或消除不适应行为有着很好的效果。由这一方法派生的子方法包括塑造法、代币法、差别强化法、厌恶疗法等。该方法不仅被用来矫正那些明显的适应不良行为，也普遍适用于儿童的行为塑造和人类行为规范的建设。

5. 自我管理疗法

多数情况下，行为矫正都是由矫正监理人负责实施的，如心理治疗师的帮助等。当行为者本人用行为矫正法矫正自己的行为时，这个过程就称为自我控制或自我管理。作为一种行为疗法，自我控制表现为行为者要以一种行为（期望行为）控制另一种行为（靶行为）的出现。

6. 模仿法

模仿法又称“示范法”，亦是行为治疗常用的方法之一。其原理主要来自社会学习理论：利用人类通过模仿学习获得新的行为反应的倾向，向具有不良行为的人呈现某种行为榜样，以使其从事相符行为，从而消除不良行为，建立适应性行为。目前，模仿法主要被大量应用于儿童行为的训练（包括正常儿童和弱智儿童），有时也用于临床治疗。

三、认知心理治疗的理论与方法

作为几种主要的治疗理论取向之一，认知治疗（有时也称“认知行为治疗”）是当代吸引了众多治疗家的一种取向。其中，埃利斯的“理性—情绪疗法”有很高的知名度。

理性—情绪疗法的人性观如下：

（1）人既可以是有理性的、合理的，也可以是无理性的、不合理的，当人们按照理性去思维、去行动时，他们就会是愉快的、富有竞争精神以及行有成效的人。

（2）情绪是伴随着人们的思维而产生的，情绪上或心理上的困扰是不合理、不合逻辑的思维造成的。

（3）人具有一种生物学的和社会学的倾向性，倾向于存在有理性的合理思维和无理性的不合理思维，即任何人都不可避免地具有或多或少的不合理的思维与信念。

（4）人是有语言的动物，思维借助语言而进行。不断地用内化语言重复某种不合理的信念就会导致无法排解的情绪困扰。

（5）情绪困扰的持续是那些内化语言持续的结果。埃利斯曾指出，“那些我们持续不断地对我们自己所说的话，经常就是或者就会变成我们的思想和情绪”。

在埃利斯看来，正是这种先天倾向容易使人在后天的教育和环境影响下发展出非理性的生活态度，造成心理失调。

理性—情绪疗法中最常用的方法有：与不合理信念辩论的方法、合理情绪想象技术及认知的家庭作业等。

案例

下面是咨询师与一位来访者一次会谈的主要片断，这位来访者是位大学生，他觉得自己与别人在一起时，总有一种排斥他人的感觉。

来访者：和别人在一起时，常常觉得挺没意思的，玩得不好，不如自己看书、睡一会儿……

咨询师：什么样的情况你觉得没意思呢？

来访者：要是能和别人谈得挺好还可以。如果别人谈的是我不熟悉的事，我就觉得没意思了。

咨询师：在这种情况下，你是怎么想的呢？是不是觉得应该得到别人的承认？

来访者：有这样的想法。

咨询师：如果情况不是这样呢？

来访者：如果不是……嗯，我不在意别人怎么看我……

咨询师：如果你真是这样想的话，你的反应会是什么？

来访者：避开人群，就开始觉得对谈话没兴趣了。

咨询师：避开人群是因为你不在意别人的反应吗？如你确实不在意的话，你的反应会是什么？

来访者：……我是这么想的，如果别人评价不好，那么一个人在人群中就处于劣势；而如果得到了别人的承认，对他来说，交往就是有价值的，对他肯定是有好处的。

咨询师：除此之外，还有别的什么想法吗？

来访者：要是别人瞧得起的话，我玩得就来劲儿；如果与别人谈得尴尬就没心思玩了……如果与某些人一次交往失败了，就觉得以后还要失败，就不大理睬他们了，见面不打招呼，相互不理睬。

咨询师：但是，如果你确实不在意别人的反应的话，你会怎么做？

来访者：如果确实不在意，就应该在人群中很自然……我应该不在意，要是老计较这些，心胸就会变得很狭窄。

咨询师：我的问题是如果你不在意……

来访者：我还是在意，不在意就会勇往直前……

咨询师：那么在意是因为什么？

来访者：心理上受不了，就不愿讲话了，如果别人讲的是我不熟悉的问题……还是怕过多暴露自己，怕给人形成某种印象……

咨询师：觉得我不行？

来访者：对，这样人家就会排斥我，于是我就先走一步。这样就成了我排斥他，心理感觉好些。就像空城计那样，人家不知道你是怎么回事，反而会造成一种神秘感，有一种吸引力……

咨询师：那么这样做的结果会怎么样呢？

来访者：其实我知道我自己的情况，有时也想学学别的人那么坦率。

咨询师：你对他们怎么看？他们有什么特点？

来访者：觉得他们挺奇怪的，他们可能特别憨厚，与他们交往就像与家里人交往一样，不觉得紧张。

咨询师：那就是说人群当中还是有不少人你不排斥？

来访者：但这类人只是少数。另一些人，我在他们面前就有一种证实自己的感觉，就紧张……

咨询师：为什么紧张？

来访者：还是怕人家看不起我……

咨询师：怕人看出你的短处？

来访者：……嗯……

咨询师：那么你是否有短处？

来访者：有。

咨询师：有没有长处？

来访者：当然也有啦。

咨询师：好，每个人都有长处和短处，是吗？

来访者：是的。

咨询师：那么，别人看到了你的短处，你的长处是否就不存在了？

来访者：不，还在。

咨询师：别人即便否定了你，你仍有你的长处，而别人即使承认了你，你也仍有你的短处，这些东西并不因别人的承认或否定而消失，是吗？

来访者：……（点头）

在这段谈话中，咨询师更多的工作是在找来访者的不合理的信念。在这里，排斥他人的感觉实质上源于自卑心理，源于怕别人否定自己，绝不能让人家看到自己短处的不合理的信念。怕别人排斥自己，因此要先采用排斥他人的办法，对这些，来访者自己在辩论过程中已开始有了认识，在这一过程中他也看到了自己的认知与行为（避开人群）、情绪（紧张感）的关系。在辩论过程中，咨询师没有采取咄咄逼人式的质疑方式，但仍以质疑式提问为主。

四、罗杰斯的人本主义理论观点

美国人本主义心理学家罗杰斯（Rogers，1902—1987）不同意精神分析学家只研究不正常的人，而忽视对健康人积极心理品质的研究，也反对行为主义心理学的机械论观点，主张心理治疗应以人为中心。其理论要点如下：

（1）自我是组织心理活动的中心，是最系统的概念。人有两个“自我”，即现实自我（个人在现实生活中所获得的自我概念）与理想自我（“应当是”或“必须是”、理想化了的自我概念）。两者一致则心理健康，两者发生冲突或个人需要得不到满足就会造成心理失调，严重者会产生心理疾病。

（2）对人性和人类潜力持一种积极的态度。人本主义理论家对人性和人类潜力的看法是积极的、乐观的。人基本上是诚实的、善良的、可以信赖的，并具有自我实现的内在动力，有能力发现自己的缺陷和不足并加以改进，能依据对现实的知觉来构建自己。在适宜的条件下，人类都倾向于友好、合作以及建设性的行为。而自私、攻击性以及残忍则是源于对我们的本性的否认、挫伤或歪曲。

（3）探究心理问题和心理异常的实质。根据人本主义观点，心理问题和心理异常从根本上说是个人成长和朝向健康的自然倾向的中断或歪曲（或“自我”无法实现，“潜能”趋于完善的特征受到阻碍）。心理咨询的目的是协助来访者自省自悟，充分发挥其潜质，使其不断成长与发展，最终达到自我完善与自我实现。

（4）强调创造一种良好的咨询关系。良好的咨询关系即平等、真诚、尊重、理解和肯定。在心理咨询中，咨询师要真诚、无条件地尊重和接纳来访者，在咨询过程中让来访者居主动、决定地位，咨询师处于随从、被动地位，只从侧面向来访者提供心理援助，不向来访者做出指示或具体指导，培养来访者的独立性，开发其潜能，养成良好的行为与人格。

人本主义疗法是由一些具有相同观点的人实践得出来的，有当事人中心疗法、存在主义疗法、完型疗法，其中，以罗杰斯的当事人中心疗法影响最大。

当事人中心疗法，又叫咨客中心疗法或求助者中心疗法。在治疗过程中，贯彻非指导性原则，以来访者为中心，以讨论问题的思路与来访者建立开放、信任的相互关系。目的是帮助来访者不加防范地将积郁心中的隐秘畅快地吐露出来，从而消除其内心的矛盾冲突，促进其自我了解和自我成长。治疗主要采用三种技术：一是坦诚交流的技术；二是无条件、积极关注的技术；三是设身处地的理解的技术。

20 世纪 90 年代，在后现代主义思潮的影响下，心理咨询的理论和方法不断扩大和发展，产生了如叙事治疗方法、焦点解决短期心理问题治疗方法、后现代社会治疗方法等。

第三节　学会享受心理咨询

了解心理咨询的性质、内容、功能及其理论与方法，目的是享受心理咨询。大学生要对心理咨询有正确的认识，对心理咨询过程有基本的了解。

一、走出对心理咨询认识上的误区

如今，许多原来不把心理问题当回事的人，已意识到自己可能有心理疾患，并产生了主动求助于心理医生的愿望。但不少人对心理咨询的认识仍有一定的局限性，甚至产生了一些曲解，使心理问题不能较好地得到解决。下面介绍心理咨询的四个不等式。

（一）心理问题≠精神病

心理问题与精神病是两个不同的概念。心理问题是日常生活中经常会遇到的，就这些问题求助于心理咨询并不意味着有什么不正常或有见不得人的隐私，相反，这表明个体具有较高的生活目标，希望通过心理咨询更好地自我完善，而不是回避和否认问题，混混沌沌虚度一生。有相当一部分人认为精神病就是疯子，其实他们所说的精神病严格来讲是重性精神病，如精神分裂症、躁郁症等，它与一般的心理问题和轻度心理障碍有很大区别。绝大部分精神病人对自己的疾病没有自知力，更不会主动求医。

（二）心理学≠窥见内心

许多来访者不愿或羞于吐露自己的心理活动，认为只要简单说几句，咨询师就应该能猜出他心中的想法，否则就表明咨询师水平不高。其实咨询师也是人，他们没有特异功能，不能窥见他人的内心世界，他们只是运用心理学的理论和方法，对来访者提供的一定信息进行讨论和分析，进而开展治疗。因此，来访者必须详尽地提供有关情况，才能尽快找到问题的症结，有利于咨询师做出正确的诊断并进行恰当的治疗。

（三）心理咨询≠无所不能

许多来访者将心理咨询神化，似乎咨询师无所不会、无所不能，什么样的心结都能一下打开，所以常常来诊一两次，没有达到所希求的“豁然开明”的心境，就大失所望，再也不来了。实际上，心理咨询是一个连续的、艰难的改变过程。心理问题常与来访者的个性及生活经历有关，就像一座冰山，积封已久，没有强烈的求助、改变的动机，没有恒久的决心与之抗衡，是难以冰消雪融的，所以来访者需有打“持久战”的心理准备。

（四）心理咨询≠救世主

一些来访者把心理医生当作“救世主”，将所有的心理包袱丢给咨询师，以为咨询师有能耐把它们一一解开，而自己无须思考、无须努力、无须承担责任。然而，心理咨询的最终目的是“助人自助”，因此，咨询师只能起到分析、引导、启发、支持、促进来访者改变和人格成长的作用，他无权把自己的价值观和愿望强加给来访者，更不能替来访者去改变或做决定。来访者需认识到，“救世主”只有一个，那就是自己。只有改变自己、战胜自己，最终才能超越自我，达到理想目标。

二、心理咨询的类型

我们将高校的心理咨询按照心理咨询提供心理帮助的途径与方式、对象与规模划分为7种类型。

（一）面对面咨询

面对面咨询是指来访者到咨询中心与咨询师面对面交谈以解决其心理疑惑与心理问题的咨询方式。通过这种面对面的心理咨询，咨询师可以详细了解、分析当事人的心理问题，帮助其摆脱有碍于身心健康的不利因素，以产生新的体验，形成新的行为方式，提高解决问题、适应环境的能力。

（二）电话咨询

电话咨询是来访者通过电话与咨询师进行交流的一种心理咨询方式。电话咨询可以消除来访者的顾虑，具有方便、迅速、及时和保密的特点。电话咨询的局限是咨询师不能直接观察和了解来访者的状态，受到通话时间的限制，咨询不能深入进行。所以，电话咨询主要用于解答一些知识性的问题或临时缓解来访者的心理压力。

（三）邮件咨询

邮件咨询是以通信的方式与咨询师探讨自己的心理问题，寻求心理帮助的一种咨询方式。邮件咨询的优点是简单方便，可以跨越时间与空间的限制，尤其是对异地的患者，以及一些有心理问题又羞于面见咨询师的大学生非常适合。一般性的心理问题，通过邮件的方式来解决比较高效。其缺点是有些大学生在信中对自己的心理问题、症状叙述不全面或欠准确，咨询师不能全面深入地了解情况，不利于问题的解决，必要时应与门诊咨询相配合。

（四）专栏咨询

专栏咨询是就大学生比较关心的或是大学生群体中较为普遍的心理问题，通过学校的报纸、板报，以及电台、电视台或者其他大众传播媒介进行专题讨论和解答。专栏咨询的优点是影响面广泛，而且大多采用学生易于了解和感兴趣的方式，能够给学生留下深刻印象；不足之处是仅限于一般性的心理指导，针对性较差。

（五）网络咨询

网络咨询是借助互联网进行互动以解决个案心理问题的一种咨询方式。这是近年来逐渐兴起的一种新型的咨询方式。网络具有极强的隐秘性、及时性、安全性，为心理咨询提供了无限发展的空间。对于那些受个人身体条件、地域环境的限制而不能直接、方便地寻求面对面心理咨询的人，以及那些不愿意面对咨询师的人来说，互联网心理咨询尤为必要。其缺点是不利于系统的心理咨询与治疗。

（六）朋辈咨询

朋辈咨询是指在校园里由年龄相当者对周围需要心理帮助的同学和朋友给予心理指导、安慰和支持。它具有自发性、义务性和覆盖面广、简便易行等特点，是大学生摆脱心理困境、寻求外部帮助的一种重要方式。由于咨询师不是专业人员，采用的方法主要是接受宣泄和给予解释、鼓励、指导，与严格意义上的心理咨询相比，朋辈咨询在咨询问题、目标、要求、方法等方面与专业咨询存在一定的差异。朋辈咨询者应该认识到自己所能提供的帮助是有限的，在遇到无法处理的心理问题时，特别是发现来访者有自杀倾向时，要及时向主管部门汇报，并建议来访者积极寻求专业的心理咨询。

（七）团体咨询

团体咨询也称小组咨询，是通过有组织的团体活动形式解决一组人的共同发展课题或相同的心理问题的咨询方式。它提倡团体内人与人之间相互作用，让个体在交往中通过观察、学习、体验等认识和接纳自我，调整、改善与他人的关系，转变人生态度与行为方式，以促进个人成长。团体咨询也有局限性，由于多人在场，参加者容易产生顾虑，不愿暴露自己的想法。所以，团体咨询适宜解决一些共同存在的表层心理问题，深层心理问题则需要通过个体心理咨询解决。

三、学校心理咨询的一般原则

各种心理咨询的理论和方法虽然有很大不同，但都遵循一些根本性要求，这便是所谓的心理咨询原则。较之咨询过程中各项具体的要求，它更概括，更具有指导性。

（一）来访自愿原则

所谓来访自愿原则，是指每一次咨询都是以来访者愿意使自己有所改变为前提的，咨询师不能以任何形式强迫来访者接受或维持心理咨询。有人也将这一原则叫作“来者不拒，去者不追”原则。还有人将这一原则通俗地概括为“咨询师不主动”原则。

1. 是否要接待被迫来接受心理咨询的来访者

在实际咨询工作中，许多来访者迫于他人的要求前来咨询。对此，咨询师不能简单地以来访者缺乏意愿而予以拒绝。其原因就在于：来访者的意愿虽然不是特别充分，但毕竟是自己来到咨询室的，反映了他一定的意愿；简单地拒绝他的求助，也违背了来访者的意愿。当然，面对这类来访者，咨询师要付出更多的精力来调动其求助动机，尤其是学校心理咨询，要打破来访者的自我封闭倾向和被动、抵触的心态。

2. 是否要接待替他人来咨询的来访者

替他人前来咨询的情况也不时存在，如朋友替代自己的同学来咨询。对此，咨询师也不能简单地予以拒绝。这是因为：咨询实践中，有一部分替代者本身就是问题的一部分，也需要帮助；也有一些替代者本身没有问题，但需要在如何适应和帮助潜在当事人方面获得帮助。这两种情况都使替代者成了当事人。还有一些替代者不属于以上两种情况，咨询师可以从发展与适应的角度给潜在当事人提供一般性的指导和意见，但应该明确告诉替代者，要提供有针对性的帮助，切实解决问题，还需要真正的“事主”出马。如果当事人是因为对咨询有一些误解而拒绝前来的话，咨询师可以适当地做一些解释和说明工作，或提供一些正确介绍咨询的书籍。

（二）价值中立原则

价值中立原则是指在咨询过程中，咨询师要尊重来访者的价值信念体系，不要以自己的价值观念为准则，对来访者的行为准则任意做出价值判断。尽管人们对这一原则的理解不太一致，但大家都一致同意尊重来访者的价值准则，咨询师不能以任何方式向来访者强行灌输某一价值准则，或强迫来访者接受自己的观点、态度。

（三）信息保密原则

信息保密原则是指未经来访者同意，咨询师不能以任何方式向任何人或机构透露来访者的一切咨询信息。几乎所有的咨询师都同意，信息保密原则是心理咨询工作中最重要的原则，有的甚至称它为心理咨询的“生命原则”。有违这一原则，咨询工作将毁于一旦。心理咨询工作中的有关信息，包括个案记录、测验资料、信件、录音、录像和其他资料，均属专业信息，应在严格保密的情况下保存，不得列入其他资料之中。心理咨询师只有在来访者同意的情况下才能对咨询过程进行录音、录像。在因专业需要进行案例讨论，或采用案例进行科研、写作、教学时，应隐去来访者的身份等有关信息。心理咨询师在接受训练时都会被明确告知，要对来访者的信息保密。不过，我们也要明确告诉来访者保密所受的限制。例如，心理咨询师与督导或治疗小组讨论个案时，就无法保密。在接受卫生、司法或公安机关询问时，也不得做虚假的陈述或报告。另外，个案危及自己和他人安全时，专业人员也必须打破保密的原则限制，采取必要措施，防止意外事件的发生（必要时通知有关部门或家属，但应将有关保密信息的暴露程度限制在最小范围内）。

（四）方案守法原则

方案守法原则是指在咨询过程中，咨询师和来访者共同制定的咨询方案不能包含直接或间接损害他人或社会的利益的内容。

（五）时间限制原则

心理咨询必须遵守一定的时间限制。咨询时间一般定为每次50分钟左右较好（初次咨询可以适当延长），两次咨询之间的时间间隔一般为一周。

每次咨询时间予以限定应有助于将问题集中处理，可以一个时段讨论一个问题（或一类问题），可以帮助求助者更加深刻地考虑问题。两次咨询之间留有间隔，可使求助者有机会充分体验咨询的感受，并在生活实践中落实咨询中获得的新理念。

对每次咨询时间予以限定，也不是绝对的。根据求助者的心理特点、年龄大小和问题的性质，适当调整、增减咨询次数或间隔时间。

（六）咨询师的职责限制原则

心理咨询是有某些限定的职业活动。在咨询中规定的各种限制，是保证咨询成功的必要条件。咨询师的职责、责任不是无限的。例如，求助者带领自己的孩子前来咨询，表示对自己的小孩无法管理，同时认定咨询师应对矫治孩子的不良行为负全部责任。实际上，咨询师的责任，仅仅是帮助求助者认识自己与孩子的关系有了麻烦，继而启发求助者认识造成问题的原因，提醒求助者立刻调整亲子关系，而最终改变孩子不良行为的责任仍由求助者本身承担。

当然，如果是孩子本人要求咨询师帮助自己解决行为问题，那么，求助者就是这个孩子。即使如此，在心理咨询的过程中，改变孩子不良行为的责任，也不全由咨询师承担，而应由咨询师与孩子共同承担，因为孩子的行为改变，必须经由咨询师与孩子双方的努力才能达到。没有求助者个人的努力，求助者是不可能改进自身状况的。可见，咨询师的这类职责限制，实际上是由心理咨询本身的性质决定的，即助人自助。

心理咨询师的职责受心理咨询任务的限制。心理咨询的任务只是解决心理问题或由心理问题所引发的行为问题，而不是处理引发心理问题的具体事件或生活事件。也就是说，不介入、不帮助求助者解决任何具体问题。例如，可以解决离婚后的心理问题，但不能介入和解决求助者的再婚问题，因为那是“婚姻介绍所”的任务。

四、学校心理咨询的对象

学校心理咨询的对象有以下几类：

（1）精神（心理）正常，但遇到了与心理有关的现实问题并请求帮助的人群，如遇到了婚姻恋爱问题、择业求学问题、社会适应问题等。他们面对上述自我发展问题时，需要做出理想的选择，以便顺利地度过人生的各个阶段。在这时，心理咨询师可以从心理学的角度，向他们提供心理学的帮助。这类咨询叫发展性咨询。

（2）精神（心理）正常，但心理健康出现问题并请求帮助的人群。这类人长期处在困惑、内心冲突之中，或者遭受比较严重的心理创伤而失去心理平衡，使心理健康遭到不同程度的破坏。尽管他们的精神是正常的，但心理健康水平却下降了许多，出现了严重程度不同的心理问题，甚至达到“可疑神经症”的状态。这时，心理咨询师所提供的帮助，叫心理健康咨询。

（3）特殊对象，即临床治愈的精神病患者。心理咨询的对象包括精神不正常的人吗？不包括，但包括那些临床治愈后，心理活动已经基本恢复正常，基本转为心理正常的人。心理咨询可以帮助他们恢复社会功能，防止疾病复发，但是，这样的心理咨询必须严格限制在一定条件之内，有时必须与精神科医生协同。

严格地说，心理咨询工作的对象只是心理不健康的各类状态和心理健康的人群，而不是各类异常心理状态。可是在目前的咨询心理学的实践中，即便是神经症患者，出于对精神病的偏见，也倾向于去找心理咨询师，而不愿走进精神科。面对这种现实，心理咨询师不得不采取现实的态度，在实际工作中，既要专注自己的专业领域，又要顾及已经划到精神病学领域的某些问题，从而不恰当地扩大了自己的工作范围。

五、密切与心理咨询师配合

心理咨询是专业人士与来访者之间的一种特殊的人际关系互动，咨询的效果取决于双方的配合程度。

（一）真诚坦率地交流

面对心理咨询师，来访者要敞开心扉，不隐瞒自己的想法，不过多考虑说话的方式、方法，应直截了当，有什么就说什么，这样有利于咨询师准确地分析和引导。

（二）要有自助的意识

一旦形成了咨询关系，来访者要有自助意识，不要等待心理咨询师对自己做些什么，不要期望咨询师为自己“决策”什么。咨询师最终不会为来访者“拿主意”，其所能做的是帮助来访者澄清事实，分析利弊，开阔和转变思路，疏导不良情绪，使来访者发现自己的优势和潜能，最后的“大主意”还得来访者自己拿。

（三）独立思考不盲从

要想取得好的效果，来访者仅懂得心理咨询师所说的道理还不够，因为那些道理也许早就知道，关键是要把这些道理转化成自己的认知与信念。这个内化的过程不是一朝一夕可以完成的。心理咨询中常用的一个术语就是“领悟”，咨询师的作用在于“领”，而来访者则要“悟”。既然要“悟”，就要发挥独立思考的能力，不能盲从，要在咨询师的指导下发挥自己的主观能动性。

（四）认真贯彻咨询计划

从行为主义学派的观点来看，行为习惯的形成是个条件反射建立的过程，建立一种健康的行为习惯需要时间和行动。咨询师要与来访者共同制订咨询目标和计划。来访者要在咨询的不同阶段，同咨询师密切配合，贯彻咨询计划与步骤，认真完成各种实践作业，做好咨询过程中各个阶段的总结，这样才能收到较好的咨询效果。

（五）建立求询的信心与耐力

心理咨询是循序渐进的过程，一般要经过确定问题、设立目标、帮助改变等不同的步骤和阶段。咨询的问题需要渐进解决，设立的目标需要逐步实现，有时心理问题还会出现反复，这就要求来访者建立起求助的信心和耐力。

六、求助者和心理咨询师各自的责任、权利和义务

（一）求助者的责任、权利和义务

求助者的责任：向咨询师提供与心理问题有关的真实资料；积极主动地与咨询师一起探索解决问题的方法；完成双方商定的作业。

求助者的权利：有权利了解咨询师的受训背景和执业资格；有权利了解咨询的具体方法、过程和原理；有权利选择或更换合适的咨询师；有权利提出转介或中止咨询；对咨询方案的内容有知情权、协商权和选择权。

求助者的义务：遵守咨询机构的相关规定；遵守和执行商定好的咨询方案各方面的内容；尊重咨询师，遵守预约时间，如有特殊情况提前告知咨询师。

（二）心理咨询师的责任、权利和义务

心理咨询师的责任：遵守职业道德，遵守国家有关的法律法规；帮助求助者解决心理问题；严格遵守保密原则，并说明保密例外。

心理咨询师的权利：有权利了解与求助者心理问题有关的个人资料；有权利选择合适的求助者；本着对求助者负责的态度，有权利提出转介或中止咨询。

心理咨询师的义务：向求助者介绍自己的受训背景，出示营业执照和执业资格等相关证件；遵守咨询机构的有关规定；遵守和执行商定好的咨询方案各方面的内容；尊重求助者，遵守预约时间，如有特殊情况提前告知求助者。

知识窗

心理咨询前须知

1. 为什么要去心理咨询？

心理咨询就像一个人身体患了感冒应及时就医一样，所以每一个正常人在特定的时期应花一点时间去进行心理咨询。进行心理咨询，目的不仅仅是解决自己的心理疾患，而是使自己的心态更加健康，进而提高自己的生活质量。在发达国家，上至国家元首，下至平民百姓，均把心理咨询视为一种高贵的精神消费。

2. 我去“心理咨询”，大家会认为我有病，我才不去呢！

“去心理咨询室就是有病”，这是对心理咨询的误解。心理咨询旨在为心理正常人解除非病理性的精神痛苦，其服务对象并非病人。有了心理问题及时去咨询，烦恼就能得到及时的排解。如果等心理问题成了“心病”才去心理咨询室，那时，心理咨询室的大门已经不向你敞开了。

真诚地希望我们的大学生养成走进心理咨询室，学会享受心理咨询，及时清除

“心情垃圾”的好习惯。

3. 心理咨询需要求助者有主动行为吗?

心理咨询要求来访者有主动咨询的愿望，有自愿沟通的态度，即必须是自己感到要改变、提升，自己的求助动机越强，越容易收到良好的咨询效果。

4. 去咨询前，一定要明确自己需要解决的问题所在?

在进行心理咨询之前，来访者要明白自己为什么去咨询、咨询要解决什么问题，怎么阐述更清楚，从哪里开始阐述。来访者应先将自己的主要问题整理一下，以便清楚自己在咨询中要解决的问题。

5. 心理咨询多长时间能解决问题?

心理咨询有时间的限定。一般情况下，一周一次，一次50分钟，根据来访者的状况不同，咨询的次数也应该不同，少则一两次，多则数十次不等。这是因为：①心理问题不是一两天形成的，当然也就不可能几次咨询就将它们解决掉。②几乎所有的心理问题都与性格有关。俗话说：江山易改，禀性难移。③心理咨询的最终目的是心灵的成长。成长是一个极其缓慢的过程，不可能一蹴而就。

6. 去心理咨询一定要遵守约定的咨询时间吗?

心理咨询师每次咨询的时间在1小时左右，且在咨询过程中不愿被其他杂事干扰。再者，前来咨询的人多，每个心理咨询师都有自己的时间安排表。为了避免无效等候，浪费时间，与咨询师提前预约很重要。来访者应该按照约定时间准时去咨询。遇有特殊情况，须提前与有关人员联系，更改咨询时间。

7. 去心理咨询是否需要选择心理咨询师?

应选择适合的心理咨询师。咨询前了解一下专业机构对心理咨询师的介绍，如职业背景、执业资格、咨询经历等，不要盲目地找那些没受过专业培训、不具备专业资格的人员进行心理咨询。

8. 是不是遇到困难就可以去心理咨询?

求助的愿望必须符合心理咨询的范围，心理咨询不是万能的，只能解决心理层面上的问题或由于心理原因引发的行为问题，不是具体问题。

有幻觉妄想的典型症状而无明显痛苦感受、对自己症状无自知力、没有主动求助愿望的当事人，不适合做心理咨询，应尽快寻求精神科医生的帮助，确诊是否属于重性精神障碍，不要耽搁!

技能训练室

一、请你谈谈，大学生活中，你将怎样享受心理咨询?假设给你一次与心理咨询师见面的机会，你最想解决的心理问题与困惑是什么？请在下面的横线上写下三个你最想解决的心理困惑与心理问题。

1. ____________________

2. ______________________________

3. ______________________________

二、学完本章内容，你有收获吗？在作业本上写下你的体会。你对你自己的心理状态了解吗？如有疑问，别忘了和老师、同学沟通。

快乐自习室

你们学校有心理咨询室吗？学校有几位心理咨询师？心理咨询室的门牌号和电话你知道吗？请把它写在这里。

第五章
遇见最美的自己
——正确认识自我和完善自我

本章提要

本章主要让学生了解自我意识的内涵和结构，使学生了解认识自我、接纳自我的重要性，能够识别自我意识发展过程中出现的偏差并做到及时调适，不断地发展自我和完善自我。

点亮心灯

求职

小李、小王是同一所大学计算机及应用专业的学生，专业成绩不相上下。小李思维敏锐、洞察力强，善于人际沟通，以写作见长；小王的程序设计能力在众多同学中可算是一枝独秀。二人在择业时同时进入一家国内著名的IT报社，报社将他俩分别安排到两座大城市做驻地记者。

小李在新的城市很快安营扎寨，将IT界发生的大小事件迅速整理成文发回报社，大小专题不间断地见诸报端，因此他的地位、收入也就不用多说了。

而小王到了指定的城市后，觉得这座城市没有发生与IT界沾边的事，一个多月过去了，他仍然没有向报社发回任何稿件。

报社总编从培养新人与工作需要的角度出发，时而提醒小王：他所在城市将有哪些活动，应该怎样去采访，从哪些方面着手，但收效甚微。

时逢小王所在地城市要举办一次IT产品展销会，于是总编提前给小王打电话，叮嘱他要从哪些方面着手组织稿件，抓取哪几个主要镜头，小王在电话这边也连连点头称是。

会议过了一天，可总编的信箱仍然不见小王发回的稿件，总编十分着急，再也耐不住性子了，给小王打电话催询稿件。

小王陈述了几个没有发稿的理由：一是在当天会议上，要采访的对象都推说时间紧张，要等以后有空才能接受采访，所以文字稿还要等几天；二是照片已经拍了不少，由于宿舍网络故障，待检修完毕后再传回报社。

总编听了这些以后，再没有多说话，只让他赶紧回报社。至此，小王的记者工作也就告一段落。

小王失去了工作，针对初入职场失败的原因，他进行了一番彻底的剖析，发现自己并不适合做记者，于是决定去应聘程序员方面的职位。凭借过硬的基本功，他很快进入了一家软件开发公司，得心应手地开始了新的工作。

课前互动：小王的记者工作告一段落，却得心应手开始新的工作，说明什么？

第一节　自我意识概述

课堂思考：

请同学们谈一谈认识自我的重要性。

一、正确认识自我的重要性

正确认识自己，才能明己之长，知己之短，才不会迎接更多的失败。

正确认识自己，才能确定符合自己实际情况的目标。

正确认识自己，才能挖掘自身的潜能，更好地发挥自己的潜力。

正确认识自己，才能扬长避短，不断提高自身素质，塑造一个崭新的自我。

正确认识自己，才能做一个真实的自己。

心理学上关于认识自我有以下观点：①人们已经习惯于去认识、关注、在乎自身之外的外部世界，很少去考虑自己或主动去认识自己、认清自己。认识别人容易，认清自己困难！②人生的最根本的问题是不能正确认识自己！③如果一个人没有一个健康、清晰的自我意识，他就可能很困惑，人生就不易成功，他就会不快乐，容易失败，容易出现心理问题。④心理咨询的最终目标就是帮助一个人认识自我，接纳自我，同时它还是心理健康的重要标志。

外在的我只是冰山一角（见图 5－1）。

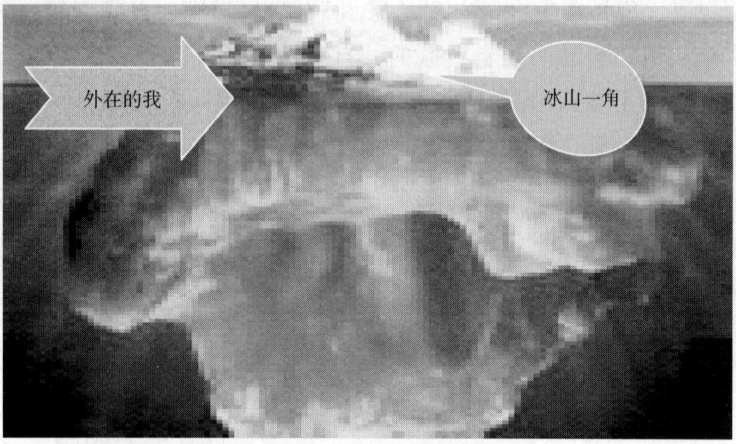

图 5－1　外在的我只是冰山一角

二、自我意识的内涵及结构

人类与动物最本质的区别在于人类不仅能够认识外界，也能认识自己。自我意识是个体对自己存在状态的认知，包括对自己生理状态、心理状态、人际关系及社会角色的认知，即生理自我、心理自我、社会自我。自我意识的内涵及结构见表 5－1。

大学生是一个特殊的群体。他们处于青年期，身心发展还不完全成熟。他们自我意识急剧增长、迅速发展并逐渐趋于完善。他们逐渐获得心理自我，强烈关心自己的形象，关注自己的内心世界，不再轻易接受、认同他人的观点，自我意识的发展表现出明显的主观化特点。这种主观化很容易使自我评价出现偏差。

表5－1 自我意识的内涵及结构

结构 / 内涵	自我认识	自我体验	自我控制
生理自我	对自己的身体、外貌、仪表、年龄、家属、所有物等的认识	是否英俊、漂亮、有吸引力、迷人、自我悦纳	追求外表，追求物质欲望的满足，维持家庭利益等
心理自我	对自己的智力、性格、气质、兴趣、能力、记忆、思维等特点的认识	是否有能力、聪明、优雅、敏感、迟钝、感情丰富、细腻	追求信仰和理想，注意行为符合社会规范，要求智慧与能力的发展
社会自我	对自己在集体中的名望、地位、角色、责任、经济条件等方面的认识	是否自尊、自爱、自信、自豪、自卑、自恋、自怜	追求名誉地位，与他人竞争，争取得到他人的好感等

自我评价过高，容易产生虚荣心理（见图5－2）；自满、自我陶醉、喜欢炫耀、哗众取宠、不脚踏实地，容易产生自负倾向；自我被贬低，容貌、家庭、条件、才能一无是处（非不为，而不能），容易产生无能心理、自卑倾向；不知如何评价自己，容易产生困惑心理，感到迷茫、疲惫、纠结、空虚等（见图5－3）。

图5－2 自我评价过高

图 5-3 不知如何评价自己

如果一个大学生对自己的生理自我不能正确评价，嫌自己个子矮、不漂亮、身材差，就会讨厌自己，表现出自卑，缺乏自信。例如，有的女大学生长得很漂亮，但她自己却很悲观，因为她认为女明星的下巴才完美。

大学生往往对自己的心理自我认识不清，嫌自己能力差、智商不高、情绪起伏太大、自制力差，甚至不知道自己到底想成为什么样的人，应该追求什么，应该做什么，心中纠结、迷茫、困惑。其实，这种状态存在于人生的各个年龄阶段，有的人甚至很难给自己正确定位，生活也没有明确的方向。

第二节 认识自我的途径

课堂思考：

怎样认识自我？你能想到的途径有哪些？

一、认识自我的途径

（一）“自省法”认识自己

自省是人的一种自我体验。人们在实际生活中往往通过自我反思、自我检查来认识自己，特别是在重大事件中所获得的经验和教训，可以为人们提供了解自己的个性、能力的信息，从中发现自己的长处和不足。

（二）“评价法”认识自己

在认识自己的时候，应该重视同伴对自己的评价。他人的评价比主观自省更客观。如果自我评价与他人的评价相近似，则说明自我认识较好；如果两者相差过大，则说明自我认识上可能有偏差，需要调整。当然，对待他人的评价，也要有认知上的完整性，不可偏听偏信，要恰如其分地认识自己。

（三）“比较法”认识自己

通过与同龄的伙伴在处世方法、对人对事的态度、情感表达方式等方面进行比较，“以人为镜”找出自己的特点，来认识自己。比较时，对象的选择至关重要，找不如自己的人比较，或者拿自己的缺陷与别人的优点比，都会失之偏颇。因此，要根据自己的实际情况，选择条件相当的人比较，找出自己在群体中的合适位置，这样才能比较客观地认识自己。

（四）“经历法”认识自己

在生活中，人们可以通过总结成功与失败的经验及教训来发现自己的特点，因为成功和失败最能反映一个人性格、能力上的优点和劣势。

二、课堂体验活动

（一）猜猜我是谁（“自省法”认识自己）

自我概念（自己对自己的解释）比真实自我对个体的行为及人格有更为重要的作用。

——罗杰斯

活动过程：准备一张白纸，3 分钟内写下多个描述自己的句子：“我是……”，不必署名。完成后，交给老师。辅导老师从中任意抽出一张念，请大家猜这一张是谁写的。请跟同学一起分享活动中的感受。

（二）我是这样吗（“评价法”认识自己）

我们所隶属的社会群体，是我们观察自己的一面镜子，个体的自我概念很大程度上取决于个体认为他人是如何“看待”自己的。

——米德

影响个体自我意识的因素除了与人的自我态度、成长经历、生活环境有关以外，他人对我们的评价，特别是生命中的重要人物，如父母、家人、老师、朋友、同学等对待我们的态度，会对我们的自我意识起重要的作用。

活动过程：大家一边唱歌，一边传物，歌声停止时，接物者就是核心人物。请在座的人员说出对这位核心人物的看法，既可以说优点，也可以说缺点。核心人物对大家的评论加以归纳，并做必要的澄清和说明。

（三）我到底是什么样的人

通过自省法和评价法，反思总结自己的特质：我到底是一个什么样的人？（优点、缺点）

我的优点是：____________________，我的缺点是：____________________。

我的优点是：____________________，我的缺点是：____________________。

我的优点是：____________________，我的缺点是：____________________。

每个人都有优点和缺点（如高矮、胖瘦、黑白、漂亮与不漂亮）。提到优点，都沾沾自喜，非常得意，非常享受。提到缺点，都有点儿不爱接受，不愿意承认，在内心深处也不大愿意容纳自己的缺点。更有甚者，其内心一点儿都不能容纳自己的缺点……

第三节　接纳自己，悦纳自己

接纳自己、悦纳自己，是心理健康最重要的标志，也是大学生心理健康的第一条标准。接纳自己、悦纳自己，就是要无条件地接受自己的一切，既包括好的和坏的，也包括成功的和失败的，接纳自己的优点、缺点和限制。个体能否接纳、悦纳自我，是自我体验、自我评价的表现形式。

阅读材料

牌是上帝发的

艾森豪威尔是美国第34任总统，他年轻时经常和家人一起玩纸牌游戏。

一天晚饭后，他像往常一样和家人打牌。这一次，他的运气特别不好，每次抓到的都是很差的牌。开始时他只是有些抱怨，后来，他实在忍无可忍，便发起了少爷脾气。一旁的母亲看不下去了，正色道：“既然要打牌，你就必须用手中的牌打下去，不管牌是好是坏。好运气是不可能都让你碰上的。”

艾森豪威尔听不进去，依然愤愤不平。于是母亲又说：“人生就和这打牌一样，发牌的是上帝。不管你手中的牌是好是坏，你都必须拿着，你都必须面对。你能做的，就是让浮躁的心情平静下来，然后认真对待，把自己的牌打好，力争达到最好的效果，这样打牌、这样对待人生才有意义!”

艾森豪威尔之后一直牢记母亲的话，并激励自己积极进取。就这样，他一步一个脚印地向前迈进，成为中校、盟军统帅，最后登上了美国总统之位。

（摘自新华网）

课堂体验活动一:

观看凡·高创作的世界名画《星光灿烂的夜晚》(见图5－4)。

图5－4　凡·高的画作《星光灿烂的夜晚》

课堂思考:

1. 你知道这幅画好在哪吗?

(提示：这幅画因为它的调色技术很高超而被艺术鉴赏家们推为世界名作。)

2. 看完这幅画，你想说点儿什么？你应以怎样的态度看待自己的缺点和长处?

课堂体验活动二：手指比较

现在，每位同学伸出你的左手，看看这五个指头（见图5－5)。

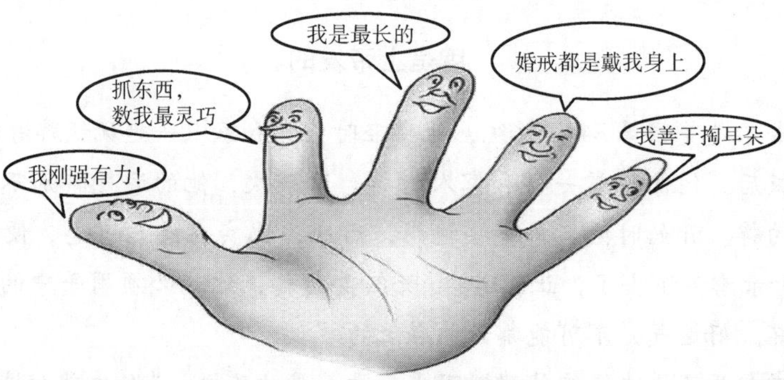

图5－5　五个手指有长有短

（1）比比手指的长短。

（2）数一数每根手指的关节数，有什么不同？

（3）佩戴首饰的时候，哪些手指显得很有用？哪个手指基本没戴过，显得它一点没有用处？

（4）参与生活和工作的时候，哪个手指功劳最大，显得很有用处，哪个手指显得没有用处？

（5）比手指活动结束，请同学谈一谈感悟。

哲学家说：存在就是合理。诗人说：天生我材必有用。我们每个人都不能妄自菲薄，不能否认自己存在的价值。小羊能轻松穿过低矮的院门，长颈鹿不费吹灰之力便能吃到高处的树叶……

阅读材料

我很重要

我们的生命，端坐于概率垒就的金字塔的顶端。面对大自然的鬼斧神工，我们还有权利和资格说我不重要吗？

对于我们的父母，我们永远是不可复制的孤本。无论他们有多少儿女，我们都是独特的一个。

假如我不存在了，他们就空留一份慈爱，在风中蛛丝般飘荡。

假如我生了病，他们的心就会皱缩成石块，无数次向上苍祈祷我的康复，甚至愿灾痛以十倍的烈度降临于他们自身，以换取我的平安。我的每一滴成功，都如同经过放大镜，进入他们的瞳孔，摄入他们心底。假如我们先他们而去，他们的白发会从日出垂到日暮，他们的泪水会使太平洋为之涨潮。

面对这无法承载的亲情，我们还敢说我不重要吗？“我很重要！”我对自己小声说。我还不习惯嘹亮地宣布这一主张，我们在不重要中生活得太久了。

我重复了一遍。声音放大了一点。我听到自己的心脏在这种呼唤中猛烈地跳动。“我很重要！”我终于大声地对世界这样宣布。片刻之后，我听到山岳和江海传来回声。是的，我很重要。我们每一个人都应该有勇气这样说。

我们的地位可能很卑微，我们的身份可能很渺小，但这丝毫不意味着我们不重要。人们常常从成就事业的角度，断定我们是否重要。但我要说，只要我们在时刻努力着，为光明在奋斗着，我们就是无比重要地生活着。让我们昂起头，对着我们这颗美丽的星球上无数的生灵，响亮地宣布——

“我很重要！——我很重要！”

（摘自毕淑敏《我很重要》）

卡耐基说道："发现你自己，你就是你。记住，地球上没有和你一样的人……在这个世界上，你是一种独特的存在。你只能以自己的方式歌唱，你只能以自己的方式绘画。你是你的经验、你的环境、你的遗传造就的你。不论好坏与否，你只能耕耘自己的小园地；不论好坏与否，你只能在生命的乐章中奏出自己的音符。"

第四节　完善自己，发展自己

一、克服自卑情结

（一）自卑的作用

心理学家阿德勒认为，每个人都有先天的生理或心理缺陷（如相貌丑陋、身材矮小、先天残疾或家庭经济贫困等），这就决定了每个人的潜意识中都有自卑感存在。适度的自卑是正常的，且具有一定的动力作用，它可以推动个体去追求补偿，在某方面获得成功。但如果自卑感过度蔓延，正常的自卑感就会演变成严重的自卑情结。自卑情结使人漠视自己的潜能，销蚀自己的意志，淡漠自己的情感，妨碍自己的认知，导致心理机能退缩乃至退化，情绪日渐低落，兴趣日益狭隘，交往逐渐减少，越来越孤僻与自闭，并且有可能产生各种各样的心理障碍或心理疾病。

自卑是性格发展的一个结果，它反过来也会对性格发展产生很大的负面影响。在自卑心理的作用下，"我不行"的预感变成了咒语，结果真的成了"我不行"。这是精神负性暗示的作用。

（二）重新认识自我

生理的或社会的因素，如相貌丑陋、身材矮小、先天残疾或家庭经济贫困等往往导致人们缺乏自信。但这种不自信的根源是人头脑中对自我的认识不合理。只要你能消除种种不合理认识，相信自己是独特的个体，重新认识自我、评价自我，找到内心的安全感，自信就会在你的心中滋生。

摒弃以前对自己的认识，重新估量一下自己。自卑的人容易低估自己，认为自己很不中用。正确、认真地想想自己的价值、自己的特长、自己的优点，容易肯定自己，增加自信。

自卑的人看起来过分关注自己，其实过分关注的仅仅是"与别人比较而不如别人的"那个"自己"，不是"真实的自己"。

自卑的人往往在一件事情还没做之前便会反复问自己：这件事情若办糟了，他们肯定会笑话我，看不起我，我到底该怎么办，放弃还是坚持？这样，事情还没着手做，他在心理上已经失败了。所以，那些因害怕他人讥笑而自卑的人应该告诉自己，别人怎样看自己是他们的权利和自由，不必把别人看得比自己还重要，别人的意见可以参考，但切不可让自己活在别人的阴影里。

（三）了解不自信形成的可能原因

不自信可能源于自卑情结，常以一种消极防御的形式表现出来，如嫉妒、猜疑、孤僻、焦虑、紧张、不安等，使人变得十分敏感，经不起任何刺激。

研究表明，不自信的人常常把对自己的轻视投射到别人身上，这可能表现为敏感。换句话说，有些人之所以无法建立起自信的形象，是因为他们太敏感，很容易受外界影响，总是产生关于自我的负面信息。比方说，这类人会在心里不自觉地和周围人比较，找出自身的弱点，如没有别人漂亮，个子没有别人高，能力没有别人强等，把自己看得处处不如人，还未竞争就先在心理上输了，从而变得不能够接纳自己。一旦自己都无法接纳自己，又如何给自己打气，融入这个竞争激烈的社会呢？要知道，有信心都不一定会赢，没有信心又如何能赢呢？

一个爱美的女孩自从脚上有一块疤后变得非常敏感。有一个酷夏，她穿着凉鞋，腿脚都露在外，当发现一个女人死死盯着自己的脚时，她恨不得把脚藏起来，突然听到那个女人说：“你的凉鞋真漂亮，能告诉我在哪里买的吗？”

很多时候，我们没有机会核实自己的消极想法，但我们可以反思，内心的想法有的时候不一定是真实的。

阅读材料

伤痕实验及其解读

美国科研人员进行过一项有趣的心理学实验，名曰“伤痕实验”。他们向参与其中的志愿者宣称，该实验旨在观察人们对身体有缺陷的陌生人做何反应，尤其是面部有伤痕的人。

每位志愿者都被安排在没有镜子的小房间里，由好莱坞的专业化妆师在其左脸做出一道血肉模糊、触目惊心的伤痕。志愿者被允许用一面小镜子看看妆后的效果，之后镜子就被拿走了。

关键的是最后一步，化妆师表示需要在伤痕表面再涂一层粉末，以防止它被不小心擦掉。实际上，化妆师用纸巾偷偷抹掉了化妆的痕迹。

对此毫不知情的志愿者被派往各医院的候诊室，他们的任务就是观察人们对其面部伤痕的反应。规定的时间到了，返回的志愿者竟无一例外地叙述了相同的感受——人们对他们比以往粗鲁无礼、不友好，而且总是盯着他们的脸看！可实际上，他们的脸与往常并无二致，根本没有不同；他们之所以得出那样的结论，是错误的自我认知影响了他们的判断。

这真是一个发人深省的实验。

原来，一个人内心怎样看待自己，在外界就能感受到怎样的眼光。同时，这个实验也从一个侧面验证了一句西方格言："别人是以你看待自己的方式看待你。"不是吗？

一个从容的人，感受到的多是平和的眼光；

一个自卑的人，感受到的多是歧视的眼光；

一个和善的人，感受到的多是友好的眼光；

一个叛逆的人，感受到的多是挑剔的眼光……

可以说，有什么样的内心世界，就有什么样的外界眼光。如此看来，一个人若是长期抱怨自己的处境冷漠、不公、缺少阳光，那就说明，真正出问题的正是他自己的内心世界，是他对自我的认知出了偏差。这个时候，需要改变的正是自己的内心；而内心的世界一旦改善，身外的处境必然随之好转。毕竟，在这个世界上，只有你自己才能决定别人看你的眼光。

我国台湾心灵作家张德芬说过一句话"亲爱的，外面没有别人，只有你自己"，你有什么样的内心就会有什么样的世界。我们往往花大力气去了解别人，认识别人，却很少花精力去了解自己，认识自己。我们不能直接看到自己的模样，只能通过镜子、照片观察。同理，我们一般也是透过别人的眼光来认识自己，每一个人眼里的你都是不一样的，100 个人眼里就有 100 个你，1 000 个人眼里就有 1 000 个你，在不同的人眼里你是不同的，善良的、聪明的、可恶的、愚蠢的、忠诚的、虚伪的、背叛的，不胜枚举。那么真实的你究竟是什么样的呢，真正的你又在哪里呢？"伤痕实验"明确地告诉我们答案——内心，一个内心烦躁的人纵然身处幽静也是狂躁不安的，一个内心清净的人虽然深处闹市，他的世界还是清净的。无论是追求幸福、宁静，还是安全，都到你内心去寻找吧，那里有无穷无尽的资源和能量。

（摘自《校园心理》2013 年第 8 期）

心理测试

选哪个星球，暗示了你的自卑根源是什么

自卑是一种非常困惑人的情绪，每个人都会为自卑所困，有些人能找到自己自卑的根源，而有些人内心充满了自卑感，却不知道根源在哪儿。你知道你潜在的自卑感根源是什么吗？

下面有 4 个球状星球（见图 5－6），如果必须选一个来住，你会选哪一个？

1. 被否定的记忆

被否定的时候，你没有记住别人为什么否定你，而是记住了那些否定你的语言，每一个词、每一个字都在你心里留下了深刻的印记，这就是你内心自卑的根源。你太

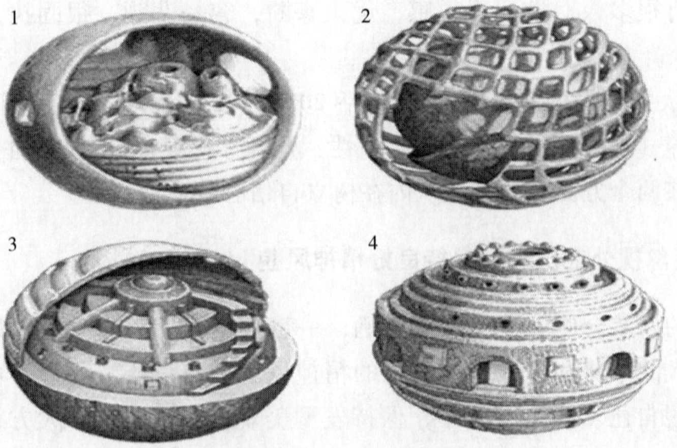

图 5－6　四个球状星球

在意别人对你的否定了，每一次否定都会让你更努力去扭转他人对你的印象，但越是努力就表示你内心的自卑感越强。

2. 失败经验累积

失败应当是成功之母，但是失败经验的累积成了你内心自卑的根源，如果因为某件事情的失败就否定自己，这对自己曾经付出的努力来说是不公平的。促成成功的因素很多，不要把失败的原因都归咎于能力不足，这会让你不能以一颗平常心去面对失败，无法从失败中汲取教训，会导致越来越自卑。

3. 童年物质缺失

童年的成长环境对一个人的心理的影响会持续一生，尤其是童年物质的缺乏，容易让人产生不安全感，这种不安全感可能成为你自卑的根源，表现出来的状态或是占有欲过强，或是自私自利。想要拥有更多来填满内心的缺失，追溯根源是自卑心作祟。

4. 情感挫败体验

爱情的发展往往不由个人意志决定，但情感带来的挫败感可能成为你自卑的根源。失败的情感体验会让你产生对自我的怀疑，容易将爱情的失败归结到个人原因上。失恋带给你的伤痛之所以很大，并不是因为失去爱情本身叫你疼痛难忍，而是对情感掌控的无力感令你很自卑。

你的结果是什么？

二、树立自信心

山因蕴玉而辉，水因怀珠而媚，人因自信而美。做一个自信的人，是完善自己的最好途径。美国作家爱默生说：“自信是成功的第一秘诀。”从人格上来讲，一般来说，自信的人应该具备以下特征：活泼、坦诚、虚心、大度、轻松、勇敢、幽默、果断、诚信、开放。有很多人对批评很敏感，优柔寡断，容易悲观，很固执，其实这都是不自信的表现。

心理学家认为，人的自信的组成包括20%的外在表现（如长相、穿着），包括80%的内在涵养（如言谈举止、气质、个性、处事方式等）。所以，自信心的树立需要关注内在和外在两个方面，尤其要从内在树立自信心。

（一）不能忽视外在仪表，保持良好精神风貌

一套笔挺的西装会使一个男人更潇洒，一袭长裙会使一个女人更妩媚。漂亮的仪表能够得到别人的夸奖和好评，提高人的精神风貌和自信心。所以，自卑的学生特别要注意学会扮靓自己。要多照镜子，保持发型美观，衣着整洁、大方得体。当你的仪表得到别人的夸赞时，你的自信心一定会油然而生。

心理学家告诉我们，步态的调整可以改变心理状态。你若仔细研究就会发现，那些时常遭受教师批评，受到同学排斥的学生，走路都是懒懒散散、拖拖拉拉的，完全没有自信。自信的人走起路来一定会胸膛直挺，迈起步来一定会稳健轻松。

仪表不等于外表、长相。千万别活在纠结自己的外表、长相中。人无完人，每个人的外表、长相都有缺点，只是有的人长得更协调耐看罢了。人长什么样是很自然的事，这是父母给我们的恩赐，不要内心或口头抱怨，别因为外表而自卑，只有塑造内在才能让人拥有持久的自信。

（二）塑造内在让人拥有持久的自信

心理学家弗洛伊德曾经说过一句话："我在我不思之处。"这句话听起来很拗口，它的意思是：人生有90%的力量都来自自我暗示和潜意识，而这种内在力量实际上就是自信。你能够克服的困难的大小，取决于你信心的多少；你能够征服的事物的多少，取决于你信心的强弱。总的说来，自信满满的人总是比欠缺自信的人更容易成功，无论对于学业、事业还是两性关系，这是一条不变的法则。是的，只要你充满信心、积极而热情地投入生活，即使你没有花心思在塑造形象上，出众的气质也会一直跟随着你。

有一个女同学相貌普通，个头也不高，但她一直对自己十分有信心。她爱自己的方式，就是努力充实自己，让自己受到最好的教育，不断地从内在塑造自己。她在美国常春藤大学读到博士学位，学识渊博，融汇古今。她丈夫也是博士，夫妻感情相当好。我从未见过她失去信心的时候，无论何时看到她，她总是一副挺胸抬头的姿态，脸上也总挂着自信的笑容。那种从内心流露出来的气质，使人不由自主地被感染，从而完全忽略她形象上的平凡。

（三）建立信心储备库（自信心的持久动力）

大部分缺乏信心的人总是难以专注自己擅长的一面，常习惯性地把注意力集中于自己能力不足的一面。建立信心，要反其道行之——养成正面评价自己的习惯。每天

想想自己哪方面做得好，谁夸自己了，夸什么了，回味中反复刺激自己，就能逐步摆脱“事事不如人，处处难为自己”的阴影。在从事各种活动时，想想这些优点，有助于你提升从事这些活动的自信，就会感到生命有活力，做事有奔头，这叫作“自信的蔓延效应”。建立信心储备库最有效的方法是培养一种技能或能力。选择一些对你具有吸引力的或你极具天赋的自然而然的东西，集中精力把事情做得非常棒，会对你总体的自信或自尊有巨大影响。

（四）建立良好的关系

你接触的朋友会对你的信心产生很大的影响。你可能有这样的经历：有的朋友喜欢你，重视你，你和他们在一起时，感到精力充沛，心情愉快，觉得自己是个有价值的人，感觉非常好；但有的朋友让你感到非常疲惫，消极抱怨，总在乞求你的帮助，不爱付出。在这种情况下，你当然应和前者交往。

（五）咧嘴大笑

大部分人都知道笑的推动力，它是医治信心不足的良方。但是并不是每个人都能做到。真正的笑，不仅能治愈不良情绪，还能化解别人的敌视情绪。如果你对一个人会心地微笑，别人会对你生气吗？笑要大笑，甚至连牙都露出来，这样才显得坦诚。可是并非每个人都可以做到这样，尤其在遇到困难的时候，不过越在此时，你越应该试着笑一下。

（六）经常练习表达，练习正视别人

在生活中抓住每一次可以表达的机会。可以把眼睛闭起来，想象着自己站在讲台上对着一群人演讲，然后大声说出演讲的内容。这是增强自信的很好的方法。

练习正视别人。社交中，一个人的眼神可以透露出许多信息。如果你不敢正视某人，他可能怀疑你做了什么对不起他的事。而一旦躲避别人的眼神成了习惯，你就会感到更加自卑，会越发觉得自己不如别人。正视别人等于告诉他：我很诚实，而且坦荡光明，并且，对你并无畏惧。所以，让你的眼睛为你的社交增分，正视别人的目光，这不但能给你信心，也能为你赢得别人的信任。

（七）挑前面的位子坐

你是否注意到，在各种聚会中，后面的座位总是先被坐满？大部分占据后排座位的人，都希望自己不会“太显眼”，而他们怕受人注目的原因就是缺乏自信。坐在前面能建立信心，把它当作一个规则试试看，从现在开始，就尽量往前坐。当然，坐在前面会比较显眼，但要记住，有关成功的一切都是显眼的。

知识窗

镜子技巧——自信心训练

镜子技巧是由美国心理学家布里斯托总结出来的，这一方法简单、有效，可以使你增加信心，强化激情。

具体做法如下。站在镜子前，看到身体的上半部分。笔直站立，脚后跟靠拢，收腹、挺胸、昂首，做三四次深呼吸，直到对自己的能力和决心有了一种感受。然后凝视眼睛深处，告诉自己会得到所要的东西，大声说出它的名字。每天至少早晚做两次，还可以用肥皂将喜欢的口号、精彩的格言写在镜面上，只要它们确实代表你曾设想并希望实现的某些事情即可。如果你准备去访问一位极其固执的人，或拜见一位曾使你感到害怕的上级，那么请运用镜子技巧，直到你相信自己能够不慌不忙。如果邀请你去演讲，那么务必对着镜子做一番练习，用拳头敲另一只手掌，或运用其他自然洒脱的手势来使观众接受你的观点。

当你在镜子前站好时，就反复对自己说，你会获得巨大成功，世界上没有任何东西能够阻止。这样做并不可笑，因为任何渗入潜意识的设想，都可能在生活中成为现实。

眼睛作为心灵的窗口，不仅能泄露你内心的思想活动，而且比想象的更能表达你的内心世界。一旦开始实践镜子技巧，眼睛就会产生一种你从未想到的你所具备的力量，你会获得一种锐利的目光，使别人以为你正在注视着他们的内心世界。眼睛迟早会把信念的强度真切地表露出来，以赢得人们的赞赏。眼神能反映出一个人在现实生活中所属的阶层、所处的位置。所以要训练你的眼睛，使之充满信心，而镜子则能帮助你。

镜子技巧在许多方面的运用已经取得十分令人满意的效果。如果你走路的姿势很糟，或者无精打采，在大镜子前练习将有神奇的功效，镜子向你显示别人看到的你的模样。你可以对着镜子改进姿势，塑造任何符合审美标准的姿态。

三、克服完美主义

心理学上所指的完美主义者，是指那些把个人的标准定得过高，不切合实际，而且带有明显的强迫倾向，要求自己去做不可能做到的事情的理想化的人。完美主义者头脑中常有这样的错误认识：我应该是一个各方面都十分完美的人，如达不到这个目标，我就是一个失败的人。

凡事希望尽善尽美，可以说是人根深蒂固的一种需求。人们痛惜维纳斯手臂残缺，试着给她补上玉臂，却发现左补右补还不如残缺的美。每个人都是独特的，每个人都会有一些无法改变的缺陷。也许你灰心丧气于自己的不足和弱点，也许你对自己求全责备，或许路途遥远使你几乎要放弃前行……但是，追求完美只是一个方向，正是对完美的追求才促使我们不断地努力。

我们的社会如此重视成功和取得成就，以至于很多人都丧失了面对失败的勇气。完美主义者的突出表现是：自我目标设得很高，要求完美，恐惧失败，当不能达到设立的标准时，他们过度自责，因挫折而恼怒。其实，失败也是生活的一个部分，是不可避免的。以技能的学习为例：无论是在婴儿时期学走路，还是在孩童时期学弹钢琴、学打网球，一开始经常会失败，但正是这些失败奠定了今后发展的基础。如果我们能够面对失败，不被其吓倒，那么我们就会更放松，成功的可能性也会更大。我们遇到的许多问题，不是来源于失败，而是来源于我们对挫折与失败的应对方式。失败之所以变成一个严重问题，其原因之一在于，不知不觉中，我们陷入了完美主义的行为方式，我们容不得失败。

一个真正自信的人，无论成功还是失败，都能够坦然面对，既不失望、愤怒，也不自责、绝望。你或许会十分希望自己做得好、表现出色，并愿意为之付出巨大的努力，但在内心里，你要能够接受真实的你。自信来源于自我接纳。无论好坏，你都要接纳你自己，尤其在困境中要能够自我扶持。否则，就意味着你与自己过不去。

英国首相丘吉尔有句名言——“完美主义等于瘫痪”，这很精辟地阐明了完美主义者的害处。人对完美的追求应基于对现实的接受。只要做到今天比昨天好，明天比今天好，哪怕取得一点点进步、小小的成功，都是值得喜悦的，都可以为之赞赏自己。

人需要接受自己的不完美，永远不要对自己失望。健康的心态是：接纳自己的不足，发现自己的拥有，提高自己的弹性和适应能力，同时还要接受别人的不完美，接受这个世界的不完美。

心理学实验

犯点小错可增加魅力

社会心理学家阿龙森做过这样一个实验：在一个竞争激烈的演讲会上，有四位选手，两位才能出众，而且几乎不相上下，另两位才能平庸。才能出众的选手中有一位不小心打翻了桌上的饮料，而才能平庸的选手中也有一位打翻了饮料。如果是你，你会喜欢四个中的哪个呢？

实验结果表明：才能出众而犯过小错误的人最受欢迎，才能平庸而犯同样错误的人最缺乏吸引力。

实验揭示了一个道理：白璧微瑕比洁白无瑕更令人喜爱。小小的错误会使有才能的人魅力更增加一层。这就是人际交往中的“犯错误效应”。

现实生活中人人都或多或少有一些追求完美的倾向，追求完美的人往往理想远大，对自己高标准、严要求，因此在工作和生活中，常常多了几分耕耘，当然也会多几分收获。那么，为什么实验中那位才能出众并没有犯错的演讲选手却没有得到他人的肯定呢？因为完美主义者不会仅仅针对自己，他会把对自己的那些要求，诸如精力充沛、追求细节、不断付出等强加在别人的身上，会给人以无形的压力，会让人觉得跟他在一起不能犯一丁点错误。

完美主义者不允许自己犯错误，也不能容忍别人犯错误。这种类型的人常常会让人误以为是那种不懂得赞美和欣赏、不容许自己和同伴失败、不理解他人的人，跟他在一起的人会感到无奈、沮丧、不知所措，有深深的被束缚感和逃离感。

犯错误是生活的一部分，是不可避免的。如果婴儿摔第一个跟头就放弃努力的话，他永远都无法学会走路。一个人只有充分展示自己真实的一面，才能彰显他的人格魅力。

四、大学生完善自我的具体步骤

人的成长过程是一个逐步认识自我、确定自我的过程。所谓的发展、完善自我是指个体在认识自我、悦纳自我的基础上，根据自己的个性特点，自觉规划行为目标，主动调节自身行为，积极挖掘自己的个性潜能，并发展、完善、创造自己的个性魅力的过程。

（一）正确认识自我、接受悦纳自己是完善自己、发展自己的前提和基础

有些人可以喜欢朋友、喜欢知识、喜欢自然，却不愿意喜欢自己，结果他们不快乐。接受、悦纳自我就是要：①无条件地接受自己的一切，好的坏的，成功的失败的，接受自己的缺点和限制（接纳自己的不完善既是自信的表现，也是完善自我的起点），欣赏自己的优点和优势；②要喜欢自己，肯定自己的价值，对自己有价值感、自豪感、满足感；③要珍惜自己的独特性，冲击实际的目标，扩大社交圈子，不为讨好他人去做事，多鼓励和奖赏自己做出的成就。

（二）付出行动，积极塑造自我，不断超越自我

人是有主观能动性的，人生从某种意义上来说是一个创造的过程，也就是一个创造自我的过程。加强自我修养，进行自我塑造，达到完善自我、超越自我的境界，是健全自我意识的终极目标。

做人一生唯求成为自己，对大学生而言，实现自我更是终生努力的目标。古人说，要“齐家、治国、平天下”须从“修身、养性”开始，从点滴小事开始，从积极行动开始，行知并重，全力以赴，最大限度地发挥自己。行动之后再反省得失原因，吸取教训，再度投入行动，一旦有所成果，再反省和总结，如此往复进行，自我就会自然而然得到开拓、提升与超越。行动——反省——再行动——再反省……——提升，这个过程可以用四A描述：①接纳（acceptance），接纳自我与自我所在的现实环境；②

行动（action），对自己决定的事，付诸行动，并全力以赴；③情感（affection），工作、学习的时候投入情感，获得乐趣，乐在其中；④成就（achievement），以上三者完成后的自然结果，是努力奋斗的代价。如果一个大学生经历了四A，那么可以说他走出了自我迷茫的困境，领到了一张自我意识健全的合格证。

完善自我、超越自我并不会一帆风顺，会碰到意想不到的困境、各种各样的拦路虎，它需要付出艰辛的努力和沉重的代价，但它也意味着一个“新我”的形成，是从“小我”走向“大我”，从“昨天之我”向“今日之我”、“明日之我”迈进。珍惜已有的自我，追求更好、更高的自我，做一个“自如的、独特的、最理想的我”，这就是超越自我。

在不断完善自我、超越自我的积极行动中，需要注意以下几点：

1. 循序渐进，让自己体验成功

体验成功的诀窍就是为自己确立小的奋斗目标，如上课专心听讲，按时完成作业，定时复习功课等。当每一个子目标完成时，都要奖励自己，如看一会儿电视，听一段优美的音乐，吃一个苹果，买一本向往已久的书等。当一个又一个子目标实现后，离成功也就越来越近了。制定小目标可以让自己明显地感觉到进步，更容易体会成功，同时也增强了自信心。

2. 冒一次险

当你做了以前不敢做的事以后，你会发现：原来做这事并没有什么了不起！这会大大提升你今后的行动力。

3. 在心中勾画“学习偶像”

心理学家认为，每个人在潜意识里都有一种倾向，即希望自己成为和心目中偶像一样的人，英文叫做Role Model（学习偶像）。学习偶像是在为自己勾勒关于未来发展的蓝图，它会影响你的态度和行为，体现在学习、择业、交友以及生活伴侣选择等各个方面。因此，如果你希望自己受人欢迎，不妨在心中勾画一个拥有自信、健康、乐观形象的偶像，把他作为学习的典范，引导自己前进。按照这个形象的要求行事，久而久之，你会变成你所希望成为的那种人。

4. 积极的自我提升

提高自我效能感是个体在一定情境下对自我完成某项工作的期望与预期。当人们期望自己成功时，他必然会尽自己最大的努力，并且当面临挑战性任务时，会表现出更强的坚持力，从而增加了成功的可能性。自我效能感高的人一般学业期望较高，也就是说，自我效能感与成就动机呈正相关性。

积极地提升自我的同时，要不断地克服自我障碍。我们经常会体验到由对自己能力程度的焦虑带来的不安全感，这便是一种自我障碍。

我们听说了太多的这样的故事：由于考试前身体不好，所以在大考中没有取得好成绩。这便是典型的自我障碍，为自己的考学不成功寻找适当的借口。一个渴望自我发展的人必须主动克服自我障碍，进行积极的自我提升与自我尝试，发现自己的新的支点。

5. 关注自我成长

自我的发展需要不断的自我反思、自我监控。但将成长作为一条线索贯穿于人的始终时，整理自己成长的轨迹显得尤为重要。应依照过去、现在、未来进行清理，深刻了解与把握自己。要记住：自我体验永远是个体的，当我们在分享他人自我成长的硕果时，也在促进我们自己的成长。

阅读材料

到底是谁打碎了我的梦想？

"我是一个来自教师家庭的孩子，被父母视为'掌中宝'，在父母关爱的目光中成长，我的心是自由而轻松的，重点小学、初中、高中就读的经历使我坚信我是属于全国一流大学的。然而，由于高考的失误，我没能考上梦想中的学校。在接到另一所大学的通知书的一刻，我哭得天昏地暗。这次重创让我几乎站不起来，我怕听到中学同学到名牌大学读书的消息，我担心自己的失败成为同学的笑料。当9月明媚的阳光照在开心的大学新生脸上时，我却丝毫也高兴不起来。既来之则安之，但心中的结并没有解开。我盲目自信，以为高考成绩超出其他同学好几十分，完全有能力胜任大学的学习，因此学习没有了动力，生活没有了目标，如同大海上漂浮的小舟，完全失却了原来的方向。在茫然徘徊中迎来了期末考试。考试过后不久，我意外地得知几科成绩不及格，我不仅没有认真反思自己，反而将这一切归咎于我没有考取理想的大学，归咎于命运的不公平。第二学期，百无聊赖的我在网上找到了久违的自信与上进心，我那颗曾经不服输的心复苏了，但这次不是为学习而是为网络。我彻夜上网聊天、打游戏，在游戏中体会虚拟世界的成功。不出意外地，第二学期五门功课同时亮起了红灯。学位没有了，不用说梦想中的名牌大学，连大学生的资格都将丢失。谁把我的青春弄丢了？我真的非常懊悔，开始深深自责。作为我们家庭中的第一位大学生，我辜负了家长厚重的期望；作为重点高中的学生，我对不起培养我的老师；更重要的是，我有负于自己的年华。此刻，我才发现大学的灯光是那么明亮，校园是那么美丽，而大学生活是如此让人难以割舍……"

这是一位即将告别学校生活的大学生的内心独白。自我发展的不可逆转要求每一位大学生都认真审视自我，为自我发展留下空间，因为青春对于每个人只有一次，珍视自我，开掘心灵的宝库尤为重要。

（三）有效控制自我

许多大学生对自我抱有很高的期望，但没有足够的自制能力，无法实现理想。那些自暴自弃、自卑的同学更会因为不能控制自己的不良情绪而苦恼不堪。人本主义心理学家马斯洛在研究人的自我实现时，有针对性地提出了调控自我的七点建议，同学们不妨试一试：①把自己的感情出口放宽，莫使心胸像个瓶颈。②在任何情境中，都尝试从积极乐观的角度看问题，从长远的利害出发做决定。③对生活环境中的一切多欣赏，少抱怨；有不如意之处设法改善；坐而空谈不如起而实行。④设定积极而有可行性的生活目标，然后全力以赴求其实现；但不要期望未来的结果一定不会失败。⑤对是非之争辩，只要自己认清真理正义之所在，纵使违反众议，也应挺身而出，站在正义一边，坚持到底。⑥莫使自己的生活僵化，为自己在思想与行为上留一点弹性空间；偶尔放松一下身心，将有助于自己潜力的发挥。⑦与人坦率相处，让别人看见你的长处和缺点，也让别人分享你的快乐和痛苦。

（四）尊重社会发展规律

当代大学生喜欢张扬个性，强调自我的独特性。在塑造自我的过程中，首先要熟悉和了解社会，认识社会发展的规律，符合、尊重社会发展规律，为理想自我的确立寻找合适的社会坐标；积极探索人生、理解人生，树立正确的人生观，为理想自我的确立寻找合适的人生坐标。

小贴士

你本来就不完美，为何要担心不完美！

人本来就不是完美的，无论他是圣人、君子，是伟人，还是普通百姓。大家都有着各种局限和不足。正如台湾大师林清玄所说：“大家都是人。”人只有认识到自己的不完美，接纳自己的不完美，才能承认生活中的局限和无奈，才能维持心理的健康。

心理问题的原因之一就是：我们总是希望在别人面前显得完美，得到别人的赞美才能接纳自己。其实只有接纳自己的不完美，别人才能接纳你。

认识自己
你本来就不完美，何必担心不完美。
有人喜欢你，
也有人不喜欢你，
你不可能让所有人喜欢，
你没必要让所有人喜欢你！
有些事情你能做好，
有些事情你做不好，
你不可能做好所有的事情，
你也没有必要做好所有的事情！
悦纳自己
相比你不会的，你会的实在太少；
相比起不喜欢你的人，喜欢你的人实在太少；

尽管如此，你要悦纳自己。
你不靠无能立于人世，
你靠才能于世间行走。
你不靠他人赞美活着，
你活着本身就值得赞美。
对孩子的不认可，就是对自己的不认可；
贬低你的配偶，就是贬低你自己。
所有人际关系的核心，
就是人与自己的关系。
悦纳自己，才能悦纳他人。
悦纳不完美的自己，
才能悦纳调皮捣蛋、成绩不理想的孩子。
悦纳不完美的自己，
才能悦纳脾气不好、能力有限的爱人。
发展自己
示弱者更强。
承认有人不喜欢你，
才会让更多人喜欢你。
承认自己的无能，
才能让自己更强大。
承认自己不完美，
才能让自己更完美。

技能训练室

1. 我能随意改变自己

说说假如我能随意改变自己，我最希望改变的是什么？为什么？改变的把握有多少？如何有计划地改进可改变的缺点？应以何种态度面对不可改变的缺点？

2. 自嘲大比赛

有了自信才敢自嘲，能够自嘲就证明能够接受自己的不完美。能够当众说出自己的不足、缺陷，更是一种自信、一种幽默。幽默是一个人的智慧和自信的表现。一个人能够保持阳光心态，不是因为十全十美，而是因为自信和幽默。

玉琴：我家在山区，很穷，我的衣服很土气，我跟他们格格不人。

玉琴的幽默：要演“菊花告状”，拿最时髦的衣服和我换——我都不换，金不换。

请每个同学根据上面的例子写出 3 句自嘲的话，然后一起评选出 5 句最富智慧和自信的话（必须是针对自己的不足或缺陷）。

3. **小对小错**

用1，2，3三个数字喊口令，其中喊“1”代表向左转，喊“2”代表向右转，喊“3”代表向后转。全体学生排成做广播操的队形，然后由一人喊口令，数字的顺序可以打乱。参与者做错动作，要接受惩罚——单腿下跪，一手举起，大声地喊：“对不起，我错了！”面对错误，众目睽睽之下，你能够大声喊出“对不起，我错了”吗？

4. **目光炯炯**

目的：学习自我肯定技巧。

时间：10～15分钟。

准备：安静舒适的空间。

操作：团体成员两人一组，互相注视对方眼睛50秒，不可以躲闪，目光注视表示自信及诚恳。注视对方，肯定地做1分钟自我介绍。接着，肯定地表达自己的感受“我对××（绘画、弹琴、数学、英语等）最有把握”，大声说三遍，注意每遍的感受，交换角色。接着，请对方帮忙做某件事或借东西，1分钟之内用各种方法要求他，但另一方看着对方重复说“不”，两人交换。最后，讨论刚才活动的感受及意义，及如何应用到日常生活中去。

快乐自习室

1. 学会一首歌《我真的很不错》

2. “我是谁”：

（1）我的座右铭；

（2）到目前为止，我最成功的一件事；

（3）别人做的一件使我快乐的事情；

（4）到目前为止，我最大的一次失败；

（5）我个人的目标；

（6）我目前希望解决的一个个人问题；

（7）如果今天我将离开人间，我希望别人对我说的三句话。

3. 请模仿下列例句做练习。

例句1：对于困难，我们的态度，一是要承认，二是不怕，三是要战胜它。

例句2：对于疾病，我们的态度，一是承认，二是不怕，三是吃药、打针以求痊愈。

造句1：对于死亡，________________________________。

造句2：对于失败，________________________________。

造句3：对于完美，________________________________。

造句4：对于竞争，________________________________。

造句5：对于失眠，________________________________。

4. 做一把自己的戒尺。

请你写一写：

（1）你希望在大学中做哪些事，标注 A。

（2）在这些事中，哪些事你自己打心眼里喜欢，标注 B。

（3）哪些是别人（如父母、老师、朋友）要求做的，标注 C。

（4）C 中哪些是你确实不感兴趣、很吃力的，标注 D。

（5）仔细思考 D 中的事情，按照自己的要求加以改变。

第六章
学会调整情绪　享受快乐人生
——大学生负性情绪及挫折的应对

本章提要

本章主要使学生了解多姿多彩的情绪及大学生的情绪特点，在此基础上使学生认识到主动调节情绪的必要性，从而使学生自觉地学习情绪调节的方法，学会驾驭情绪，做情绪的主人。

点亮心灯

你会怎么做?

一个小伙子刚拿到驾照，就开着父亲的老爷车上路了！一路还算顺利，可是在一个路口等红灯时，车子竟熄火了。小伙子一时间吓得慌了手脚！眼看就要转绿灯了，可是车子怎么也发动不起来。一会儿，车后传来阵阵喇叭声。小伙子急得满头大汗，想要把车尽快发动，他后方的车子很不耐烦地拼命按着喇叭。于是，这年轻人下了车，急急朝后方那辆车走过去……

课前互动：如果你是这位年轻人，你将怎么做?

第一节　多姿多彩的情绪

课堂体验活动一：情绪红绿灯

请准备一张白纸，写出你所知道的描述你情绪的词汇。你能写多少？一般认为，你写出的情绪词汇越多，说明你对自己的觉察能力越强。

用绿灯代表正性情绪，用绿色彩笔在旁边画“+”；用红灯代表负性情绪，用红色彩笔在旁边画“-”。数一数，你的情绪红灯多还是绿灯多?

课堂体验活动二：遇到下面的情况，你会有怎样的感觉?

1. 如果你考试取得了不错的成绩，你会有怎样的感觉呢?
2. 如果你的同学无缘无故地损坏你的物品，你会有怎样的感觉呢?
3. 如果你的考试成绩不是很理想，你会有怎样的感觉呢?
4. 如果热恋中的情人将离开你很长一段时间，你会有什么样的感觉?
5. 如果你的亲人患了重病，你会有怎样的感觉呢?
6. 如果回家的路上遇到了劫匪，你会有怎样的感觉呢?
7. 如果你的老师让你代表全校新生在大会上讲话，你会有怎样的感觉呢?

在日常生活中，我们所表现出来的高兴、生气、忧虑、相思、悲伤、恐惧、惊吓等心理体验和感受，就是我们所说的“情绪”。

中医认为，人有喜、怒、忧、思、悲、恐、惊七种情绪（见图6－1）。现代心理学则将情绪分为四种基本类型，即快乐、愤怒、悲哀、恐惧（喜、怒、忧、惧），这些基本情绪是人和动物共有的原始情绪。由基本情绪组成的混合情绪叫复合情绪，如惊喜、悲愤交加、百感交集、哭笑不得等。

阳光明媚，我们心情愉快；阴雨连绵，我们心情低落；逃课没被点名，我们内心窃喜；多门考试挂科，我们忧心忡忡；被爱的我们愉快幸福，失恋的我们垂头丧气……日常生活中，我们每个人都拥有许多种不同的情绪，它们为我们的生活增添了许多色彩。

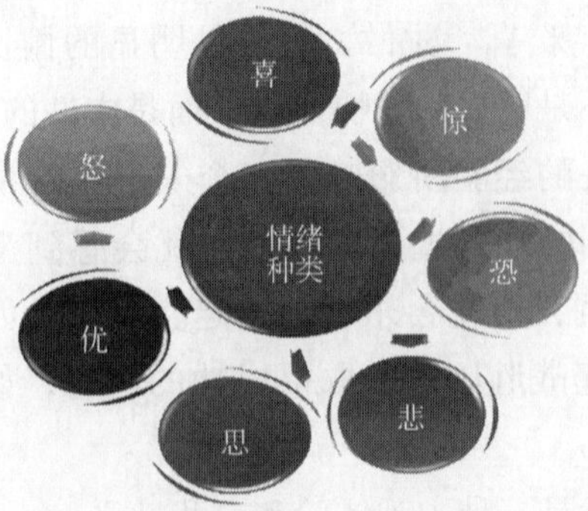

图 6－1　情绪种类

一、情绪的定义

情绪是人在认识客观事物的时候所产生的这样或那样的心理感受或体验。它和一个人的需要紧紧联系在一起，一个人的需要得到满足，就会出现喜悦、愉快、高兴等情绪，同时会出现神采飞扬、面色红润甚至手舞足蹈等生理或行为反应。

二、情绪的构成

情绪由三种成分构成：

（1）认知反应成分。这是指个体对不同情绪和情感状态的自我感受，即主观体验和自我感受。不同情绪有不同的主观体验，这就构成了情绪的心理内容。例如，高兴和恐惧的内在感受不同，痛苦和惊奇的内在感受不同。

（2）生理的反应成分，即生理唤醒系统。不同情绪的生理反应模式是不一样的。例如，满意、愉快时心跳正常，而恐惧或暴怒时心跳加速、血压升高、呼吸加快等。情绪会引起生理反应，涉及广泛的神经系统。

（3）行为的反应成分，即外部表现。情绪的外部表现通常称为表情，是情绪状态下身体各部位的动作量化形式。表情包括三种：一是面部表情，即面部肌肉变化的模式；二是姿态表情，即面部以外的身体部位动作，包括手势、身体姿势等；三是语调表情，即言语的声调、节奏和速度，如高兴时语调高昂、语速加快，痛苦时语调低沉、语速慢等。

遇到同样一件事情，不同人的情绪体验也不完全一样。例如，在拥挤的人群中被人踩了一脚，有的人心平气和，有的人可能稍有不快，有的人则可能动手打人。由于人的情绪极为复杂多样，人的情绪体验也微妙无穷。同一性质的情绪可能有不同强度的体验，如生气可表现为愠怒、愤怒、暴怒等。一个人既可同时体验到几种相似的情绪，如厌恶、烦恼、恐惧等，又可同时体验到性质相反的对立情绪，如悲喜交加、啼笑皆非等。有些情绪体验是明显的，而有些情绪体验是模糊的。例如：愤怒、恐惧和悔恨是明显的不愉快体验；欢喜、骄傲、尊敬是明显的愉快体验；怜悯、奇怪则既不是明显的不愉快体验，也不是明显的愉快体验，而是中性的。

人的情绪很容易被过去的经验所影响。一个人早年的情绪记忆会影响他成年后的情绪基调。如果一个人想到的多是过去的失败，就会感到沮丧、抑郁；如果他想到的多是愉快、获得成功的事例，他就会乐观、坚定。一个人如果是乐观、坚定的，他遇到挫折时，就会更多地忆起战胜困难、取得成功的经历；如果他是悲观、抑郁的，记住的则多是失败的体验。

情绪无对错之分，它就是一种主观体验和自我感受。

认知反应成分、生理的反应成分、行为的反应成分也分别叫体验、生理反应和表情。

被别人当众羞辱，感到愤怒，这是体验；愤怒的时候，两眼圆睁，这是表情；血压升高，颈脉突出，心跳加快，这是生理反应。同样一件事，由于情绪体验不同，表情和生理反应也会有所不同。

课堂活动一：梦的解析

梦，是你的情绪的哈哈镜。你做过什么梦？感受一下梦中的情绪体验。

我的美梦：

我的噩梦：

我常常重复做的梦：

课堂活动二：看图测试你的心理压力？

图 6－2 中的每个方格相邻的小圆点都是小白点，下面就来根据你所看到的现象来做一个心理压力测试，看看你的心理压力是怎样的吧。

图 6－2　心理压力测试图

一直盯着图片看，你会看到怎样的现象？

A. 图中有黑色的小点在闪动

B. 图中有很多黑色的小点在快速地闪动

C. 图中黑白分明，没有小黑点在闪动

测试结果：

A. 在生活中有压力。

你是一个生活中压力特别大的人，有时候一件小事就会让你不开心，面对问题时，找不到好的解决方法。因此，不管是处在职场中还是在学校学习阶段，你都是有压力的。

B. 在生活中的压力相当大。

你的生活压力相当大，有时候甚至自己都不知道要如何才能快乐，所以常常让自己陷入痛苦，身边的人也不会很快乐。

C. 你还是婴儿的眼界吧。

你内心单纯，欲望比较少，即使是一件复杂的事情你也会想得很简单，感觉看起来没心没肺！不过这样的人才会快乐哦！

第二节　情绪的影响和作用

我们根据情绪对我们所造成的影响与结果的不同，使用二分法将其分为积极情绪和消极情绪。

从后果上看，凡是对人的行为起到促进和增力作用的情绪就是积极情绪，而对人的行为具有削弱和减力作用的情绪就是消极情绪。在一般情况下，兴奋、愉快、开心、欢乐、激动、自信等情绪属于积极情绪，而紧张、慌乱、伤感、痛苦、生气、心悸、自卑等情绪属于消极情绪。

课堂体验活动：

回忆自己近一阶段的情绪状况，分辨哪些是积极情绪，哪些是消极情绪，相互交流一下。当你处于积极情绪和消极情绪状态时，你那一时刻学习、生活和身体状况与平时相比有什么不一样吗？

积极情绪是衡量一个人心理健康的重要指标。精神正常并不意味着没有一点情绪问题，正常人也可能出现短暂的情绪异常现象，但时间短、程度轻，对一个人的负面影响不大。不过，程度大、时间久的消极情绪则有害于人的健康和工作效率（如持续的心境低落、悲伤、消沉，自我评价很低）。例如，持久地出现强烈的担心、紧张、不安（如担心学业失败、被同学嘲笑等），这些消极情绪长期积聚，或不当宣泄，会阻碍个体的健康发展，要及早察觉、及早求助。

一、情绪与工作效率

情绪可以影响一个人的工作效率。积极的情绪、适当的紧张能提高工作效率，消极的情绪则会降低工作效率。

人在消极情绪的影响下，会感到难受，内分泌系统会发生变化，肾上腺会分泌一种含毒荷尔蒙“肾上腺素”，它会使交感神经兴奋：瞳孔增大、心跳加快、肠胃蠕动放慢、唾液分泌减少（生理的变化）……此时，人的注意力容易分散，思路阻塞、思维迟钝，认知范围缩小，甚至感觉知觉扭曲，同时认识、分析和解决问题的能力都会下降，学习和工作效率会受到影响，也就谈不上正常发挥自己的水平，如发言时紧张、慌乱，大脑一片空白。在这种情绪状态下，人的认知过程最容易以偏概全，以主观代替客观，出现认知上的片面性和主观性，做出诸如“我要与你断绝血缘关系!”“我再也不认你这个儿子!”等粗暴决策。

不良情绪在使人的生理出现变化和认知受到影响的同时，还会引起一个人行为的变化，抑制人的活动能力，降低人的自控能力，通常表现为无组织、混乱或瓦解状态，容易使行为活动出现不良后果。例如，体育竞技的失败很多不是因为技能不够，而是受到负性情绪影响，自控能力下降所致。

相反，人在积极情绪影响下，肾上腺皮质会分泌一种类似于“脑内吗啡”的荷尔蒙，它的作用是促进思维活跃，使人产生一种超乎想象的能力和战胜困难、超越自我的力量。它能充实人的体力和精力，使人思维敏捷、体力充沛、精力旺盛，能够提高个人正确地认识事物、分析和解决问题的能力，让人行为自如，动作精准，从而正常甚至超常发挥自己的水平。

二、情绪与身体健康

心理学实验

“生气水”的实验

美国生理学家爱尔马为了研究心理状态对健康的影响，设计了一个很简单的实验：把一只玻璃试管插在有0℃的冰水混合物的容器中，然后收集人们在不同情绪状态下的“气水”。结果发现，当一个人心平气和时，呼出的气溶于水后是澄清透明的；悲痛时水中有白色沉淀；生气时有紫色沉淀。他把人在生气时呼出的“生气水”注射在白鼠身上，初期，这些老鼠表现呆滞，整天不思饮食。几天后，它们就默默地死掉了。

由此他分析：生气十分钟会耗费人体大量精力，其程度不亚于参加一次300米赛跑。生气的生理反应十分强烈，分泌物比任何情绪都复杂，更具有毒性。因此动不动生气的人很难健康。所以他告诫人们：人尽量不要生气。

在探索癌症病因的过程中，人们发现经常产生较强烈的不良情绪，如焦虑、愤怒、忧愁、悲伤等，并过度地压抑这些不良情绪，使其不能得到合理疏泄的人，容易患癌症。有人发现，癌症有自愈现象。癌症之所以会自愈，是因为病人体内的免疫功能大大增强所致。免疫力的增强可以阻止癌细胞的生长，并逐渐由正常细胞取代癌细胞，或者造成癌细胞无法适应的状态，使癌细胞转化为正常细胞。免疫力的增强与心理因素有密切关系。抑郁消沉的人，通过复杂的神经—体液调节机制会使免疫力显著下降，从而促使癌症日趋恶化；而乐观的人则会通过相同的途径使免疫力提高，从而抑制癌细胞的生长，使癌症自愈。这可能就是一部分人得知自己患了癌症后，精神全面崩溃，不日撒手人寰，而另一部分人遭遇同样疾病，却可以笑对病魔，不仅坚强地活下去，而且还能继续为人类做出贡献的主要原因！

在所有致癌因素中，生气是最难控制的，也是最致命的。应切记：制怒，消恐，减悲，少忧。

长期处于不良情绪中，在一定程度上会改变身体的化学平衡，身体内分泌系统会发生变化，荷尔蒙的性质会发生改变，免疫系统尤其敏感，易遭破坏，表现为免疫力降低，使身体其他系统包括消化系统、神经系统、呼吸系统、循环系统、泌尿系统易遭受病菌的侵害，从而影响整个人的健康。中医认为怒伤肝、忧伤肺、思伤脾、恐伤肾、惊伤胆，是有一定道理的。

积极的情绪能使人体的各个系统处于平衡状态，增强免疫力。正所谓，笑一笑，十年少。

积极的情绪与消极的情绪不能同时占有你的意识，其中必定有一种处于支配性的地位。务必要让你的积极情绪支配你的心灵，这是你自己的责任。

知识窗

几种不良情绪在身体上的反映及其危害

关于愤怒

愤怒是健康的头号敌人。

辛德勒医生在其书中举了一个例子：英国一位著名的生理学家约翰·亨特曾经预言，第一个让他发疯的人会杀了他。果然，在一次医学会议上，有人激怒了亨特，导致他心机梗塞，当场死亡。为什么情绪和心理有如此大的作用？因为人在愤怒时血压急剧升高，后果之一是血管破裂，而大脑血管破裂就是中风，严重的会死亡；心脏血管破裂或堵塞，则可能使人猝死或因心肌梗塞而死。亨特就是这样死的。假设他不被激怒，不管他动脉硬化多么严重，也还能活很长时间。因为动脉硬化、冠心病、脑血栓的发展过程是慢性的，要几年、十几年、几十年才可能把血管堵死。一般人四五十岁开始血管硬化，每年血管都要大约狭窄1%～2%，但只要愤怒着急，一分钟就可能狭窄100%，当时就会死亡。愤怒生气的危害就是这么大。因此，要把“制怒”牢记在心坎上，任何情况下都要控制自己的情绪，犯不着跟自己的生命开玩笑。

关于悲伤

过度的悲伤可能使人罹患严重疾病。

伦敦皇家医院的精神病学顾问柯林·莫雷·帕克斯在一期《时代周刊》中写道：“费德里克·费里尼逝世后，他妻子的身体很快垮掉了，五个月后也离开了人世。电视新闻播音员莱昂纳多·帕金逝世后，他妻子四个星期后就随之而去。她一名好友说：‘她好像放弃了活的希望。’她的大脑传输给免疫系统的信息，让身上所有细胞都感到了悲伤和孤独的气氛。”据医学科学家调查：在经历了人生的不幸剧变之后，有80%的人在两年内生病。他们做过对比试验，在体质、年龄、生活条件相似的两组人中，近亲眷属发生丧亡的一组人员，其死亡率要比相似年龄对照组高出3倍。为什么会这样呢？纽约西奈山医院的实验结果表明：在配偶患病期间，人的免疫系统还算正常，但是一旦配偶死亡，另一方的免疫功能就会迅速崩溃，而且在短时间内都无法恢复。从免疫细胞的数量看，跟平常没有什么两样，但问题是，它们都不工作了，这种情况持续几个月，出现绝症的可能性会显著增加。

我国工程院院士钟南山也认为，长期忧虑苦闷的人容易患癌。他说，人体内每天都会产生3 000个左右的癌细胞，同时，人体内又有一些“自然杀伤细胞”专门对付癌细胞。如果一个人整天处在忧虑、苦闷、孤独的不良情绪中，体内“自然杀伤细胞”的作用就会下降20%以上，抵御癌细胞的能力就大大降低了，患癌症的概率也就增大了。

关于恐惧

恐惧可能会要命的。

《一生无病方案》一书中记载了发生在埃及医院的故事：有个病人昏迷不醒，粗心的医生以为病人死了，把他送到了太平间。后来病人苏醒过来，却发现自己躺在棺材里，于是顶开棺盖，吃力往外爬，正当一只脚在外面、一只脚还在棺材里时，有个女护士开门进来，她以为是见鬼了，可怕地惊叫两声就倒地死了，那个病人倒是活了。

我们身边也有这样的事例，有个报社的通讯员，不幸患了癌症，当医生把诊断结果告诉他时，他惊恐万状，当时晕倒在地，不久便死了。他不是死于癌，而是死于精神崩溃。

当生命受到威胁时，恐惧是本能的第一反应，健康的恐惧是身体防御系统的重要组成部分，它是危险的预警，激发你的求生欲望，使你千方百计保护自己或死里逃生；但不健康的恐惧则会刺激紧张激素，使神经高度紧张，思想完全绝望，好像天要塌下来了，结果必然是精神全面崩溃，得严重疾病或死亡。

关于怀疑

怀疑是无病找病，可能弄假成真。

我在30多年前亲身体验过一件事：我背上有颗拇指大的黑痣，它与生俱来，过去从未把它当一回事。有次去北京中联部出差，患上感冒，中联部医务所一位女医生给我听诊时发现了这颗痣，便问我是何时起的，颜色、大小有无变化，并告诉我黑痣有可能恶变成黑色素瘤的知识。从此以后，我心理上便背上了一个包袱，时时感到背上不舒服，找我认识的一位医生咨询，他要我观察一年，看是否有变化。一年后果然黑块增大了，那位医生要我立马手术，把黑痣切掉。他说病不在你身上，而是在你心上。自我怀疑是一种庸人自扰的病态心理，它会给身体相关细胞传递“疾病”的错误信息，干扰大脑对各个器官的调节功能，时间长了就可能弄假成真，本来没有病的也会真的生起病来。

据专家分析：抑郁和怀疑能刺激可体松之类的荷尔蒙的合成，可体松是身体上不可或缺的一种重要物质，然而太多的可体松可能会对免疫系统产生致命的影响，使你感染上传染性疾病甚至癌症。多险啊！诱发疾病的不良情绪还有许多，如压力、孤独感和隔离感、内疚和羞愧、怨恨和仇恨等，如不调整心态，这些负面情绪就会使我们终日生活在忿恨和不快乐的气氛中，并在身上留下伤痕，损害健康。甚至情绪不稳定也会干扰大脑对皮肤的调节功能，引发皮肤阵发性剧痒和神经性皮炎。

关于嫉妒

嫉妒俗称“红眼病”，是对别人的优势以心怀不满为特征的一种不悦、自惭、怨恨、恼怒甚至带有破坏性的负感情。

古往今来，无论是平民百姓还是帝王将相，因嫉妒导致伤人害己、骨肉相残、家破人亡甚至亡国丧权的事例不在少数。三国时期的东吴大将周瑜忌诸葛亮之才，千方百计要害死诸葛亮，结果自己被活活气死，死时还仰天长叹“既生瑜，何生亮”，实在可悲！那些为争夺皇位而手足相残的历史事件更是触目惊心。特别是在爱情领域，我们喜欢使用“吃醋” 一词，酸酸的醋味很形象地说明了嫉妒时的心理感受。

程度较浅的嫉妒往往深藏于人的不易觉察的潜意识中，多数情况下表现出对对方的羡慕，还谈不上意识清醒的嫉妒心理。例如，自己与某个比较优秀的人相处很好，甚至以结交这样的朋友为荣，根本没有对他的名誉、地位等施以攻击的想法。然而，每当念及此人时，就会产生一种淡淡的酸涩味。

程度较深的嫉妒是由程度较浅的嫉妒发展而来的。其标志是当事人的嫉妒心理不再完全潜抑，而是自觉或不自觉地显露出来。开始表现为忧虑、对自己不满，进而故意不去配合工作中比较优秀的合作伙伴的工作，甚至对其进行间接或直接的挑剔、造谣、诬陷等。

2002 年北大心理系一女研究生因嫉妒同学得到美国某大学的高额奖学金，偷偷以该同学的名义发了封邮件，说放弃这个机会，致使奖学金转给了别人。按理说，学心理学的人应该更善于处理自己的情绪，为什么还会这样做？据了解，这名女研究生心理素质很好，法庭上面不改色，然而这位名牌大学的高材生还是沦为了嫉妒的俘虏，由此可见嫉妒的危害之深。

怀有强烈嫉妒心的人会丧失理智，向对方做正面的直接的攻击，希望置别人于死地，发生毁容、伤人、杀人等极端行为，害人又害己。1953 年，在慕尼黑，有一个老姑娘用儿童车推着她女朋友的孩子去散步，突然间她把车和小孩一起推进了伊萨尔河。

精神专家调查发现，这个女犯是突然间抑制不住嫉妒而犯下的罪行。嫉妒能造成人体内分泌紊乱、消化腺活动下降、肠胃功能失调、夜间失眠、血压升高、脾气暴躁古怪、性格多疑、情绪低沉等。久而久之，高血压、冠心病、神经衰弱、抑郁症、胃溃疡及十二指肠溃疡等身心疾病就会跟随嫉妒者了。由此可见，嫉妒不仅使精神受到折磨，对身体也是一种摧残。美国一些专家经过长达 25 年的跟踪调查发现，嫉妒程度低的人，只有 2.3% 的人患心脏病，死亡率仅 2.2%；嫉妒程度强的人，9% 以上的人得过心脏病，死亡率高达 13.4%。目前，德国等国家已把嫉妒列为疾病的一种，确实很有道理。巴尔扎克说过：“嫉妒者受的痛苦比任何人遭受的痛苦更大。自己的不幸和别人的幸福都使他痛苦万分。”有这类思想情绪的人主要是因为早年个人经历或家族亲属等遭遇过不幸或坎坷。一般的人，随着时间的推移，境况得到改善，历史的伤痕会逐步地淡化和消弭。但也有一些人，对过去的遭遇始终不能释怀，反而日积月累，催生了仇恨的种子。

（摘自《中国人民解放军军人心理健康教育教材》，有删改）

第三节　情绪调节的方法

调节情绪、驾驭情绪，最终的目的就是让自己拥有一个良好的情绪、积极的情绪，比如快乐、喜悦、幸福……那么这些积极的情绪都受哪些因素影响呢？

一、幸福和快乐的公式

知识窗

当代心理学告诉我们，幸福也是有指数的，总幸福指数是指较为稳定的幸福感，而不是暂时的快乐和幸福。看了一个喜剧电影，或者吃了一顿美食，获得的是暂时的快感，而幸福感是指令你感到持续幸福的、稳定的幸福感觉，包括你对你的现实生活的总体满意度和你对自己生命的质量的评价，是你对自己生存状态的全面肯定。

很多心理学家都提出不同的幸福和快乐的公式，不同的幸福公式推导出的方法是不同的。根据哈佛的研究，获得幸福感需要保持良好的人际关系。根据萨缪尔森的幸福公式，追求幸福要积极创造价值，改善生活，再适当控制欲望……

美国著名心理学家塞利格曼提出，一个人的总体幸福和快乐取决于三个因素：一是一个人先天的遗传素质；二是环境事件；三是你能控制的心理力量。

他提出幸福和快乐的公式如下：

总幸福指数＝先天的遗传素质（50%）＋后天的环境（10%）＋你能主动控制的心理力量（40%）

英文表达：

$$H=S+C+V$$

塞利格曼的幸福公式告诉我们：基因主宰我们50%的快乐；基因比外在环境对于快乐有更大影响；快乐与否，在一定时期内个人能够改变的，可能最大限度占40%（你能控制的心理力量）。

（摘自525心理网）

（一）先天的遗传素质

基因可控制50%的快乐情绪，如果一个人拥有一个快乐的大脑，那应该感谢他的父母，因为他们给了他快乐的基因。

英国和美国学者不同时期的研究也都发现，快乐可以遗传，即由基因控制，其比例在50%左右。研究人员对900多对双胞胎的性格和快乐程度数据进行了分析。由于同卵双生的双胞胎基因完全相同，而异卵双胞胎不完全相同，所以研究人员可以分辨出决定某些性格特征及使人容易快乐的共同基因。

爱丁堡大学的蒂姆·贝茨说："研究表明，同卵双胞胎的性格特征和快乐程度十分相似，然而，异卵双胞胎仅有约50%的相似度。这充分说明了基因的作用。"他说，具有积极遗传性格特征的人实际上同时拥有一种"快乐储备"，供他们在郁闷的时候"支取"。

贝茨说："这说明了很重要的一点，外向、冷静和可靠的性格特点能形成一种'情感储备'，为将来的快乐提供保障。"这一研究报告已在《心理科学》期刊上发表。美国明尼苏达大学研究员里科也表示，人的幸福感与其个性有紧密的联系，而个性绝大部分是由遗传决定的，因此快乐也应该深受遗传基因的影响。

基因控制着人大脑中五羟色胺的水平。五羟色胺是一种神经传递素，对心情、情绪、睡眠和食欲起着重要作用。如果大脑中这种物质含量较高，人就比较容易快乐。研究发现，人体大脑中50%的五羟色胺来自遗传，另外一半则受到后天的影响。这就可以解释，为什么有些人天生比较活泼，容易快乐，而另一些人则非常容易忧郁。

阅读材料

中彩2 200万美元，罗斯只快乐了不到一年

罗斯是一个住在芝加哥郊区的中年妇女。她离婚多年了，为了让自己的生活更有希望，她每个星期都花五美元购买当地的一种彩票。由于她平时总是处于情绪低落中，

所以要靠服用一种抗抑郁的药物保持心情安宁。这种坏情绪是从中学时代开始的，20多年来一直持续着，只不过在3年前她丈夫有外遇抛弃她之后更严重了。然而奇迹发生了。罗斯赢得了她所在的州的彩票大奖，获得整整2 200万美元。她激动得差点晕过去。她辞去了洗衣工的工作，购买了有18个房间的别墅，把两个孩子都送进了最好的私立学校。但令人惊奇的是她的幸福心情不到一年就开始恶化了，到了年底，她的抑郁情绪重新出现了，她像以往一样闷闷不乐……

（二）后天的环境

快乐并不完全来自遗传，人快乐与否还与后天情况有关。余下的50%的快乐情绪中，有10%与一个人的后天环境有关，比如他权力多大、赚多少钱、住在哪里、爱情婚姻是否幸福、相貌如何等。

生活环境可以影响幸福感，但改变生活环境很难、成本很高，甚至不切实际。

阅读材料

后天的环境与人的幸福感

钱：对金钱的看法比金钱本身更影响一个人的幸福和快乐。

健康：与金钱类似，只有主观上的健康才会影响幸福感，当病痛很严重又拖了很久时，幸福感才会下降。

宗教：宗教会给信徒带来希望，因为对未来有希望，使得现在的生活有幸福和快乐。

财富和成功不能永葆幸福和快乐。人性中对好运气和成功具有心理适应性，当好事发生后，人们会很快地适应它，并认为这个好事是合理的，没有什么值得珍惜的。例如，没有钱时，你认为有钱和富有是多么令人幸福和快乐的事情，可当你有了钱后，你不仅不会长期觉得幸福和快乐，反而会产生更多的欲望，希望有更多的钱。事业成功也是一样。如果你事业成功，你会为自己定下一个更高的目标。你并不会长期地驻足于幸福，而是具有了更高的雄心。所以财富与成功都不会令人永葆幸福和快乐。不到三个月，无论是被解雇还是升迁这样的重大事件对人的幸福的影响都会减弱。

总体上说国民经济总产值与幸福感正相关，人均收入越多，人们越幸福。但是，当人均总产值超过8 000美元的时候，幸福感与经济的相关就很小了，这符合经济学的边际递减效应。

没有证据发现受教育程度、气候、种族和性别对幸福和快乐有任何影响。

学历高的受教育者并不比没有受教育的人更加幸福，智力水平也是如此。无论是晴天还是阴天，对于人的幸福感都没有什么影响。种族也不影响幸福，各种族的人都有幸福和不幸福的人。而性别也对于幸福没有影响，女性快乐和悲伤的程度都超过男性，所以总体水平上她们与男性的幸福是一样的。

财富，尤其是财富的增加，与幸福只有较低的相关度。富有的人只比普通人感觉更幸福一点。最近的半个世纪，发达国家的人均收入增加很多，但幸福感只增加了一点。

最近的一次收入增加可以增加幸福感，一般意义上的收入增加，不会增加人的幸福。

（摘自《壹心理》）

（三）你能主动控制的心理力量

美国伊利诺伊州立大学心理学教授迪纳说：“影响快乐的不仅仅是基因，还有一部分的快乐需要后天学习和培养。这部分就是我们主动控制的心理力量。在一定时期内，遗传和后天环境我们一时很难改变，万幸，我们主动控制的心理力量是可以随心改变的。它占 40%，由一个人的日常所思、所为决定（有意识的活动）。

每个人都有积极和消极两种思考方向或情绪模式。美国前总统罗斯福家中曾失窃，朋友安慰他，他回信说：“感谢上帝，因为第一，贼偷去的只是我的东西，而没有伤害我的生命；第二，贼只偷去我的部分东西，而不是全部；第三，最值得庆幸的是，做贼的是他，而不是我。”这种在负面事情中能保持理性思考与愉快心境的能力，就是主动控制心理力量的能力。

如果你想快乐，我们现在能够做到的就是改变这部分。把 40% 的快乐和幸福发挥到极致，我们的生活就可以变得更快乐、更幸福！这就是我们所说的“主动控制的心理力量”对情绪情感的调节 。

二、情绪调节的方法

心理测试

情绪诊断

下面的测试能够帮助你了解自己的情绪现状，请如实回答。A 代表“从不”，B 代表“很少”，C 代表“有时”，D 代表“经常”，请根据自己的实际情况填写。

愤怒

1. 我对别人隐藏、压抑自己的恼怒。(　　)
2. 我和某人生气后，感到后悔。(　　)
3. 别人一激，我就忍不住发怒。(　　)
4. 我觉得自己对别人发火有害无益。(　　)
5. 我遇到过只能用愤怒来作为反应的情况。(　　)

抑郁

1. 我感到自己不能主宰自己的命运。(　　)

2. 我已经想要大哭一场。(　　)

3. 我夜晚有睡眠困扰。(　　)

4. 没有任何原因我却感到疲倦。(　　)

5. 我觉得如果我死了，别人的生活会更好。(　　)

恐惧

1. 避开某些场景（如飞行或人群），我会感到更舒服。(　　)

2. 对于我所害怕的事，我宁愿不理睬。(　　)

3. 当我一想到危险时，便难以正常思考。(　　)

4. 我觉得要不惜代价以避免失败。(　　)

5. 对我来说，停止对某事或某人的担忧是很困难的。(　　)

焦虑

1. 我被即将发生的麻烦所侵扰，可我不清楚这些麻烦到底是什么。(　　)

2. 我对自己的长远目标心中没数。(　　)

3. 我的压力似乎同时来自四面八方。(　　)

4. 我对完成陌生任务感到心神不宁。(　　)

评分与解释：

选 A 得 0 分，选 B 得 1 分，选 C 得 3 分，选 D 得 5 分。

我各项的得分：愤怒（　　）；抑郁（　　）；恐惧（　　）；焦虑（　　）。

在上面的测试中，如果你有哪一项的总分超过 15 分，说明你的情绪可能出现危机了，应该重视！要主动去学习调节情绪。

课堂思考：当你有负性情绪的时候，你有哪些调节情绪的办法？

（一）接受你的情绪，这是管理情绪的前提

痛苦让你觉得苦恼，只是因为你惧怕它、责怪它；痛苦会紧追你不放，是因为你想逃离它。所以，你不可逃避，不可责怪，不可惧怕。你自己知道，在心的深处完全知道——世界上只有一个魔术、一种力量和一个幸福，它就叫爱。因此，去爱痛苦吧。不要违逆痛苦，不要逃避痛苦，去品尝痛苦深处的甜美吧。

——诺贝尔文学奖得主赫尔曼·黑塞

其实情绪本身并无是非、好坏之分，每一种情绪都有它的价值和功能。因此，一个心理健康的人不否定自己情绪的存在，会给它一个适当的空间，允许自己有负面的情绪。只要我们能成为情绪的主人，不是完全让它左右我们的思想和行为，就可以善用情绪的价值和功能。

在许多情境下，一个人应该泰然接受自己的情绪，把它视为正常。例如，我们

不必为了想家而感到羞耻，不必因为害怕某物而感到惭愧，对触怒你的人生气也没有什么不对。这些感觉与情绪都是自然的，应该允许它们适时适地存在，并缓解出来。这远比压抑、否认有益多了，接纳自己内心感受的存在，才能谈及有效管理情绪。

课堂体验活动：

1. 人群中有人踩了你一脚，你怎样看待这件事？进而有什么样的反应？

2. 假设有一天你带孩子去公园玩，你把你小孩非常喜欢的一个风筝放在长椅上，这时走过来一个人，坐在椅子上，结果把风筝压坏了。此时，你会怎么样？当你想动粗时，我告诉你，他是一个盲人，你又会怎么样？

课堂思考：情绪和什么有关？

美国心理学家埃利斯的情绪 ABC 理论告诉我们：情绪和认识（看法）有关。

艾利斯的情绪 ABC 理论具体内容为：A 指诱发性事件（Activating Event）；B 指个体遇到诱发性事件之后产生的相应信念（Belief），即他对这一事件的认识、想法、解释和评价；C 指个体的情绪及行为的结果（Consuence）。

一般情况下，人们都认为是外部诱发事件 A 引起了情绪和行为反应的结果 C。但情绪 ABC 理论认为，个体对 A 的信念 B 才是引起情绪和行为反应的直接原因，即 C 的出现不在于 A 而在于 B。

所有的负面情绪，都不是事件本身引起的，而是对事件不正确的解释和评价，即不合理的信念造成的。同样，人们的难过和痛苦，都不是发生的事件引起的，而是事件发生过后的胡思乱想造成的。

课堂提问：

当你被负性情绪包围的时候，如想扭转你的情绪，扭转的是什么？

（二）扭转你的认识就能扭转你的情绪，这是情绪转变的关键

你不可能心事重重地去看海，你也不可能忧心忡忡去卖弄你清脆的歌喉……不扭转认识，其他办法的作用都是有限的。

阅读材料

渔夫和商人

一个渔夫坐在河畔，懒洋洋地将鱼饵投入水中，他悠然地钓起鱼来，借此打发漫长的时间。通常，一条银色的鲑鱼加上一点啤酒和自己做的三明治就可以过上舒心的一天了。

正当他把一条鱼拖上岸时，身边走来了一位衣着考究的商人。

商人：“你每个星期能够打多少鱼？卖多少钱？”

渔夫："我一个星期就打两次鱼，大概刚刚够日常的开销。"

商人："那你余下的日子都干些什么？"

渔夫："陪孙子玩耍，和老朋友们喝酒，打牌，讲笑话，游泳，钓鱼。"

商人："你有玩耍的功夫为什么不去打鱼？"

渔夫抬头看着他，说："打那么多鱼干什么？"

商人（滔滔不绝）："假设你一个星期打五天鱼，周末去集市卖鱼，所赚的钱扣除成本、日常开销，大概一个月能够翻新你的渔船以及船上装备。连续干五个月，你就可以买艘大船，并且雇用几个伙计。一年之后，如果你干得好，应该可以在城里设立一个鱼店，专门卖鱼，鱼店的生意如果红火，两年之后你可以把店盘出去，在城里另谋发展，比如，开一家鱼产品加工公司，把你那些老伙计的鱼批发来做成成品销售。你的鱼产品加工公司可以发展壮大，成立连锁商号，你来做大老板。公司可以逐渐发展成为控股公司。你可以把公司的股票上市，等到你想退休的时候，就把公司整个盘出，变成固定债券，那个时候……"

水面上的点点金光渐渐隐没，商人眉飞色舞，继续编织着他的成功之梦。"你可以成为富豪。"他以胜利的姿态做了总结。

渔夫默不作声，脸上露出不解的神色。"然后怎么样呢？"渔夫慢吞吞地问道。

商人说："那时，你就拥有了一切，想干什么就干什么。你可以陪你的孙子玩玩，和过去的老朋友喝酒打牌，如果你还有兴致，你还可以去钓鱼、游泳。"

渔夫说："我现在就在这么干了……"

课堂提问：

渔夫去过商人的生活或让商人过渔夫的生活，他们应该是什么样的情绪状态？为什么？

我们说真正的快乐不在于它的外表，而在于人的内心对它的定义！

幸福是一种个人的体验！

阅读材料

秀才赶考

有一位秀才第三次进京赶考，住在一个经常住的店里。考试前两天他做了三个梦：第一个梦是梦到自己在墙上种白菜；第二个梦是下雨天，他戴了斗笠还打伞；第三个梦是梦到跟自己心爱的姑娘背靠背地躺在一起。

这三个梦似乎有些深意，秀才第二天就赶紧去找算命先生解梦。算命先生一听，连拍大腿说："你还是回家吧，你想想，高墙上种菜不是白费劲吗？戴斗笠打雨伞不是多此一举吗？与心爱的人背靠背睡在一起，不是没戏吗？"

秀才听了，心灰意冷，回店收拾包袱准备回家。店老板非常奇怪，问："不是明天才考试吗，今天你怎么就走了？"

秀才如此这般说了一番，老板乐了，"哟，我也会解梦的。我倒觉得，你这次一定要留下来。你想想，墙上种菜，就是'高种'呀，戴斗笠打伞说明你这次是有备无患啊，跟心爱的人背靠背躺在一起，就是说你翻身的时候到了。"

秀才听了，觉得很有道理，于是精神振奋，留了下来，参加考试居然中了个探花。

凡事都可以从多方面甚至多角度去看，转变你认识事物的角度，从另一方面看事物，你将会得到另一番景象（见图6－3）。

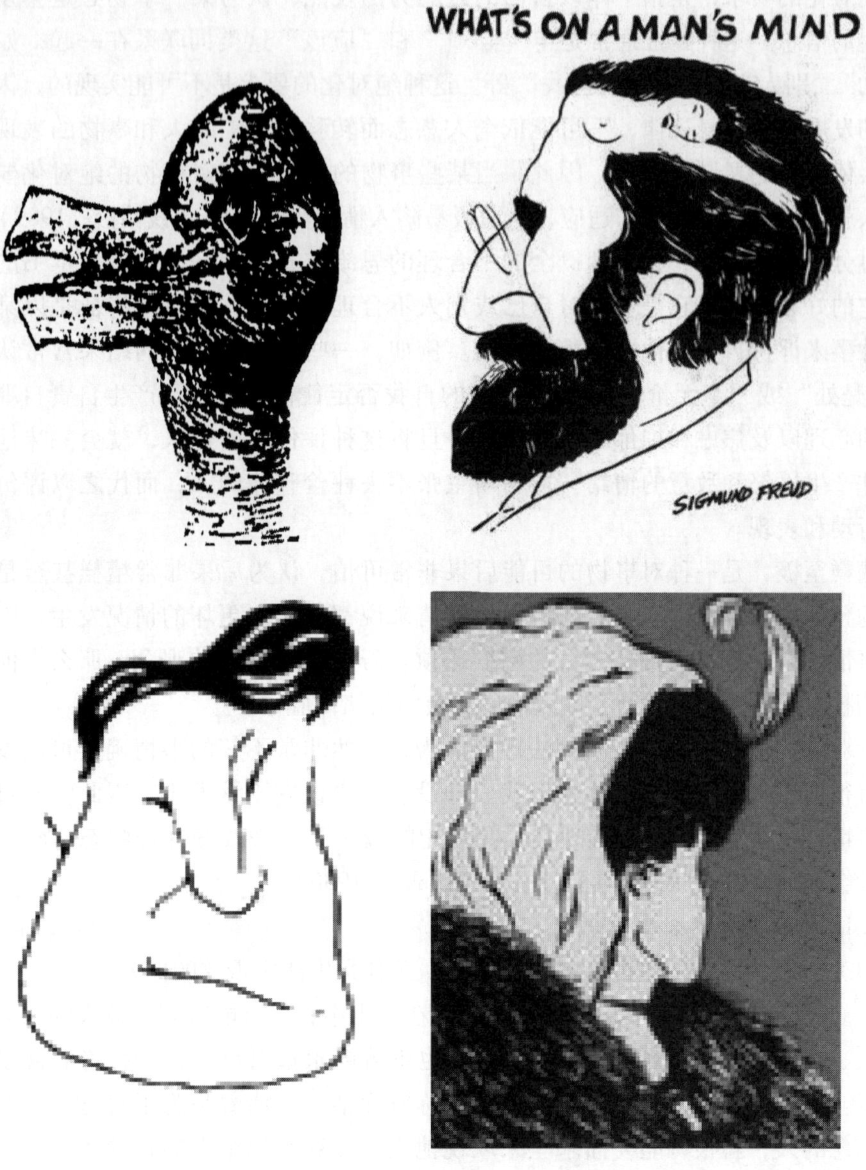

图6－3　不同角度看到不同的景象

情绪 ABC 理论认为，情绪困扰和行为不良甚至神经症都来源于不合理的信念。有的不合理信念自动化了，就会成为“毒素”，侵害你的情绪，让你在负面情绪中难以自拔。理智能够去除这种“毒素”，但是你首先要能够识别他们。

那么在日常生活中都有哪些不合理的信念？其不合理处在哪里？它们的共同特征又是什么？情绪 ABC 理论的创立者埃利斯通过临床观察，总结出日常生活中通常会导致情绪困扰甚至神经症的 11 种主要的不合理信念，这些不合理信念有三种特征：绝对化要求、过分概括化或糟糕至极。我们应该学会自己跟不合理信念进行辩驳（D），并找出相应的合理信念（E）。这也是心理学上的合理情绪疗法的步骤（ABCDE）。

1. 三种不合理的信念的特征

绝对化的要求，是指个体以自己的意愿为出发点，认为某一事物必定会发生或不会发生的信念。这种特征通常是与“必须”和“应该”这类词联系在一起，如“我必须成功”“别人必须友好地对待我”等。这种绝对化的要求是不可能实现的，因为客观事物的发展有其自身规律，不可能依个人意志而转移；周围的人和事物的表现和发展也不会依个人的意愿来改变。因此，当某些事物的发生与其对事物的绝对化要求相悖时，人就会感到难以接受和适应，从而极易陷入情绪困扰之中（钱铭怡，1989）。

过分概括化，是一种以偏概全的不合理的思维方式，就好像仅以一本书的封面来判定它的好坏一样。它是个体对自己或别人不合理的评价，其典型特征是以某一件或某几件事来评价自身或他人的整体价值。例如，一些人面对失败的结果常常认为自己“一无是处”或“毫无价值”。这种片面的自我否定往往会使自己产生自责自罪、自卑自弃的心理以及焦虑和抑郁等情绪。而一旦将这种评价转向他人，就会一味地责备他人，并产生愤怒和敌意的情绪。埃利斯主张不去评价整体的人，而代之以评价人的行为、行动和表现。

糟糕至极，是一种对事物的可能后果非常可怕，认为后果非常糟糕甚至是一种灾难性的预期的非理性观念。对任何一件事情来说都有比之更坏的情况发生，因此没有一种事情可以被定义为百分之百的糟糕透顶。若人坚持这样的观念，那么当他认为遇到了糟糕透顶的事情时，就会陷入极度的负面情绪体验中。

针对这种信念，合理情绪疗法理论认为，虽然非常不好的事情确实可能发生，我们也有很多原因不希望它发生，但我们却没有理由说它不该发生。因此，面对这些不好的事情，我们应该努力接受现实，在可能的情况下，去改变这种状态，而在不能改变时学会如何在这种状态下生活下去（Wessler，1980）。

2. 11 种主要的不合理信念

（1）一个人应被周围的人喜欢和称赞，尤其是生活中重要的他人。

D（辩驳）——这是不可能实现的。人在一生中，不可能得到所有人的认同，即便是家人、亲密朋友等对自己很重要的人，也不可能永远对自己持一种绝对喜爱和赞许的态度。更何况人不是为了他人的喜欢和称赞而活，人活着是为了自己。持有这样不合理信念的人，就很可能委曲求全来取悦他人，以获得每个人的赞同和欣赏，但结果必定会使自己感到失望、沮丧和受挫，从而很难再建立自信。

课堂思考： E（合理信念）应该是什么？

（2）一个人必须能力十足，各方面都有成就，这样才有价值。

D（辩驳）——这是不切实际的目标。“金无赤金，人无完人。”世界上根本就不存在一个十全十美的、永远成功的人。一个人可能在某些事上较他人有优势，但在另外一些事上，却可能不如他人。虽然他以前有许多成功的境遇，但他无法保证在每一件事上都能成功。持有这样信念的人，不得不为永远无法实现的目标而徒自悲伤。

课堂思考： E（合理信念）应该是什么？

（3）那些邪恶可憎的人及坏人，都应该受到责骂与惩罚。

D（辩驳）——“人非圣贤，孰能无过？”这个世界上没有绝对的好人，也没有绝对的坏人，不该因他人一时之误就认定他是坏人，以致对他产生极端的排斥和憎恶。就像埃利斯所说的那样，“每个人都应该接受自己和他人是有可能犯错误的人类的一员”。

课堂思考： E（合理信念）应该是什么？

（4）当事情不如意的时候，是很可怕，也是很悲惨的。

D（辩驳）——“人生不如意事十之八九。”一个人不可能永远成功，生活和事业上遭遇挫折可以说是家常便饭，关键在于你如何对待它。如果一遭受挫折就感到十分可怕，那么只会导致情绪困扰，使事情更加恶化。如果遭受挫折后仔细分析并寻求解决的办法，那么挫折将会是一笔无形的人生财富。

课堂思考： E（合理信念）应该是什么？

（5）不幸福、不快乐是外在因素造成的，个人无法控制。

D（辩驳）——外在因素对个人幸福是有一定的影响，但并非如自己想象的那样严重。情绪是人的主观体验，正是人对外在事件的知觉、感受和评价引起了人的情绪体验。不正确的、歪曲的评价导致消极的情绪；正确的、合理的评价引起积极快乐的情绪。我们改变不了外在事件，但是我们可以改变对待事件的态度。

课堂思考： E（合理信念）应该是什么？

（6）我们必须非常关心危险可怕的事情，而且必须时时刻刻忧虑，并注意它可能再次发生。

D（辩驳）——对危险和可怕的事物有一定的心理准备是正确的，但过分的忧虑则是非理性的。因为坚持这种信念只会夸大危险发生的可能性，使人不能对其进行客观的评价、正确地面对并有效地处理和解决。杞人忧天只会使生活变得沉重而缺乏生气，使人整日忧心忡忡，焦虑不已。与其担忧不如置之不顾，将精力花在当前需要解决的事情上。

课堂思考： E（合理信念）应该是什么？

（7）面对困难和责任很不容易，倒不如逃避。

D（辩驳）——逃避能够暂时摆脱不愉快的情绪，但问题终究是悬而未决，反而延误了解决问题的时机，逃避只会使问题更加恶化或连锁性地引发其他问题和困难，从而使问题难上加难，最终会使人被更为严重的情绪困扰。

课堂思考： E（合理信念）应该是什么？

（8）一个人应该依靠别人，且需要找一个比她强的人来依靠。

D（辩驳）——虽然人在生活中的某些方面需要彼此依靠，但凡事依靠他人，会让被依靠的人产生极大甚至是难以承受的心理压力，反而会使良好的人际关系破裂。而过分夸大依靠的必要性很可能让人放弃培养独立自主的能力，失去自主性而导致更大的依赖，产生不安全感。

课堂思考：E（合理信念）应该是什么？

（9）过去的经验决定了现在，而且是永远无法改变的。

D（辩驳）——过去的经历已成历史，这的确无法改变，但不能说过去的事就会决定一个人的现在和将来。因为事实虽不可改变，但对事件的看法和感悟可以改变，因此人们仍然可以控制、可以改变自己现在乃至以后的生活。

课堂思考：E（合理信念）应该是什么？

（10）我们应该关心他人的问题，也要为他人的问题感到悲伤难过。

D（辩驳）——关心他人、富于同情心，这是有爱心的表现。但如果过分投入他人的事情，就很可能忽视自己的问题，以致使自己的情绪失去平衡，这样不但没有能力帮助他人解决问题，而且也会使自己的情况更糟糕。

课堂思考：E（合理信念）应该是什么？

（11）人生中的每个问题，都有一个正确而完美的答案，一旦得不到答案就会很痛苦。

D（辩驳）——人生是一个复杂多变的过程，人生的问题总是层出不穷，有些问题有明确的答案，有些不一定有答案，或即使有，也不一定有正确而完美的答案，对任何问题都寻求完美的解决办法是不可能的事。坚持要寻求某种完美的答案，只会使自己感到迷惑、失望和沮丧。

课堂思考：E（合理信念）应该是什么？

课堂练习：

1. 请设计一个具体情境（见表6－1），用合理情绪疗法（ABCDE）理论调整你的情绪。

（1）当众发言紧张；

（2）因失恋而悲伤。

表6－1

问题情境 A	1. 当众发言紧张	2. 恋人离我而去
不合理信念 B		
情绪行为反应 C		
反驳不合理观念 D（扭转不合理信念）		
处理问题的态度 E（合理观念）		

2. 觉察你的不合理的思维

（1）生活中，一件事情发生后，我首先想到消极的一面。

A. 很少

B. 有时

C. 常常

（2）我对某些事情总是不由自主地往坏处想。

比如____。

（3）当我往坏处想时，我的情绪会很差，持续时间很长。

A. 很少

B. 有时

C. 常常

（4）我觉得生活中许多事情都很麻烦，很无奈。

A. 很少

B. 有时

C. 常常

第1题测的是你的非理性思维的不自主程度；第2题测的是你的非理性思维的范围；第3题测的是你的非理性思维对情绪影响的强度；第4题测的是你的非理性思维的数量。

我的不合理的思维是____

如果你的回答中有两个以上为"常常"，可要警惕哦！

阅读材料

"费斯汀格法则"的非凡智慧

美国社会心理学家费斯汀格（Festinger）有个很出名的法则，即"费斯汀格法则"：生活中的10%是由发生在你身上的事情组成，而另外的90%则是由你对所发生的事情如何反应所决定。换言之，生活中有10%的事情是我们无法掌控的，而另外的90%却是我们能掌控的。

费斯汀格在书中举了一个例子。卡斯丁早上起床后洗漱时，随手将自己的高档手表放在洗漱台边，妻子怕手表被水淋湿了，就随手拿过去放在餐桌上。儿子起床后到餐桌上拿面包时，不小心将手表碰到地上摔坏了。卡斯丁心疼手表，就将儿子揍了一顿。然后黑着脸骂了妻子一通。妻子不服气，说是怕水把手表打湿才拿走的。卡斯丁说他的手表是防水的。于是二人猛烈地斗起来嘴。一气之下卡斯丁早餐也没有吃，直接开车去了公司。他快到公司时突然记起忘了拿公文包，又立刻转回家。可是家中没人，妻子上班去了，儿子上学去了，卡斯丁的钥匙留在公文包里，他进不了门，只好打电话给妻子要钥匙。妻子慌慌张张地往家赶时，撞翻了路边的水果摊，摊主拉住她不让她走，要她赔偿，她不得不赔了一笔钱才摆脱。待门打开拿到公文包后，卡斯丁已迟到了15分钟，挨了上司一顿严厉批评，卡斯丁的心情坏到了极点。下班前又因一件小事，跟同事吵了一架。妻子也因早退被扣除当月全勤奖，儿子这天参加棒球赛，原本夺冠有望，却因心情不好而发挥不佳，第一局就被淘汰了。

在这个事例中，手表摔坏是其中的10%。后面一系列事情就是另外的90%，都是由于当事人没有很好地掌控那90%，才导致这一天成为“闹心的一天”。试想，假如卡斯丁在那10%产生后，换一种反应，比如，他抚慰儿子：“不要紧，儿子，手表摔坏了没事，我拿去修修就好了。”这样儿子高兴，妻子也高兴，他本身心情也好，那么随后的一切就不会发生了。可见，你控制不了前面的10%，但完全可以通过你的心态与行为决定剩余的90%。

在现实生活中，常听人抱怨：我怎么就这么不走运呢，每天总有一些倒霉的事缠着我，怎么就不消停一下让我有个好心情呢，谁能帮帮我？这都是一个心态问题。其实能帮助自己的不是他人，而是自己。倘若了解并能熟练运用“费斯汀格法则”处事，一切问题就迎刃而解了。

（摘自《壹心理》）

我们使用合理情绪疗法会解决很多问题。但现实生活中，有时我们面临的是：不论你怎样调节，你都无法看到所发生的事情好的一面，如花盆砸到身上、失去至爱、失去至亲……

（三）面对现实，学会接受（归因）

覆水难收，徒悔无益！尼泊尔有句名言：上帝呀！请赐给我们胸襟和雅量，让我们心平气和地去接受不可改变的事情；请赐给我勇气，去改变可以改变的事实；请赐给我智慧，去区分什么是可以改变的，什么是不可以改变的。

我们应学会归因。我们可以不成功，但绝不可以不成长。学会使用外归因，可以减轻我们的压力。社会心理学研究表明：遇到不顺心的事，外归因能缓解压力。因为他们总能从失败中看到光明的一面，不轻易否定自己的能力。但总是为自己的失败寻找合理解释，难免会因看不到自身的缺点而一错再错。

（四）充实生活，摆脱烦恼

在无聊、烦恼、压抑的生活中，怎样才能寻找到人生的快乐？

阅读材料

苏格拉底的演讲

古希腊时代的雅典广场上，苏格拉底如平时一样在广场的一角开始了自己的演讲。

这个时候，一群学生来到他的身边，他们正为很多问题难以解决而烦恼、忧愁和痛苦。他们向苏格拉底请教："老师，我们每天都在被这些问题困扰着难以自拔，我们的快乐到底在哪里？我们怎样才能寻找到人生的快乐呢?"

苏格拉底看着这些可爱的年轻人，轻松地说："你们先不要急于寻找快乐，你们先帮我造一条船吧，然后我带着你们乘船去寻找快乐!"

这群学生暂时把寻找快乐的事儿放在一边，锯倒了一棵又高又大的树，找来造船的工具，用了几十天，挖空树心，造出一条巨大的独木船来。

他们来广场告诉苏格拉底，独木船造好了，请老师去看。苏格拉底指挥着独木船下水了，然后与学生一起登上了木船。他带领着这群激昂慷慨的学生，一边合力划桨，一边欣赏着河流两岸的旖旎风光，一边齐声唱起歌来。青年学生们跟随在老师身旁，划船、唱歌，完全陶醉在这忘我的情景当中了。

苏格拉底看着这群天真无邪的孩子问："孩子们，你们快乐吗?"孩子们早已忘记了他们先前向老师提的问题，他们齐声回答："老师，我们快乐极了！我们正行驶在去天堂的路上!"

苏格拉底说："快乐就是这样，它往往在你为着一个明确的目的忙得无暇顾及其他的时候，突然来访。"

冒险家奥莎·约翰逊

世界著名冒险家奥莎·约翰逊在一本传记里记述了自己设法排遣忧伤和苦闷的经过。在她和马丁·约翰逊结婚后不久，丈夫便把她从故乡堪萨斯州带到了亚洲的原始森林。在长达25年的漫长岁月里，这对来自堪萨斯州的夫妇跋涉于世界各地，给世人拍摄了许多关于濒临灭绝的亚非野生动物的影片。他们返回美国后，到处旅行演讲，放映自己拍摄的影片。可是灾难降临了。有一次，当他们从丹佛市乘坐飞机去西海岸的时候，飞机不幸撞到一座山上，马丁·约翰逊当场身亡。依照医生当时的话，奥莎将永远被禁锢在病床上。但是，4个月之后，奥莎坐上手扶轮椅，又重新作起报告来了。她的每次演讲都座无虚席。有人问她为什么要这样做的时候，她回答说："我不想让自己有时间去感受痛苦。我必须热衷于我的事业，让更多的人了解我们用生命换来的珍贵资料，否则我会感到忧伤和绝望。"

课堂提问：请同学们讨论你现在的生活状态怎么样？我们的烦恼本质是什么？

勇敢的拼搏可以让人获得持久的快乐和幸福；

辛勤耕耘可以让人获得持久的快乐和幸福；

勤奋的努力可以让人获得持久的快乐和幸福……

阅读材料

坏情绪缠身，是因为你太闲了

有个叫雷蒙德·连卡佛的美国作家，他说："我还是相信工作的价值：越辛苦越好。不工作的人有太多的时间来沉溺于自己和自己的烦恼之中。"

我觉得，这个"工作"完全是个泛指，既可以是让你血脉贲张、上蹿下跳的工作，也可以是让你硬着头皮懒懒洋洋的工作。前提只有一个，你得做事。

人一定需要通过做事来打发时间，因为人是情绪的动物和胡思乱想的动物，如果没有做事，时间就只好被情绪占据。"无聊到喝完水蹲在马桶上等的状态"，毕竟无法成为愉快的常态。

女孩子更需要工作。谁叫我们生来就纤细、敏感、触角密密麻麻并且颇为享受着"自博术"一般的思维对擂呢！

其实根据我对自己多年来的观察，除去正儿八经的工作和学习，我一天中想七想八的内容和情绪里，七八成都是废物。不仅无用，而且还会影响我的工作和学习。比如突然开始担心一件压根没有发生也不一定会发生的事，竟然还下很多功夫去琢磨解决办法；过度地把注意力集中到自己的脸上，为多长了一颗痘痘愤怒大半天；上椭圆机之前被各种杂念纠缠，最后放弃健身自暴自弃；甚至在打开一本书之后，陷入某种人际关系的忖度中，最后在11点钟遗憾地合上书去睡觉……这些症状在我开始忙碌工作，陷入一大堆事务性问题，每天卷在头脑风暴中之后，就都消失了。

而我也越来越尝到工作的甜头，它让我感觉自己并没有停留在原地，多多少少，方方面面，都有点收获和进步，以此来打消很多负能量和坏情绪。所以有时候，"没时间"是种特别好的自我保护措施。我没时间失恋，没时间跟你钩心斗角，没时间体味某人的恶意，没时间和男人玩暧昧游戏，没时间迷茫，没时间犹豫，没时间害怕，没时间裹足不前。而且人的心理暗示和心理安慰机制，会告诉你，虽然你失去了……或失败了……但是你在努力，不是吗？

所以每次有人问："特别重要的考试之前，一大堆书没看，我心里慌得要命，却根本无法集中精力，我该怎么办呀？"我的回答都是：把你的一大堆书分成每天20页的小任务，每天只完成当日任务，不完成就不准睡，完成了也绝不多做，这样你就不会再恐慌了。因为你心里比谁都清楚，我在慢慢地往前爬，虽然慢，但只要在动，到点就能搞定。这还有什么可担心的！

为什么很多女孩在白天都是高傲的小姐，穿10厘米高的高跟鞋"咣咣咣"小跑步，短信顾不上回、饭顾不上吃，一到晚上，追着男朋友"咔咔咔"QQ、微信轮番轰炸：你怎么还没下班、你怎么还不陪我、周末干什么呀、你为啥不陪我去逛街呀……一下子矮了半截。要么就是回到家妆一卸，往地上一坐，开始琢磨，下午隔壁桌的那谁谁说的那话是什么意思啊？针对谁的啊？我怎么得罪她了呀？

不是说非要一天到晚都工作，而是你得找点事儿干，白天 8 小时是属于老板的、属于公司的，晚上的 3 小时才是自己的。看看电影写写字，哪怕看个电视节目傻笑半小时，认认真真洗个澡，约个女伴 spa 一下，都可以让你免于自我困扰之苦。

人的自控力是怎么变强的？你得先从“学会对付自己”开始！命令自己马上站起来去做深蹲，命令自己转移注意力不准无聊，给自己安排这、安排那，把衣柜里的夏天服饰都拿出来好好搭配一下，跟有趣的人打个电话……

你对付不了自己的时候，别人是最好对付你的。所以我深深以为，女孩子一定要拥有一份不能太闲的工作和一个真心实意喜欢的爱好。前者让你工作日的 8 小时过得充实有声色，后者让你的晚上和周末过得心满意足。

别嚷嚷“为什么我总是高兴不起来”，因为你根本没用力去找“让你高兴”的那个点，或者是把这个点寄托在了别人身上（这是最可怕的）。

如果你天天被坏情绪折磨得昏头涨脑，或者被迷茫摧残成残花败柳，那请你默默地去把自己的 24 小时安排满，即便你回家之后就开始蒙头大睡，也强过你缩在沙发里画圈圈，至少多睡觉还能收获一张水嫩脸。

（摘自《糖心理》）

（五）知足常乐

课堂思考：情绪的定义告诉我们什么？

阅读材料

漫画：我从 11 楼跳下去

我从 11 楼跳下去，看到 10 楼恩爱的夫妇正在互殴……

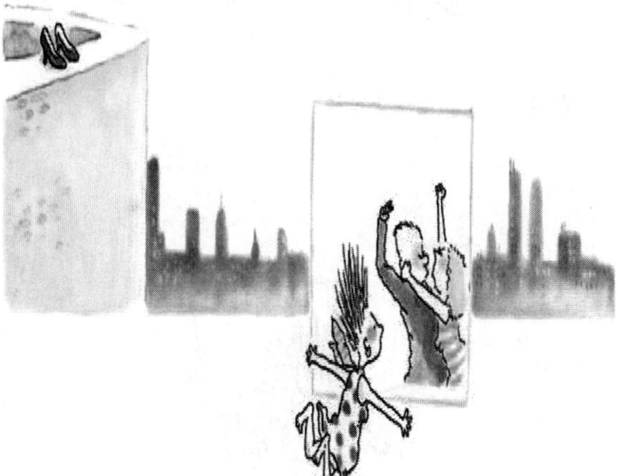

看到9楼坚强的Peter正在偷偷地哭泣……

8楼的丫妹发现未婚夫跟好朋友上床……

7楼的丹丹在吃抗忧郁症药丸……

6楼失业的阿信还是每天看报纸找工作……

5楼受人敬重的王老师正在偷穿老婆的内衣……

4楼的Rose又和男友闹分手……

3楼的丫伯每天都盼望有人来探访……

2楼的Lily还在看她那结婚半年就失踪的老公的照片……

在我跳下之前我以为我是世界上最倒霉的人……

现在我才知道每个人都有不为人知的困境……

看完他们之后我深深觉得其实自己过得还不错……

所有刚才被我看到的人，现在都在看着我……

我想他们看了我以后，也会觉得其实自己过得还不错……

（摘自朱德庸漫画）

课堂思考：

1. 漫画告诉我们什么？

2. 满足与不满足与什么有关？和谁比，我们最有可能获得满足？

苦恼常来自不合理的比较方式：报酬总爱与比自己多的人比，地位总爱与比自己高的人比，生活水平总爱横向比、不爱纵向比，比上不足则越比越不足，越比越憋气，越比越不平，越比越悲观，越比越失望。

摆脱苦恼的灵丹妙药也往往取决于比较的方式。

古人云："比上不足，比下有余，寻乐之法也。将啼饥者比，则得饱者自乐；将号寒者比，则得暖者自乐；将劳役者比，则优闲者自乐；将疾病者比，则康健者自乐；将祸患者比，则平安者自乐；将死亡者比，则生存者自乐。"

比下有余，则越比越有余：当感到工资不如人家高的时候，与下岗工人相比；当考的学校没人家的学校好的时候，跟没考上的比；当找到的工作待遇低的时候，与大学毕业还找不到工作的同学相比；当别人无德无能却青云直上，而你虽有千里马之才却只让你拉磨的时候，跟古今中外才华横溢却惨遭不幸的人相比，并在"大马拉小车"的轻松自如中品味人生其乐无穷的韵味。当一切都不如人家的时候，你还可以这样比：我的家庭比他们和谐，我的个子比他们高，我的父母比他们的父母有地位，我的身体比他们的健康……

这在心理卫生学上叫作"自慰"，在西方国家叫作"酸葡萄精神"，在鲁迅笔下叫作"阿 Q 精神"。我们曾经以为精神胜利法是自欺欺人，其实从心理卫生学的角度看，它使人通过有意识的自我调节，在不幸的处境下求得心理平衡，获得愉快幸福的主观体验，这有利于身心健康。

用一用这种方法未尝不可。

社会心理学认为：根据相似性原理（同类）进行正确比较（合理比较），将使自己处于恰当位置，以增加满足感和自尊。

心理健康学认为：和自己相比是最佳的比较方式，要为自己的每一点进步喝彩！

阅读材料

99 一族

有位国王，天下尽在他手中，照理应该满足了吧，但是事实并非如此。

国王自己也纳闷，为什么对自己的生活还不满意，尽管他有意识地参加一些有意思的晚宴和聚会，但都无济于事，总觉得缺点什么。

一天，国王起了个大早，决定在王宫中四处转转。当国王走到御膳房时，他听到有人在快乐地哼着小曲。循着声音，国王看到一个厨子在唱歌，脸上洋溢着幸福和快乐。

国王甚是奇怪，他问厨子为什么如此快乐，厨子答道："陛下，我虽只是个厨子，但我一直尽我所能让我的妻小快乐，我们所需不多，头顶有间草屋，肚里不缺暖食，便够了。我的妻子和孩子是我的精神支柱，而我带回家哪怕一件小东西都能让他们满足。我之所以天天快乐，是因为我的家人天天快乐。"

听到这里，国王让厨子退下，然后向宰相询问此事，宰相答道："我相信这个厨子还没有成为99 一族。"国王诧异地问道："99 一族？什么是99 一族？"

宰相答道："陛下，想确切地知道什么是99 一族，请您先做一件事情，在一个包里，放进去99 枚金币，然后把这个包放在那个厨子的家门口，你很快就会明白什么是99 一族了。"

国王按照宰相所言，令人将装了99 枚金币的布包放在了那个快乐的厨子门前。

厨子回家的时候发现了门前的布包，好奇心让他将布包拿到房间里，当他打开包，先是惊诧，然后狂喜：金币！全是金币！这么多金币！厨子将包里的金币全部倒在桌子上，开始清点金币，99 枚？

厨子认为不应该是这个数，于是他数了一遍又一遍，的确是99 枚。他开始纳闷：没理由只有99 枚啊，没有人会只装99 枚啊，那一枚金币哪里去了？厨子开始寻找，他找遍了整个房间，又找遍了整个院子，直到筋疲力尽，他才彻底绝望了，心情沮丧到极点。

他决定从明天起，加倍努力工作，早日挣回一枚金币以使他的财富达到100 枚金币。

由于晚上找金币太辛苦，第二天早上他起来得有点晚，情绪也极坏，对妻子和孩子大吼大叫，责怪他们没有及时叫醒他，影响了他早日挣到一枚金币的宏伟目标的实现。他匆匆来到御膳房，不再像往日那样兴高采烈，既不哼小曲也不吹口哨了，只是埋头拼命地干活，一点也没注意到国王正悄悄地观察着他。

看到厨子心绪变化如此巨大，国王大为不解，得到那么多金币应该欣喜若狂才对啊。他再次询问宰相。

宰相答道："陛下，这个厨子现在已经正式加入99 一族了。99 一族是这样一类人，他们拥有很多，但从来不会满足，他们拼命工作，为了额外的那个‘1’，他们苦苦努力，渴望尽早实现‘100’。原本生活中那么多值得高兴和满足的事情，因为忽然出现了凑足100的可能性，一切都被打破了，他竭力去追求那个并无实质意义的‘1’，不惜付出失去快乐的代价，这就是99一族。”

生活中，我们要学会满足，这不是故步自封，而是在积极进取拼搏一段时间后，坐下来欣赏一下自己取得的成绩，用满足的心态对待生活，你就会发现，我们的生活真的充满阳光和快乐！

（六）适度、合理地宣泄、转移

我们可以采用这些方法来适度、合理地渲泄负面情绪：①投入地哭一次，忘了自己；②不妨背后骂骂人（不是背后议论人）；③向他人倾诉，对父母或好友或你信任的、能提出建设性意见的人说“我今天很难过”；④诉诸文字，写日记；⑤运动；⑥旅游、K歌、看海、爬山……

前提是宣泄必须合理，不伤害别人。

阅读材料

有了抑郁就喊出来吧

随着现代社会生活节奏的加快，人们经常会遭遇诸如事业受挫、工作遇阻、人际关系紧张等，形成沉重的心理压力，这种压力如果不能及时地排解，就很容易发展为抑郁症。医学家们发现，通过喊叫可以达到发泄不良情绪和振奋精神体能的目的，所以在国外，一种新式疗法逐步开展起来，这就是“喊叫疗法”。

喊叫疗法就是通过急促、强烈、粗犷、无拘无束的喊叫，将人们内心的积郁发泄出来，从而取得精神状态和心理状态的平衡协调。例如，有这样的一个场景，在一间关得严严实实的屋子里，一位年轻人双手紧抓头发，面对墙壁狂呼大叫：“你让我绝望了！我不准你进我的屋子！你破坏了我的生活，我要把你扔到窗外去，我要把你撕成碎片……”这是国外的喊叫疗法最常用的方法。年轻人口中的“你”并非指某个具体的人，而是指长年以来所遭受到的思想上、感情上的压抑。不同类型的人所喊叫的内容也截然不同：经济破产者满口账目，失恋者大骂其恋人等。

也可以找一个最信得过的人配合自己。自己平躺在床上，令其握住自己的手，将自己的情绪毫不隐瞒地发泄出来，随便喊叫自己想说的话或想发泄的抑郁，直到感到畅快为止。还可以找一些空旷的地方，如公园、广场、海边或山野，首先进行深呼吸，然后大声喊叫，这样不但可以舒展情绪，对扩大肺活量也很有帮助。

在我国的传统气功疗法中，也有个小功法是属于喊叫疗法的，叫“哼哈吐纳”。对比国外的喊叫疗法，其优点在于集中了传统气功调心（良性意念）、调息（呼吸）、调形（形体）的特点，更能达到身心舒畅的目的。其步骤如下：①在野外找个空旷的地方，放松站立，深深地吸入一口气。在吸气的同时，左右手握拳，右拳抬起，高过头顶，虎口朝向自己。②呼吸，瞪眼发出“哼”的声音，尽量延长，同时紧握拳。待气出尽以后，用最后的力发出“哈”声，同时两手骨尽量张开。③第二次深呼吸，在吸气同时，手势同上，呼气时瞪眼，两手骨尽量张开，同时发“哈”音，气出尽时，用最后的力发“哼”声，同时紧握拳。在做哼哈吐纳的同时，想象那些曾经有过的不愉快的人和事，对其发泄怨恨、不满的情绪。哼哈吐纳法可以反复多次地做，一直到心情舒畅为止，一般是6~9次为宜。

（摘自525心理网）

（七）冲出心理牢笼

人的心理牢笼千奇百怪，五花八门，但有一点是相同的，那就是所有的“心理牢笼”都是人自己给自己营造的。就拿自寻烦恼来说吧，有人老是责备自己的过失，有人总是唠叨自己坎坷的往事和不平的待遇，有人念念不忘生活和疾病带来的苦恼……时间一长，就不知不觉地把自己囚禁在“心狱”里了。

自寻烦恼有好多种，其中有一种是喜欢用自己不懂的事情塞满自己的脑袋，使自己陷入紧张、痛苦之中。

苏联著名作家别洛夫斯基讲过一个故事，大意是有一位公司职员，觉得自己好像生病了，就去图书馆借了本医学手册，看怎样治自己的病。他一口气读完了该读的内容，然后又继续读下去。当他读完介绍霍乱的内容时，感觉自己身上有这症状，认为自己患霍乱已经几个月了，他被吓住了，呆呆地坐了好几分钟。

后来，他很想知道自己还患有什么病，就依次读完了整本医学手册。这下可“明白”了，除了膝盖积水症外，什么病都沾边。

他非常紧张，在屋子里来回踱步。他认为：医学院的学生们，用不着去医院学习了，我这个人就是一个各种病例都齐备的医院，他们只要对我进行诊断治疗，然后就可以得到毕业证书了。他迫不及待地想弄清楚自己到底还能活多久！于是，就搞了一次自我诊断：先动手找脉搏，开始连脉搏也没有了！后来突然发现，一分钟跳一百四十次！接着，又去找自己的心脏，但无论如何也找不到！他感到万分恐惧，最后他认为，心脏总会在它应在的地方，只不过自己没找到罢了……

他往图书馆走时，觉得自己是个幸福的人，而当他走出图书馆时，却被自己营造的“心理牢笼”所监禁，变成了一个全身都有病的老头。

他决心去找自己的医生，一进门他就说：“亲爱的朋友！我不给你讲我有哪些病，只说一下没有什么病，我的命不会长了！我只是没有膝盖积水症。”

医生给他做了诊断，坐在桌边，在纸上写了些什么就递给了他。他顾不上看处方，就塞进口袋，立刻去取药。赶到药店，他匆匆把处方递给药剂师，药剂师看了一眼，就退给他说："这是药店，不是食品店，也不是饭店。"他很惊奇地看了药剂师一眼，拿回处方一看，原来上面写的是：煎牛排一份，啤酒一瓶，六小时一次；十英里路程，每天早上一次。他照这样做了，一直健康地活了很多年。

心理学实验

验证"烦恼实验箱"的结果

有人做了一个心理学实验，实验结果是：实际上你只有8%的烦恼。

你可以验证一下这个实验。把你未来7天所预料的烦恼写在纸条上，投入"烦恼实验箱"。在第三周打开"烦恼实验箱"，核对箱里的每项烦恼之事，取出已经不成为烦恼的纸条，留下你仍然认为是烦恼的纸条。记录剩下的烦恼有几个。再过三周，再拿出来核对，看还剩下多少烦恼，记录剩下的烦恼有几个。你的结论是否与下面的结论接近？

结论1：第一次核查，九成的烦恼没有发生。第二次核查，剩下的一成也没有发生。

结论2：一般人的忧虑，40%属于过去，50%属于未来，只有10%属于现在。92%的忧虑并没有发生，剩下8%是你可以轻易应付的。

烦恼是自己找来的，这就是所谓的自找麻烦。

有一个秘密是医生都知道的，那就是：大多数疾病都可以不治而愈。同样的，大多数的烦恼都会在第二天早晨好很多。

（八）掌握一定的放松训练方法

减慢呼吸：压力往往导致过度呼吸。如果你每分钟呼吸多于20次，就属于过度呼吸，一天做这个练习4次帮助你减轻压力。把精神集中在你的胸腹部，吸气，屏息并慢慢数到3（不需深呼吸）。当你数到3时，呼气并维持3秒，说些令自己放松的话。

闭目养神：在闭目养神时，想象自己在看大海。一排一排的海浪打过来，又悄然地退下去。远处海鸥鸣叫着，白帆点点，海天交界处白茫茫一片。

（九）微笑是"良药"

微笑是健康的"通行证"，微笑是世界上最廉价、最快捷的"滋补品"。笑声能使人卸去多余的压力，保护血管内壁，从而降低心脏病发作的概率。当人们哈哈大笑时，需要调动身体内超过400块的肌肉，因而还能有效消耗热量。有些研究人员统计：大笑100次，相当于划船10分钟和骑自行车15分钟的有氧运动量。我们不妨笑口常开，用微笑去调节紧张的情绪，让自己和他人从我们甜美真诚的微笑中获得轻松和愉悦。

（十）主动寻求帮助，寻找社会支持

课堂练习：请列出姓名并评定主观支持感（1 分表示非常不支持，2 分表示非常支持）。

第一层（近亲）

1 ________________________________

2 ________________________________

3 ________________________________

第二层（知己、好友）

1 ________________________________

2 ________________________________

3 ________________________________

第三层（一般朋友或机构）

1 ________________________________

2 ________________________________

3 ________________________________

阅读材料

惜命最好的方式不是养生，而是管理情绪

偶闻身边又多了一位患癌症的朋友，对于她生病我没有感到意外。她的家庭关系一直很糟，人啊，在家庭里承受的煎熬、抑郁、伤痛，都会沉淀在身体里。你的大脑暂时忘记了，可是你的身体会一直记得。

世上所有的病，都是免疫系统打了败仗。所有的委屈、纠结、愤怒……终将化作一场免疫风暴。

在西医经验可知的范畴里，仍然有很多突发性疾病，没有人知道具体的诱发原因。现代人越来越容易患各种各样的病，是因为不注重健康吗？不是，太多人不惜重金把精力花在养生上，但这种想法单纯地把身体看作一个机器，忘记了身、心甚至身、心、灵一体。

有一位女士，婚后一直都跟公婆住在一起。虽然丈夫一家对她还不错，但她非常希望能够有自己的空间，跟丈夫提过几次想搬出公婆的家都遭拒绝。后来她也慢慢不再提这件事了，直到某年她在毫无征兆的情形下得知自己患了肺癌，检查出来的时候已经是晚期。

她家经济条件特别好，除了接受西医的治疗外，家人还帮她找了一位著名的心

理治疗师。当心理治疗师在一次催眠治疗中问她，这辈子最大的心愿是什么？她只说了一件事："我希望有一个自己的家，只跟丈夫、儿女在一起，不用很大，不用很久，几个月就好。"她平静地说出自己的心愿，嘴角滑过一抹连她自己都没有察觉的微笑。

人们只喜欢好的情绪，比如快乐，而把负面的情绪，比如悲伤、恐惧压抑下来。我们不知道，委屈、憋屈、压力全都累积在身体里，终有一天，一场免疫风暴，就能带走人的性命。

我们一直低估了身体的智慧，人体里有着一套精密的免疫系统。我这里说的免疫系统，不仅是西医所说的狭义的免疫能力，还包含自我诊断、人体资源管理、自我修复及再生。当我们产生各种各样的情绪的时候，最先攻击到的是身体的免疫系统，70%以上的人会以攻击自己身体器官的方式来消化自己的情绪，这是导致出现病症的最大原因之一。不同情绪会攻击不同的器官，我国中医的古老智慧就曾提出：肾主恐惧、肝储愤怒、肺藏哀伤……此外，吃力、紧张多半引发肠胃疾病，好强的人爱偏头痛，优柔寡断、缺乏自信通常是糖尿病人的情绪标签。以女性为例：生气不消易得乳腺增生，长期郁积易患乳腺癌，忽视女性身份会影响卵巢健康、使例假紊乱，夫妻感情不和者易被妇科疾病纠缠。

研究表明，导致免疫系统出现问题的情绪排名中，前七名依次是生气、悲伤、恐惧、忧郁、敌意、猜疑以及季节性失控。例如，夏季频发争执和摩擦，冬季抑郁患者会比平时多。

有人做过一个实验：把猴子吊起来并不时给予电刺激，使猴子一直处于焦虑不安的情绪中，不久猴子便得了胃溃疡。采用纤维胃镜、X光、脑电图及生化对胃病的病理机制进行研究发现，胃病的发生与大脑皮层的过度兴奋或抑制，植物神经功能紊乱密切相关。

当出现皮肤过敏、喉咙不适、胃痛胃溃疡、失眠多梦、经常性头痛等症状时，我们常常会想：是不是身体出现什么问题了？其实很多时候，经常性的负面情绪才是幕后黑手。身体的不适和病症，是内心的呼喊和求救信号。

有位朋友和我夜谈。

他问我：我弟弟少年白头是什么情绪引发的？

我说：可能是"我已经非常尽力了"。

他问：怎么缓解？

我答：做自己，把别人的愿望还给别人。

他点点头，又问：我爸在我妈去世当晚一夜白头也是因为情绪吧？

我说：是的，太过悲伤，绝望。

他问：最近我无缘无故掉头发的原因是什么？

我答：焦虑。

他问：我也不想焦虑，可是做不到啊！

我说：为什么要活在未来呢？活在现在。

千万不要忽略，那些隐藏在情绪底层巨大的疮口啊。我们常说“气死我了”“压力好大”“心有不甘”，这正是情绪在作祟。生气让人感觉失控，身体自动释放出大量有害呼吸系统的因子；焦虑让人的身体进入空铁壶干烧的状态，一点点消磨掉人的心力；压力让人沮丧，像一只看不见的手，捂住了人的鼻子。

身体是不会说谎的，它忠实地帮我们贮存所有的情绪，而生病其实是在提醒我们，要去真实地面对自己真正的需求，妥善地去处理，并相信身体的能力。生病不能只治病，还得找到病症所在（情绪源头）。当我们肠胃不适时，只会大把吞下胃药，却逃避压力和紧张的根源。我们皮肤上的各种红疹，犹如一座座即将爆发的小火山。

很多疾病都是我们自己的情绪引起的，即使好了一点，我们的情绪再上来的时候，健康又没了。一位朋友得了严重的盆腔炎，久治不愈。这场病是在前夫有外遇后得的，其实那是她的身体在帮她说出：“我不会再跟一个背叛我的人在一起!”幸运的是，离婚后找到一个真正爱她的人，结合适当的调理和治疗，她的病痊愈了。

古人云：“心病还须心药医。”一朋友到家拜访。他问我：情绪和痛风有关吗？我答：有。他问我：什么情绪？我说：自暴自弃。他问我：痛风对于身体的意义是什么？我说：只有那种难以承受的痛才会提醒自己还活着。他说：难怪前几年我突然患了痛风，吃了一些药也不见好转，那一年我刚好失业在家，整日踌躇满志又不想去行动，直到去年恢复工作后，病竟不治而愈了。

我的一位医生朋友说：现在来医院就诊的患者中，心身疾病超过1/3，躯体疾病少于1/3，而且躯体疾病又会导致心理问题。所以他们不能再仅仅依靠单纯生物医学模式来治疗这些患者，而应当从生物—心理—社会三个层面去治疗。

因此，懂得爱自己，不仅仅是住最好的房子，吃最精致的佳肴，忠于内心，超越自我，而是你比谁都更关心自己的情绪，比谁都能更敏锐地察觉身体发出的信号。

什么时候需要休息，什么时候需要管理自己的免疫系统，什么时候需要大哭、嘶吼，什么时候应该放手、宽恕，什么时候值得大胆、自信……你要比谁都更清楚地知道自己的情绪和身体正在哪个点上，然后去消化它。

世上没有既安逸又精彩的人生，美好前程都是血汗打下来的，想要为自己的梦想负责，为一家老小负责，我们就必须管理好情绪，拥有一个强健的身体。

（资料来源：新浪网。有删改。）

技能训练室

一、卡片词背后的故事

准备一叠空白小贴纸，在每一张贴纸上抄写表6－2中的词。然后，一张一张仔细阅读。哪一张卡片的内容令你停留的时间最长？它使你想起了什么？

表 6－2

书包	离婚	憎恨	爸爸	快乐	爱情	扫地	奶奶
老师	成绩	家庭	考试	妈妈	日记	高职生	悲哀
画画	朋友	数学	作业	小鸟	唱歌	学校	黑夜
早恋	差生	语文	书本	肮脏	优秀生	威吓	高考

1. 表中一些内容使你联想到什么经历，你可以和同学分享吗？

2. 有一些联想可能是你挥之不去的阴影，你需要勇敢地去面对和处理。

在日记本上倾诉是一种自我宣泄的办法。

找学校心理咨询师是一种寻求专业人士帮助的办法。

二、试一试，情绪管理三部曲

管理情绪的方法，就是要能清楚自己当时的感受，认清引发情绪的理由，再找出适当的方法缓解或表达情绪。我们可以将其归纳为以下的三部曲。

1. WHAT——*我现在有什么情绪*？

我们常常认为有情绪是不好的，因此常常忽略我们真实的感受。情绪管理的第一步就是要察觉我们的情绪，并且接纳我们的情绪。情绪没有好坏之分，只要是真实的感受，我们就要学习正视并接受它。只有认清我们的情绪，知道自己现在的感受，我们才有机会掌握情绪，也才能为自己的情绪负责，而不会被情绪所左右。

2. WHY——*我为什么会有这种感觉（情绪）*？

我为什么生气？我为什么难过？我为什么觉得挫折无助？我为什么……找出原因我们才知道这样的反应是否正常，找出引发情绪的原因，我们才能对症下药。

3. HOW——*如何有效处理情绪*？

想想看，可以用什么方法来缓解自己的情绪呢？当你心情不好的时候，你会怎么处理？什么方法对你是比较有效的呢？

（1）可以通过深呼吸、肌肉松弛法、静坐冥想、运动、到郊外走走、听音乐等来让心情平静。

（2）可以通过大哭一场、找人聊聊、涂鸦、用笔抒情等方式，来使情绪得到宣泄。

（3）换个乐观的想法来改变心情。影响我们的常常不是事件本身，而是我们对事件的看法，要改变非理性自动化思维。

（4）使用“我讯息”，直接向对方表达情绪。

我讯息的表达可以简单地以下列公式来说明：当……时候（陈述引发你情绪的事情或言行），我觉得……（陈述你的感受），因为……（陈述你的理由）。如：“当你告诉我你不能和我一起去看电影的时候，我觉得蛮失望的，因为我好期待可以有多一点时间和你相处。”这是一个简单的公式，你可以根据自己的说话方式加以改变，只要表达的意思不变即可。

三、用行动带动心动

（一）微笑（快乐使我们微笑）

非理性思考：因为我不快乐，所以笑不出来。

理性思考：微笑也能引发我的快乐。

对着镜子微笑。开始时，微笑可能不是发自内心的，有点僵硬。没有关系，微笑是可以由外向内感染的。

（二）唱歌（人们因为快乐而歌唱）

非理性思考：我不快乐，所以唱不出歌来。

理性思考：歌唱也能使我快乐。

唱一首充满激情和快乐的歌。开始时歌声可能很低沉，但坚持唱，你会发现歌声能够宣泄你内心的积郁，改变你身体的激素，让你充满激情。

（三）好姿态（人们因为自信、快乐而昂首挺胸）

非理性思考：我心里有烦恼，全身没劲。

理性思考：昂首挺胸能助我自信、快乐。

昂起你的头，挺起你的胸，挺直你的腰板，你的肺活量会增加 30%。大脑氧气充足，你的洞察力和反应也会更加灵敏，会充满自信，更有魅力。当你昂首挺胸时，你的个头看起来会比垂头丧气、弯腰驼背高出 5 ~ 10 厘米。

快乐自习室

1. 我希望我的人际关系很好，我很想得到实习老师的好评，但昨天实习老师说我的桌子太乱，我觉得一切努力都白费了，我根本就不受重视，他一定认为我很差。

（1）情境事件 A 是什么？

（2）对此事件的想法 B 是什么？有哪些非理性的想法？

（3）所引起的情绪结果 C 是什么？

（4）理性的想法是什么？你怎样驳斥？

2. 我是学生会主席，我必须很能干。可是，上一次开会的时候，我太紧张了，结果我讲错了一句话，他们都在底下嘲笑我。哎！身为学生会主席竟然犯下这样低级的错误，真是太丢脸、太失身份了。我真没用。

（1）情境事件 A 是什么？

（2）对此事件的想法 B 是什么？有哪些非理性的想法？

（3）所引起的情绪结果 C 是什么

（4）理性的想法是什么？你怎样驳斥？

第七章
沟通你我他，关系和谐化
——人际交往的策略与训练

本章提要

本章主要使学生了解人际关系的概念、意义、功能以及人际吸引的条件，理解人际交往的密码，掌握大学生人际交往的基本原则和技巧，搞好宿舍人际关系，增强人际交往能力。

点亮心灯

单人床，三人房

某地中级人民法院开庭审理了轰动一时的刘娜刺杀同学案。随着庭审的深入，这桩刺杀案的内情被一层层展开。

死者名叫王霞，25岁。犯罪嫌疑人名叫刘娜，23岁。据警方调查，她俩并没有什么深仇大恨，而血案的发生仅仅是因为两人在生活琐事上的不和。富有戏剧性的是，她俩原本是无话不谈的好朋友。

作为成教学院的学生，刘娜和王霞都深知学习机会来之不易。王霞学习尤为刻苦，经常在自习室里一待就是一天。两个人都是外地来的，同住一个宿舍，故谈话十分投机。她们共同憧憬毕业后的工作，也一起抱怨生活的艰辛。可以说，她们的相识是愉快的。不久，一个叫吴彤的女孩搬了进来，至此，三个来自不同地方的女孩子组成了一个临时的“小家庭”，她们一起上自习，一起逛街，一起做饭吃，这种友情让每个人都觉得很温暖。

随着冬天的临近，三个女孩的关系渐渐发生了微妙的变化。刘娜和王霞的关系越来越冷淡，发展到最后，两个人几乎就不说话了。观察到这种变化，吴彤很着急，她觉得这样下去气氛太压抑，于是主动找到刘娜说：“你看，我们住在一个屋，这样僵下去也不是办法，有什么问题不妨讲出来嘛。”刘娜说：“不是因为你，不用往自己身上揽。”吴彤又问：“那是不是因为王霞？”刘娜冷冷地说：“大家都知道，心里都明白，就这么过吧。”说完扭头就走了。

据刘娜后来交代，她俩的矛盾主要源于生活习惯的不同。“王霞晚上睡觉，不管我手头的事情有没有处理完，她就要求必须关灯，而她自己要看书时就可以随时开灯。我平时总爱攒很多脏衣服一起洗，她就说我懒。”

这些看似不起眼的小事，日积月累便影响了两个人的关系。

临近寒假时，宿舍管理员找到刘娜，说有人反映寒假期间她带男人回来住，刘娜马上认定是王霞说的。事关男女关系，刘娜认为王霞干预了她的私生活，而且她私下里得知王霞说她孤僻、自私、不好相处，于是两个人的矛盾越来越深。她并没有采取什么行动，只是心里结了个疙瘩，与王霞保持“冷战”状态，直到那年夏天的一个早晨，在二人发生口角时刘娜闯下大祸。

课前互动：本案中刘娜和王霞曾是一起学习、无话不谈的好友，但生活在一起后，关系突然恶化，为什么？

第一节　人际关系概述

课堂思考：

每个人都生活在群体当中，和别人有着千丝万缕的联系，你认为人际关系是否值得我们重视？为什么？

一、人际关系的重要性

（一）良好的人际关系是人们的基本需要

马克思说："人是最名副其实的社会性动物，不仅是一种合群的动物，而且是一种只有在社会中方能独立的动物。人的本质并不是单个人所固有的抽象物，在其现实性上是一切社会关系的总和。"也就是说，人是社会动物，离开社会不能成其为人。社会不管其形式如何，都是人们交互作用的产物。

（二）良好的人际关系是一个人成功的要素

美国的著名学者戴尔·卡耐基说，一个人事业的成功源于15%的专业技术+85%的交际+X（不确定因素）。

美国的威廉博士对被解雇的4 000人进行研究后发现，不称职者占10%，人际关系不好者占90%，因人际关系沟通不良导致工作不称职的占82%。

普林斯顿大学在一万份人事档案中进行分析，结果显示："智慧""专业技术""经验"只占成功因素的25%，而余下的75%取决于良好的人际关系。

（三）良好的人际关系是人们的重要生存方式

据统计，人醒着时，70%的时间在沟通，高层管理人员大约有78%的时间在口头沟通，专业技术人员有61%的时间在沟通。

美国《沟通杂志》调查显示，领导人的时间分配中，45%在听，16%在看和读，30%在问和说，9%在写。听说看写是我们最主要的沟通与交往方法。

大学生每天除了8小时左右的睡眠外，其余16个小时中约70%（10~11小时）的时间都用在进行相互交往、沟通、传递信息上，如听、说、读、写等，以此作为获得知识、交流情感、沟通思想的主要手段。从这个意义上说，学会提高人际交往质量，就意味着学会了生活。没有什么关系比人际关系更重要，没有什么技能比沟通、交往技能更永恒。

心理学实验

洞穴试验

1996年，著名的意大利洞穴专家毛利奇·蒙泰尔做了一个非常著名的试验。他把自己置身于一个很深的洞穴中，在这个洞穴里，有足够他吃一年的食物和维持生命的生活用品，有100多部电影碟片和一些健身车、健身球供他娱乐。但是，在这个洞穴里除了他自己，没有任何其他人。1997年，蒙泰尔从洞穴里出来了。经过一年与世隔绝的生活，蒙泰尔变得目光呆滞，脸色惨白，语言不畅。他的记忆力、交往能力和语言表达能力，都发生了严重的退化。

试验真实地向我们证明了与社会沟通交往的重要性。

二、人际交往与人际关系

人际交往是指人与人之间交流思想、沟通感情、传递信息的互动过程，是一种心理与行为的沟通过程，包括精神交往和物质交往。

人际关系是指在交往基础上形成的人与人之间心理的关系，表现为心理距离的远近，反映了交往双方寻求满足社会需要的心理状态。

有A和B两个同学，A同学觉得他和B同学的心理距离是这样的：

A  B

B同学觉得他和A同学的心理距离是这样的：

B 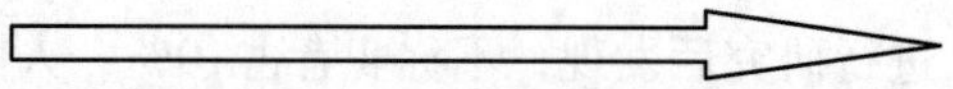 A

因此，在交往中，A会觉得我对你那么好，你怎么离我这么远，B同学会觉得我和你没有那么近，为什么你总缠着我。

在人际交往基础上形成的人际关系，由认知、情感和行为三种心理成分构成（见图7-1），其中以情感相悦和价值观相似为核心。这是人际吸引的两大心理机制，情感相悦主要作用于交往的前期，价值观相似则常作用于交往的后期。

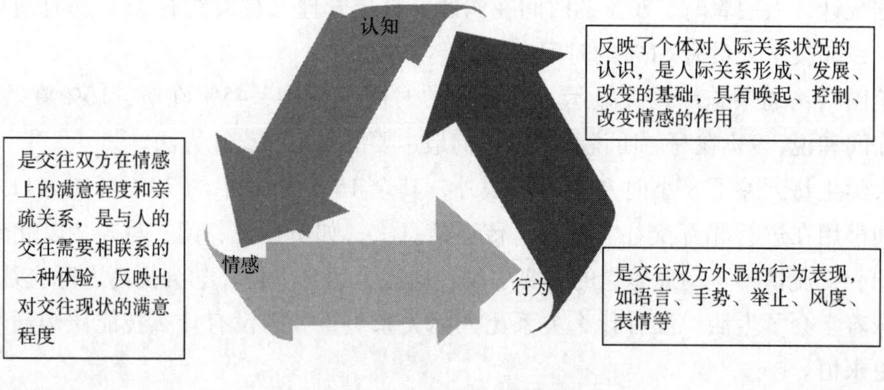

图7-1　人际关系构成图

三、人际吸引的条件

人际吸引是人与人之间的相互接纳和喜欢。心理学家通过广泛研究后认为，人际吸引的条件主要是熟悉、吸引人的个人特征、相似与互补等。

（一）熟悉

在日常生活中，人们更多地将喜欢的情感投向周围与自己有直接交往的对象，并在其中选择深入交往或合作的伙伴。相互接触，彼此之间存在交往的可能性，就成了人际吸引的前提条件。心理学研究结果表明，熟悉引起喜欢。熟悉本身就可以增加一个人对另一个人的喜欢。

进入大学后，最初的人际关系都是从宿舍同学、老乡开始的。相比之下，同宿舍成员的熟悉程度显然高于非同宿舍成员，大学生最好的朋友往往都在同一宿舍；老乡由于地缘关系，在陌生环境会使人产生心理上的亲近感。

（二）个人特征

1. 才能

人对有能力的人的态度往往出人意料。表面上看，似乎在其他条件相等的情况下，一个人能力越高、越完善，就越受欢迎。研究结果表明，在一个群体中最有能力、最能出好主意的人往往不是最受欢迎的人。在工作实践中，我们常常遇到这样的学生，因为出类拔萃他反而失去了同学的喜欢与信任，这是因为，一方面，人人都希望自己周围的人有才能，希望拥有一个令人愉快的人际关系圈，但如果别人的才能可望而不可即，则会使人产生心理压力。显然，才能与被人喜欢的程度在一定范围内成正比，超出这个范围，可能会让人逃避或拒绝。任何一个人，都不愿意选择一个总是让自己显得无能和低劣的对象去喜欢。因此，一个才能出众但偶尔犯点小错误的人在一定程度上比不犯错误的人更受欢迎。

2. 外貌

大量的研究表明，外貌会引发明显的“辐射效应”，使人们对有魅力的人的判断具有明显的倾向性。

在大学生组织的集体活动中，那些最先受到关注的学生总是在同等条件下具有外貌吸引力的人。但值得重视的是，人们对美貌的人的其他方面会给予积极评价，但如果人们感到有魅力的人在滥用自己的美貌，则会对其产生抵触心理。

案例

小慧可以说是上天的宠儿，美丽聪明的她一直是异性追逐的对象。也许是从小就被宠坏的原因，她天生就有一种优越感。的确，无论在相貌上还是学习上，她都是佼佼者。但她却很少有朋友，在班上，同学们表面上对她笑脸相迎，但实际上都敬而远之。因为，她的光环太耀眼，别人同她在一起会感到有压力和不自在。偏偏小慧也因为自己有才有貌，说话时盛气凌人，而且还习惯以自我为中心，让同她相处的人感到格外不舒服。

3. **个性品质**

表7－1为美国心理学家安德森在1968年所做的一项调查中得出的结论。排在序列最前面的受喜爱程度最高的6个个性品质中，包括真诚、诚实、理解、忠诚、真实、可信等，都或多或少、间接或直接与真诚有关。而排在序列最后的受喜欢程度低的几个品质如说谎、装假、不老实、不真诚等也都与真诚有关，真诚受人欢迎，虚伪令人讨厌。一个人要想赢得别人的友谊，与别人保持良好的交往，必须具有真诚这一品质。对大学生建立良好的人际关系而言，真诚是必不可少的。

表7－1　美国心理学家安德森的调查结论

最积极的品质	中间品质	最消极品质
真诚	固执	古怪
诚实	刻板	不友好
理解	大胆	敌意
忠诚	谨慎	饶舌
真实	易激动	自私
可信	文静	粗鲁
智慧	冲动	自负
可信赖	好斗	贪婪
有思想	腼腆	不真诚
体贴	易动情	不善良
热情	羞怯	不可信
善良	天真	恶毒
友好	不明朗	虚假
快乐	好动	讨厌
不自私	空想	不老实
幽默	物欲	冷酷
负责	反叛	邪恶
开朗	孤独	装假
信任	依赖	说谎

（三）相似与互补

相似有着重要的意义，在日常生活中，共同的态度、信仰、价值观与兴趣，共同的语言、文化、宗教背景，共同的受教育水平、年龄、职业、社会阶层，乃至共同的遭遇、共同的疾病等都能在一定条件下，不同程度地增加人们的相互吸引程度。

与相似相联系的是互补。当交往双方的需要和满足途径正好成为互补关系时，双方之间的喜欢程度也会增加。大学生中，外向型的人喜欢与内向型的人友好相处，相互欣赏，家庭经济条件优越的学生会欣赏那些克服困难求学的学生，依赖性强的人更愿意与独立性强的人交朋友等。还有一种情况也体现了补偿作用，即一个看重成绩而自己成绩又不很理想的学生，更看重成绩优秀的学生。

从表面上看，相似与互补是矛盾的，但实际上，二者是协同的。建立在态度与价值观一致基础上的相似与互补有着重要意义。在互补涉及人际吸引中关键因素，并和社会角色相互对应时，互补比相似更重要。

四、良好的人际关系的功能

日常生活中与人交往难免会产生摩擦和冲突，结果往往是一方严重受挫，另一方看似占了上风，却也筋疲力尽。沟通是我们解决问题、寻求突破、获得理解与赢得合作的交流过程，无论是迈向成功，还是拥有家庭的幸福都离不开沟通！

人际沟通，是个体适应环境，适应社会、生活，承担社会角色，形成健全个性的基本途径。它的基本功能是传递信息、满足需要、心理保健、自我认识和人际协调。

人与人之间最基本的功能是信息传递功能（语言、表情、肢体语言传递双方之间信息）在此基础上，会产生以下三种效果（见图7－2）。

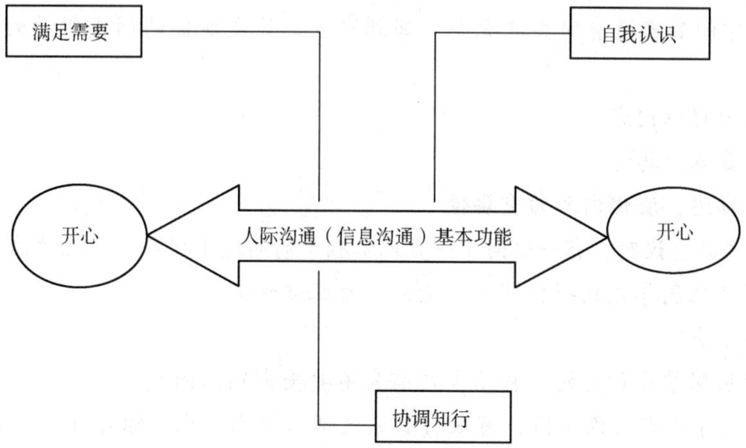

图7－2　双赢的沟通（沟通的好处）

（一）满足需要

如果你是说话的对象，我把想说的话说出来或者把我压抑的情绪释放出来，你认真听，那么我在这个沟通的过程中可能就获得了爱的需要、尊重的需要、理解的需要。事实上，人的精神层面上的很多需要都是在沟通中获得满足的。有的同学可能会说，我不爱和别人沟通，不想沟通。实际上，不和别人说话、长期独处，你会出现孤独、自卑、烦躁、不安、压抑、郁闷等情绪，所以人的很多精神层面的满足是靠沟通来完成的。

（二）自我认识

别人是自己的一面镜子。“以人为镜”，我们可以通过和自己打交道的人来认识自己。如果我不知道自己是什么样的人，那么我可以和对方沟通（语言、表情、眼神），对方的反馈成了我认识自己的途径。如果不去沟通，不爱沟通，就少了一个认识自我的途径。

（三）协调知行

知是认知，行是行为。我们每一个人都希望和乐意自己在认知上和别人一致。认知上统一、行为上一致，是很令人愉快的事情。而认知上的统一、行为上的一致很大程度上取决于沟通，也就是说沟通可以协调知行。

心理测试

测测你的沟通能力

阅读下面的问题，选择你认为最合适的处理方法，把该选项的序号填入括号中。请尽快回答，不要遗漏。

1. 你同学的朋友邀请你共进晚餐，回到寝室，你发现你的同学颇为好奇，此时你会（　　）。

A. 告诉他详细内容

B. 不透露蛛丝马迹

C. 粗略描述，淡化内容的重要性

2. 当你主持会议时，有一位同学一直以不相干的问题干扰会议，此时你会（　　）。

A. 要求其他同学先别提出问题，直到你把正题讲完

B. 纵容下去

C. 告诉该同学在预定的议程结束之前先不要提出别的问题

3. 你跟同学正在讨论事情，有人打长途电话来找你，此时你会（　　）。

A. 让接电话的同学回复说你不在

B. 接电话，而且该说多久就说多久

C. 告诉对方你现在有事，待会再回电话

4. 你是班长，有位同学连续三次向你请假不参加班集体活动，此时你会说（　　）。

A. 我不能再批准你的请假了，你要顾及其他人的想法

B. 这次不行，今天的活动很重要

C. 你对我们相当重要，我们大家需要你的参与，特别是这次活动

5. 假如你被选为学生会主席，而你知道还有几个人也关注着这个职位，上任第一天，你会（　　）。

A. 个别找人谈话，以确认哪几个人有意竞争这个职位

B. 忽略这个问题，并认为情绪的波动很快会过去

C. 把问题记在心上，但在投入工作时，留意关注每一个人

6. 如有一位同学对你说："有件事我本不应该告诉你的，但你有没有听到……"你会说（　　）。

A. 我不想听传来传去的流言

B. 跟学习有关的事我才有兴趣听

C. 谢谢你告诉我怎么回事，让我知道详情

所有题目都有 A，B，C 三个选项，分别代表 1 分、2 分、3 分。把你各题的得分相加，即为总分。总分 0～2 分为较低，3～4 分为中等，5～6 分为较高；分数越高，表明你的沟通技能越好。

让全班同学交流自己的选项，并说说理由。

第二节　建立良好人际关系的密码

课堂讨论：

1. 你觉得班上人缘最好的人是谁？为什么？

2. 良好的人际关系是事业成功的基础，谈谈如何才能获得良好的人际关系？

一、动力密码——人际需要

人的任何行为都有动机，人和人交往也是一种行为，一定有它的动机。人际关系动机来自人际需要，这是建立良好人际关系的动力密码。

课堂体验活动："无家可归"

活动要求：7 个人手拉手围成一圈，老师口令"三人变"，变成三个人手拉手，此时余一人。老师说"两人变"，余一人，余下的一人谈感受。

（一）人际需要的基础和理论依据

1. 本能理论

心理学家认为，人与人共处和交往的需要具有广泛的生物学基础。对群体的依赖是人的本能或遗传，是人类祖先时代就已经形成的能力。人类的祖先古猿为生存和繁衍，以群集的方式活动。经过长期的进化，这种群集的习性传递给后代，使人类先天具有与人共处交往的需要。这种依附、合群倾向和表现为人际交往奠定了生物学基础。

2. 合群的需要

个体的合群需要也是产生人际交往的心理需要之一。每一个人都有合群的需要，适当的人际交往是个体满足自身合群需要的手段。

心理学实验

心理学家沙赫特（Schachter，1959）曾经做过处于孤独状态下的个体的合群需要的实验。研究者先将被试者分为高恐惧组和低恐惧组。在高恐惧组条件下，主试告诉被试，他们将参加一项电击实验，电击会很厉害，很痛，但不会留下永久性伤害，而且这项研究是为了获取有关人类发展的某些有用的资料；在低恐惧组条件下，被试被告知，电击时只是有点痛，感觉有些轻微的震动，不会有任何伤害性后果。然后，在被试等待接受电击的时间里，研究者逐个询问他们，是愿意独自等待，还是想与其他人一起等待。结果如表7－2所示。

表7－2 （%）

条件	与别人在一起	无所谓	单独	合群程度
高恐惧组	62.5	28.1	9.4	88
低恐惧组	33.3	60.0	7.0	35

结果发现，当个体对周围环境缺乏了解和把握，心情紧张、有高恐惧感时，他们倾向于寻求与他人在一起，倾向于寻求他人伴同。而处于低恐惧的情况下，这种合群的需要并不那么强烈。可见，与人交往能增加人的安全感，降低恐惧感。

3. 马斯洛的需要层次理论

心理学家马斯洛曾经指出：人类有五大类需要——生理需要、安全需要、归属和爱的需要、尊重的需要和自我实现的需要。

生理需要指的是人对食物、水、空气、性等用于维持个体生存、种族延续的物质的需要。

安全需要表现为人们要求稳定、安全、受到保护、有秩序，能免除恐惧及焦虑，如医疗和退休保险等。

归属与爱的需要表现为人们要求与其他人建立感情联系或关系，如交朋友，追求爱情，得到所在团体的承认等。

尊重需要包括自尊和受到他人尊重。

自我实现需要是指人们力求发展并施展自己的能力或潜能，以达到完美境界的成长需要。

看上去，这里似乎没有交往需要的位置。可仔细想想，哪一种需要离得开人际交往呢？生理需要和安全需要涉及的物质资料（如食物、住房）的取得离不开人际关系，生理需要中性的需要涉及男女交往，获得安全感离不开他人，而缺乏安全感的人有企盼同类群体的倾向。个体的归属就是个体对另一个体或群体的某种依属关系，这种关系只能是交往的产物，爱的感情——不论是爱谁和被谁爱——同样是与人交往的产物。对他人的尊重只能在交往中产生，自尊也不可能在人际交往之外形成。自我实现无非是个人潜能的发挥和事业的成功，而发挥和成功的舞台是人际交往之社会。

上述每一种需要的满足都离不开人际交往。交往活动伴随人的一生，是人的基本需要之一。缺乏或被剥夺了正常的交往活动，个体就会出现消极情绪反应和心理紊乱，久之便会导致心身疾病。因此，人际交往是维持人的正常心理、生理健康的必要因素。

4. 自我肯定的需要

个体对自己真正地了解，还必须依赖于与他人的交往。

20 世纪初的社会学家发现，个体的自我认识开始于别人的评价。个体可以从别人对待自己的评价、态度、行为方式之中了解自己、界定自己，形成相应的自我概念。例如，如果一个孩子被他的父母钟爱、被老师重视、被朋友喜欢和尊重，那么他就一定会认为自己是一个具有某些令人喜爱的品质的人；如果他从出生起就没有接触人类社会，没有与人正常交往的机会，那么他的自我概念发展就会受到抑制，尽管其各方面的生理机能可能发展正常。个体的自我概念会引导个体塑造实际的自我。所以，在有效的社会人际交往中了解别人对自己的态度和评价，就可以更好地了解自己，确立在群体中的地位，树立相应可行的奋斗目标。

一般地，我们不会满足于只知道自己的一些品质或某些特征。心理学研究发现，个体总喜欢选择一些心理上愿意接受的群体，将自己的态度、价值观和行为等都与这些群体对照，并接受这些群体对自己的影响。这个过程离不开社会人际交往。比如，当一个人知道自己的身高达到 170 厘米的时候，他一定会产生同龄人的平均身高是多少、自己在同龄群体中是高还是矮等疑问，而这必须和别人交往才会获得答案。与他人比较时，对象不仅限于自己生活周围的同龄人，我们有时也会与一些理想中的人进行比较，比如自己的父母、老师、英雄人物、青春偶像等，比较之后往往就会受到他们的影响。

与他人比较并不是最理想的了解自己的方法，因为别人不一定完全了解我们的内心世界，或者心存偏见，其评价也不一定正确、客观、公平。过分依赖他人的评价来认识自己，会形成不恰当的自我概念和不良的行为方式。正确的做法是，既要与别人相比，以了解自己与别人的差距和自己的独特之处，同时又要与自己相比，看到自己的进步和发展。只有这样，我们才会更好地成长和发展。

（二）启示

（1）主动与人交往，并在与人交往的时候，主动发现或满足他人的需要，这是满足自己需要的根本途径。当我们发现自己某一方面（安全需要、爱和归宿、尊重）的需要没有得到满足时，可以主动与他人沟通交往。

（2）当别人有某种需要时，我们合理地（不伤害自己，不伤害自尊）尽力满足其需要，一定会受到他人的欢迎，那么就可以协调人际关系。

可见“需要”对于我们协调人际关系的作用非常之大，它是人际交往的动力密码。

二、体验密码——情绪情感

课堂体验活动：

全班起立，分两大部分面对面站立，形成左面和右面。

左面连着大喊三声“我讨厌你”。

右面连着大喊三声“我喜欢你”。

请大家观察听到“我讨厌你”和“我喜欢你”时，当事人的情绪情感体验有何不同？

（一）理论基础或依据

1. 社会知觉偏差理论

（1）印刻效应。1910 年，德国行为学家海因罗特在实验中发现一个十分有趣的现象：刚刚破壳而出的小鹅，会本能地跟随在自己的母亲后面。通常情况下，母亲是它第一眼见到的。但是，如果它第一眼见到的不是自己的母亲，而是其他活动物体，如一只狗、一只猫或者一只玩具鹅，它也会自动地跟随其后。尤为重要的是，一旦这只小鹅形成了某个物体的跟随反应，它就不可能再形成对其他物体的跟随反应了。这种跟随反应的形成是不可逆的，也就是说小鹅承认第一，却无视第二，这就是“印刻效应”现象，它不仅存在于低等动物之中，同样存在于人类中。

（2）首因效应。我们通常所说的印象实际上指第一印象或最初印象。社会心理学中，将第一印象的形成中获得的信息比后来获得的信息影响更大的现象，称为“首应效应”，也称“最初印象”。第一印象，也就是第一次对人知觉时形成的形象，它往往最深刻，而且常会成为一种基本印象而影响对他人各方面的评价。俗话说，先入为主，讲的就是这个道理。人们很重视给别人的第一印象，但也该看到，第一印象得之于较短时间的接触，又无以往的经验作参照，主观性、片面性较强。所以，一定要注意其消极的一面，既不能因第一印象不好而全盘否定，又要防止被表面所迷惑。要练就一番透过现象看本质的本事，在长期的相处中全面、正确认识和了解他人。

一位大学新生出色的自我介绍，往往会给同学们留下了深刻的第一印象，即使以后他的表现不如以前，大家总认为不是能力问题，而是他没有尽力。有的同学在求职过程中给用人单位留下很不称职的第一印象，那么要转变形象，需要很长时间。

建立良好第一印象的方法是善于表现自己，给别人留下良好、深刻的印象。社会心理学家艾根 1977 年根据研究得出同陌生人相遇时，按照 SOLER 模式表现自己，可以明显地增加别人对自己的接纳性：S 表示坐或站要面对别人；O 表示姿势要自然放开；L 表示身体微微前倾；E 表示目光接触；R 表示放松。采用 SOLER 模式意味着告诉对方："我很尊重你，对你很有兴趣，我内心是接纳你的，请随意。"以此给对方留下良好的第一印象。

（3）近因效应。某人刚犯了一个大错误，于是就有人发现，他从来就不是好人。这是"近因效应"在作怪。在较为长期的交往中，最近的印象比最初的印象更占优势，这是一种心理惯性。由于这种惯性的作用，人们往往会以最近的印象来评价人。与首应效应相比，在总的印象形成上，新近获得的信息比原来获得的信息影响更大。但是，我们不要因一时一事评价人。

案例

小菲和小玲是多年的好朋友。小菲比小玲大一岁，平时就像姐姐一样关心小玲。小玲从心底里感激小菲，把小菲当作知心朋友。每次小玲在学校受了同学的欺负，小菲总是挺身而出，极力维护她。大家都知道她们关系非常密切。可是最近，小菲和小玲却因为一件小事闹翻了。

小玲生气地对别人说："我把她当姐姐一样尊重，她却这样对待我。""唉，我对她一直都很关照，却因为最近得罪了她一次，她居然就不理我了。"小菲很伤心地说道。原来，小玲因为小菲最近一次"得罪"了她，便把以往与小菲的友情全给抹杀了。从此，两人形同陌路。

（4）刻板效应。有些人习惯于机械地将交往对象归于某一类人，不管他是否表现出该类人的特征，都认为他是该类人的代表，而总是将对该类人的评价强加于他，从而影响正确认知，特别是当这类评价带有偏见时，会损害人际关系。例如，有的大学生认为南方人小气、自私，认为家庭社会地位高的学生傲气、不好相处等。这些都反映的是刻板效应，它会妨碍大学生正常人际关系的形成。

（5）晕轮效应。在我们的头脑中，总有一些潜在的、得之于各种途径的观念，并常常以此来评价和判断他人，因为这样做所耗费的心理能量最少，也就是说这样做最省事。但是，图省事往往会造成一些认知偏差。什么美国人开放，英国人保守，商人精明世故，农民老实本分……这些说法虽与某些人的特征相吻合，但绝不是精确所指，还要"具体问题具体对待"。人如其面，各个不同，不能用概念来衡量人、把人简单化。某人的一种优点、优势放大变成了笼罩全身的"光环"，甚至原来的缺点也被掩盖或者蒙上了一层夺目的光彩。这种对他人认知的最大失误就在于以偏概全。"借一斑而窥全豹"并不适合于一切人和事，个别和局部并不一定能反映全部和整体。在人的诸多行为或性格特征中抓住某个好的或不好的就断定他是好人、坏人，无疑是幼稚的。恰当地、全面地认知他人，就要杜绝使用说好全好、说坏全坏的绝对化方法。

心理学实验

美国心理学家凯利对麻省理工学院的两个班级的学生分别做了一个试验。上课之前，实验者向学生宣布，临时请一位研究生来代课。接着告知学生有关这位研究生的一些情况。其中，向一个班学生介绍这位研究生具有热情、勤奋、务实、果断等品质，向另一个班学生介绍的信息除了将“热情”换成了“冷漠”之外，其余各项都相同。两种介绍造成的差别是：下课之后，前一个班的学生与研究生一见如故，亲密攀谈；另一个班的学生对他却敬而远之，冷淡回避。可见，仅介绍中的一词之别，竟会影响到整体的印象。学生们戴着有色眼镜去观察代课者，使这位研究生被罩上了不同色彩的“晕轮”。

（6）定式效应。“定式效应”是指人们头脑中存在的某种固定化的意识，会影响人们对人和事物的认知和评价。当我们与他人接触时，常常会不自觉地产生一种有准备的心理状态，以一种固定了的观念或倾向进行评判。

心理学实验

心理学家曾做过一个实验：把被试者分为两组，同看一张照片。对甲组说，这是一位屡教不改的罪犯。对乙组说：这是位著名的科学家。看完后让被试者根据这个人的外貌来分析其性格特征。结果甲组说：深陷的眼睛藏着险恶，高耸的额头表明了他死不悔改的决心。乙组说：深沉的目光表明他思维深邃，高耸的额头表明了科学家探索的意志。

这个实验表明，第一印象形成的肯定的心理定式，会使人在后继了解中多偏向发掘对方具有美好意义的品质。若第一印象形成的是否定的心理定式，则会使人在后继了解中多偏向于揭露对象令人厌恶的部分。

（7）投射效应。人际关系中的“投射效应”，即“以小人之心，度君子之腹”，指与人交往时把自己具有的某些不讨人喜欢、不为人接受的观念、性格、态度或欲望转移到别人身上，认为别人也是如此，以掩盖自己不受人欢迎的特征。例如，自私的人总认为别人也很自私，而那些慷慨大方的人认为别人对自己也应不小气。投射效应，容易使人在人际交往中产生误解。

心理学实验

心理学家罗斯通过做实验来研究投射效应。他在80名参加实验的大学生中征求意见，问他们是否愿意背着一块大牌子在校园里走动。结果，48名大学生同意背牌子在校园内走动，并且认为大部分学生都会乐意背，而拒绝背牌子的学生则普遍认为，只有少数学生愿意背。可见，这些学生将自己的态度投射到了其他学生身上。

为什么有的人不能从人际交往中得到快乐？人是社会的动物，人际交往是我们每个人的需要。在人际交往中，过分留心、处处算计、总怕吃亏上当，当然得不到快乐。可以说，这样的人还没有领悟人际交往的真正内涵，因此他无法体验到交往的快乐。两人交换一个苹果，还是一人一个苹果，两人交换一个主意，每人就有了两个主意。此外，交往的意义还在于增大个人的心理空间，减少彼此的心理距离，建立“我们的感情”。这些都是人的一种心理需要、社会需求。

消极的情绪，如不快、痛苦、愤怒、失望等，会影响人际交往的正常进行，这点不言而喻。这些消极情绪的产生，可能来自某种压力或某种丧失。每个人都要学会在生活中对付不良情绪，这也是个人成长的一种重要表现。现代社会主张个性独立，人际交往也日益复杂。如果说在一些场合，或和某些人的临时性的交往需要一些表面的客套、应酬，那么，建立和发展深入持久的人际关系，最重要的是坦诚相见，表达真实的自我。“水至清则无鱼，人至察则无友”，人们并不喜欢那些假扮的圣人。当然，如果自己身上存在着明显的缺点，理应努力克服和改正。在人际交往中不断审视、认识自己和他人，不断领悟人生，是人际交往的内涵所在。

2. 后继印象

每次交往都很愉快，这种情绪的叠加容易产生稳定的情感。反之，如果每次印象都不好，多次叠加就会产生不良体验，或留下不好的情感或态度，让人讨厌和反感。

3. 强化理论

斯金纳认为，行为发生变化，是强化作用的结果。当一个操作发生之后，紧接着呈现一个强化刺激时，那么这个操作的强度（概率）就会增加，即反应发生的一般倾向性增强。其过程为：后继印象（形成第一印象以后每次交往都有情绪体验）—情绪叠加（表面的、变化快、浅层次）—情感（深层次、深刻持久、沉淀起来变成情感）。

4. 赞美的作用

每个人都希望得到别人的赞美，赞美是人的一种心理需求，所以赞美是一种最省力的博得别人好感的方式。

运用赞美的注意事项：①赞美要能选准角度、恰如其分；②赞美要具体实在；③赞美要真诚，把握尺度；④赞美要讲艺术；⑤赞美应及时。

（二）启示

（1）印刻理论告诉我们，留下好的第一印象，会对以后的沟通产生更大影响，有利于以后交往。

（2）继续留下良好的后继印象（做一件好事容易，难的是一辈子做好事）。

（3）留下好的近因印象。

（4）只有克服社会知觉中的偏差，才能以正确的态度认识和了解他人，才能保证人际交往顺利进行。

（5）真诚地赞美他人可以赢得别人的持续好感。初始印象—后继印象—强化—情绪叠加—情感加深，这样的过程告诉我们，应在交往中学会赞美。

三、态度密码

课堂体验活动：信任考验

同学们心里也许都有不愿说出的事情、不爱提及的往事。但如有想说出来的时候，你会选择谁作为倾诉的对象？为什么？

①永远保密；②恋人；③咨询员；④团体指导者；⑤朋友；⑥同学；⑦熟人；⑧教师；⑨同乡；⑩随时公开。

所有答案都是人交往时的一种态度，如亲密、信任、不安全、害怕、尊重、支持、鼓励……

（一）态度密码概述

态度密码就是一个人对周围的人的接受程度和人际交往的倾向性，影响沟通和交往的最大因素是理解和信任。

在人际沟通和交往的影响因素中，态度比技巧重要。真诚、信任、理解他人，接纳他人，尊重他人，比你看书籍获得的交往秘诀要重要得多。如果你能做到真诚、信任、理解、接纳、尊重他人，那你的人际关系自然就好了。如果你具备了这种态度，你就具备了和谐的人际关系。

案例

生日礼物

两个妻子过生日，都希望从先生那里得到贵重礼物——戒指。

第一个妻子：（抱怨丈夫）不要再送那些花呀、小玩意儿了，太没意义了，你应该给我一枚戒指。

丈夫很生气，难过。第一，你没有尊重我，原来我送给你的东西你都不喜欢，是装出来的。尊重没有得到满足。第二，不理解，我又不是大老板、富翁，不理解我的处境。

结果夫妻俩吵起来了。

第二个妻子：

妻：我每次过生日的时候，你都送我很多礼物，我都很高兴。今年你不用送了。

夫：那怎么能行?

妻：今年不送了，明年也不送了，这样吧，把钱攒起来，十年后送我一个戒指吧。用那枚戒指套住我那颗爱你的心吧!

结果丈夫认为，尊重需要得到了满足——每次送她礼物，她都很高兴；理解需要得到满足——妻子知道自己经济不是很雄厚，告诉自己不要送礼物了。

结果过一段时间，通过努力，丈夫赚到一笔钱，立即买了戒指送给妻子。夫妻感情大大增进。

良好的态度促进人际交往，不良的态度阻碍人际交往。

（二）以成熟、健康的交往态度进行人际交往

美国著名心理学家爱利克·伯奈依据个体对自己和他人所采取的基本态度，提出了四种人际交往模式。①我不好—你好，我不行—你行（自卑、恐慌）；②我不好—你也不好，我不行—你也不行（不喜欢自己也不喜欢别人）；③我好—你不好，我行—你不行（骄傲自大，自以为是）；④我好—你也好，我行—你也行（理性、理解、宽容、接纳）。

著名心理学家阿德勒指出，人在生命的初始阶段是依赖周围的人而生存的，与周围的成人相比，儿童常常感到自己无能，有自卑感，因而在潜意识中形成了“我不行—你行”的心理模式。人的成长过程也就是逐渐克服这种心态的过程。有的同学由于在个体社会化过程中，尚未完全摆脱儿时形成的这种心理行为模式，因而在人际交往中常常表现出不同程度的自卑和恐慌，最为极端的表现是社交恐惧症。

我不好—你也不好，我不行—你也不行，这种人不喜欢自己也不喜欢别人，既看不起自己也看不起别人，既不会去爱人也不能体验和接受他人。

我好—你不好，我行—你不行，这种人常常表现出优越感，骄傲自大，自以为是，总以为自己是对的，别人是错的，自己对别人好而别人对自己不好，并为此感到愤愤不平，把人际交往失败的原因都归咎于他人的责任。

以上三种交往模式都会阻碍人际交往，并且不利于心理发展和心理健康。

成熟的、健康的模式应该是“我好—你也好，我行—你也行”（理性、理解、宽容、接纳）。具有这种交往态度的人相信自己也相信他人，爱自己也爱他人。这种人不是十全十美的人，却能客观地悦纳自己和他人，正视现实，并努力去改变自己能改变的事物，善于发现自己、别人和外部世界的光明面，使自己保持一种积极的、乐观的、进取的、和谐的精神状态，从而拥有更多的朋友。

课堂练习：

请对照爱利克·伯奈的四种人际交往模式，想想看：在与家人、同学沟通中，你的生活态度属于哪一种？请你尝试分析一下，你试图改变这种状态吗？如果是第四种心理状态，当你真正认为“我好—你也好”时，马上就有一种好的感觉，是这样吗？

（三）启示

（1）人际态度高于技巧。

（2）有效态度促进沟通。

四、行为密码

行为密码是行为语言等对一个人的影响。

（一）良好沟通

良好沟通包括四个方面：①倾听与专注；②感同身受（进入与体验）；③跳出与理解；④反馈与共情。

参考图7－3：倾听者用身体告诉对方“我在听你说”，如果这时两手交叉、抱胸叉腰、默不作声、插嘴随意打断，则是不礼貌的，或者表明你对叙述者不感兴趣。接下来进入状态，感同身受，并以“嗯”“啊”“对”等适时回应，同时你还要跳出来，回到自己的头脑中，用自己的头脑、知识、经验加以分析，最后把有价值的信息反馈给对方，这样的人肯定会受欢迎。因为这是有效沟通的过程。

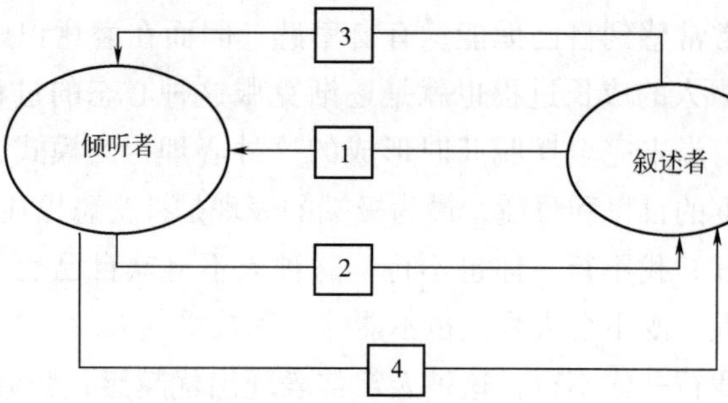

图7－3 良好沟通示意图

（二）“4S法则”教你巧舌如簧（教你如何说）

行为密码是一个人的行为语言对沟通的影响，顺利的言语沟通可以大大提高沟通的质量。

人在情绪激动的时候，稍不注意，嘴里就会溜出伤人的话。过后心里后悔：怎么没管住自己的嘴呢？面对这样的情况，该怎样表达才能既不做愤怒的公牛又不做任人宰割的羔羊，不卑不亢地处理问题呢？“4S 法则”就是不错的策略。

话无好坏，关键看你怎么说。如何让自己的说法更容易被人接受？要遵循 4S 法则，即真实地表达所见、所感、所思、所需。

例如：丈夫连续加班，一肚子委屈的妻子会怎样表达自己的情绪呢？可能有两种：“你这个星期每天加班晚归，只管工作不管我，没想到你现在变成这样！”“你这个星期总是加班晚归，我一个人在家很孤单，觉得我们也有些疏远了，你明晚能不能早点儿回来呢？”显然，任何一个丈夫都更容易被第二种说法所打动。而从心理角度讲，第二种说法之所以能打动人，就是因为它遵循了“4S 法则”——所见、所感、所思、所需。“所见”指的是观察到发生了什么，如“你这个星期每天加班晚归”。“所感”指针对这件事我产生了什么情绪，如“我一个人在家很孤单”。“所思”指对已发生的事我有什么想法认识，如“我觉得我们有些疏远”。“所需”则指我需要什么、希望怎样，如“你明晚早点儿回来”。这个规则看似简单，但如果我们能够遵循它来表述自己，那么与人沟通的效果一定能大大加强。

某人失恋了，一位朋友这样劝他：“没关系，天涯何处无芳草，有了这次的经验，下次一定会更成功。”朋友分析很正确，但他却丝毫感觉不到安慰。相反，另一位朋友是这样说的：“看到你难受的样子（所见），我的心里也不好受（所感），但我相信，你会遇到更适合自己的人（所思），所以，你要尽快振作起来，不要错过了身边的机会(所需和希望)。”听完这些话，轻松和力量渐渐重回他的身体。这两个人的出发点都是好的，但是前者只有理性，后者却表达了更多的情感，因此也就更能给人以力量。

语言是思维的外化，反过来，语言也会塑造思维，当我们使用“4S 法则”强迫自己全面地表述这四个元素时，我们“思维偏食”的毛病就在无形中得到了矫治，过分理性的人就会显得更加生动。

还有一类人虽然善于表达情感，但却很少说出自己的需求。例如一个女孩子对男友说：“我们一出来就是逛街，也没点儿别的创意，真无聊！”这种表述就会变成纯粹的抱怨，容易激起对方的反感，同时对方也无法满足她的希望。如果她再加一句“其实我今天还想去看场电影”，那么结局就会皆大欢喜了，不是吗？

也许有人会说，“4S 法则”的确很全面，也很有效，但是有谁说话时会思考这么多步骤，岂不要累死？那就拿骑自行车来打个比方吧。在我们没学会骑车的时候，如何上车，如何蹬出第一下，如何握住车把，如何刹车，如何下车……这些步骤要领都需要一一牢记，反复练习。然而，一旦学会骑车，没有人再觉得它们是负担，那是因为这套程序已经内化到潜意识里，可以随时供我们使用。“4S 法则”也是同样道理。只要我们练习一段时间，它就会变成我们说话的“潜规则”，无须费力就能遵守了。

课堂练习：

最近班长总是把他的活儿丢给你干，让你觉得很郁闷？那么恭喜你，练习的机会来了，尝试用“4S 法则”跟他沟通这件事，看看是不是比发火或默默忍受更有效果呢？

（三）萨提亚沟通中的五种模式（教你怎样表达）

心理学家维琴尼娅·萨提亚曾描述过这样一个现象，在人群中，无论人们的真实感受和想法如何，总有50%的人回答“是”（讨好型），30%的人回答“不是”（指责型），15%的人既不回答“是”也不回答“不是”，也不会给出他们真实感受的任何线索（超理智型），还有0.5%的人会表现得若无其事、毫无知觉（打岔型），最后只有4.5%的人是真实的，他们是一致型的。

从人们习惯性的行为表现很容易识别不同的沟通类型：

（1）讨好型的人（见图7－4）忽略自己，内在价值感比较低。言语中经常流露出“这都是我的错”“我想要让你高兴”之类的话。行为上则过度和善，习惯于道歉和乞怜。往往倾向于让步、取悦于人、依赖、道歉。

图7－4　讨好型

（2）指责型的人（见图7－5）常常忽略他人，习惯于攻击和批判，将责任推给别人。“都是你的错”“你到底怎么搞的”是他们的口头语。他们宁愿与别人隔绝，保持权威。

图7－5　指责型

约翰·贝曼博士说，讨好型和指责型是最常见的两种姿态。有趣的是，指责型的人通常会找一个讨好型的人做伴侣，相反，讨好型的人也倾向于选择指责型的人做伴侣。

（3）超理智型的人（见图 7－6）极端客观，只关心事情合不合规定，是否正确，总是逃避与个人或情绪相关的话题。他们告诫自己“人一定要有理智”“不论代价，一定保持冷静、沉着，决不慌乱”。这类人表面上很优越，举动合理化，而实际上，他们内心很敏感，有一种空虚和疏离感。他们顽固、僵硬、刻板，一丝不苟。

图 7－6　超理智型

（4）打岔型的人（见图 7－7）永远抓不着重点，习惯于插嘴和干扰，不直接回答问题或根本文不对题。他们内心焦虑、哀伤，精神状态混乱，没有归属感，不被人关照，还常被人误解。他们不安定，插嘴、打扰，活力过多或不足。这些表现都可以归结为与自我的不一致。

图 7－7　打岔型

（5）表里一致型。这类人既有自我的位置，也很替对方着想，还考虑到环境因素；处理人际关系既客观公正，又有浓浓的人情味。坦诚沟通，彼此不会感到威胁，所以不需要自我防卫。

只有将沟通三要素，即自己、他人、情境都关注和考虑到了，才是一致性的沟通。忽略自己、只关注他人和情境是讨好，忽略他人、只关注自己和情境是指责，忽略自己和他人、只关注情境是超理智，忽略自己、他人和情境是打岔。这些都是不一致的沟通。

以上四种典型的“不一致”沟通的问题在于，都在掩饰、压抑或扭曲自己的情感，不愿坦露自己的感受，而是用自以为高明的办法去掩饰它。例如，当一个人做了一件让你愤怒的事，你无法直接说“你这种做法让我感到愤怒”，却要转成一个指责者说“你怎么什么事都做不好。”

一致性的沟通意味着承认自己所有的情感，能很好地表达自己的想法，同时顾及他人的感受，且考虑到情境。在表里一致的行为和关系中，我们可以不带任何评判地接纳并拥有自己的感受，并且以一种积极、开放的态度来处理它们。

举例：想象你刚刚碰伤了别人的手臂，你会怎么道歉？

讨好型：请原谅我吧，我真的很笨！

指责型：天哪，我怎么会碰了你的胳膊！下次你把胳膊收好，这样我就不会碰到了！

超理智：我希望能向你道歉。我经过的时候无意中碰了你的胳膊，如果你的手臂受伤了，请联系我。

打岔型：咦，有人发狂了，一定是撞上了。

一致性：我不小心撞伤了你，非常抱歉，你这里很痛吧？

一致性沟通不意味着你不可以有隐私，恰恰相反，你不用扭扭捏捏地岔开话题，只需一致地说：“这个话题我现在还没有准备好谈。”最终，一致性的沟通让人感觉到你是可以信任的，他们愿意向你敞开心扉。

实际上很多人在面对不同的情景、不同的场合、不同的人时，会用不同的沟通方式。例如，一位妻子面对丈夫时可能更多的是指责型，而面对她的上司则经常表现为讨好型。如果能够把讨好型的“一味奉迎”改为“真诚的善意”，把责备型的“吹毛求疵”改为“坦诚的批评”，把超理智型的“没有人情味”改为“动之以情，晓之以理”，把打岔型那种“随意岔开话题”改为“灵活”“幽默”，那将会有更多的积极的沟通。

不管你的沟通模式是什么，你的家庭给了你怎样的影响，重要的是，只有当你意识到这些沟通模式时，才会加深对自己的了解，才可能主动去挖掘内在资源，不断增强内在自我的和谐，从而与别人有更真诚的交往。

课堂练习：

老婆好不容易精挑细选了一件衣服，老公却问老婆：“你今天为什么穿这种颜色的衣服？”不同的人有不同的沟通模式。男女同学扮演一下夫妻，尝试练习一下萨提亚的五种沟通模式，讨论怎么说更好。

讨好型：

指责型：

超理智型：

打岔型：

表里一致型：

你习惯使用哪一种行为模式？你觉得使用哪一种行为模式更好？尝试着说一说。

（四）启示

（1）听、说都重要。

（2）积极反馈。把对方说什么、心里想什么、心情是什么样的、感受是怎样的按照自己的理解反馈，并给对方支持、反馈、鼓励以及有效的建议。

（3）怎么表达很重要。

五、认知密码

（一）人际距离及规律

心理学实验

一位心理学家做过这样一个实验。在一个刚刚开门的大阅览室里，当里面只有一位读者时，心理学家就进去拿椅子坐在他或她的旁边。试验进行了整整80次。结果证明，在一个只有两位读者的空旷的阅览室里，没有一个被试者能够忍受一个陌生人紧挨自己坐下。在心理学家坐在他们身边后，被试者不知道这是在做实验，更多的人很快就默默地远离，到别处坐下，有人则干脆明确表示："你想干什么？"

这个实验说明了人与人之间需要保持一定的空间距离。任何一个人都需要在自己的周围有一个自己把握的自我空间，它就像一个无形的"气泡"一样为自己"割据"了一定的"领域"。当这个自我空间被人触犯就会感到不舒服，不安全，甚至使人恼怒。

就一般而言，交往双方的人际关系以及所处情境决定着相互间自我空间的范围。美国人类学家爱德华·霍尔博士划分了四种区域或距离，各种距离都与对方的关系相称。

1. 亲密距离

亲密距离是人际交往中的最小间隔或几无间隔，即我们常说的"亲密无间"，其近范围在6英寸（15.24厘米）之内，彼此间可能肌肤相触；其远范围是6～18英寸（15～46厘米），可能表现为挽臂执手，体现出亲密友好的人际关系。

就交往情境而言，亲密距离只能在私下情境中使用，即只限于在情感上联系高度密切的人之间使用，在社交场合，大庭广众之下，两个人（尤其是异性）如此贴近，就不太雅观。同性别的人，往往只限于贴心朋友，彼此十分熟识而随和，可以不拘小节，无话不谈；异性，只限于夫妻和恋人之间。因此，在人际交往中，一个不属于亲密距离圈子内的人随意闯入这一空间，不管他的用心如何，都是不礼貌的。

2. 个人距离

个人距离是人际间隔上稍有分寸感的距离，在此距离中人与人之间较少有直接的身体接触。个人距离的近范围为1.5～2.5英尺（46～76厘米），双方正好能亲切握手，友好交谈。这是与熟人交往的空间，陌生人进入这个距离会构成侵犯。个人距离的远范围是2.5～4英尺（76～122厘米）。任何朋友和熟人都可以自由地进入这个空间，不过，在通常情况下，较为融洽的熟人之间交往时保持的距离更靠近远范围的近距离（2.5英尺）一端，而陌生人之间谈话则更靠近远范围的远距离（4英尺）一端。

人际交往中，亲密距离与个人距离通常都是在非正式社交情境中使用的，在正式社交场合则使用社交距离。

3. 社交距离

社交距离已超出了亲密者或熟人的人际关系，体现出一种社交性或礼节上的较正式关系。其近范围为4～7英尺（1.2～2.1米）。一般在工作环境和社交聚会上，人们都保持这种程度的距离。例如，在一个外交场合，会谈座位的安排出现了疏忽，在两个并列的单人沙发中间没有放增加距离的茶几。结果，客人自始至终都尽量靠到沙发外侧扶手上，且身体也不得不常常后仰。可见，不同的情境、不同的关系需要有不同的人际距离。距离与情境和关系不相对应，会导致人出现心理不适感。

4. 公众距离

公众距离是公开演说时演说者与听众所保持的距离。其近范围为12～25英尺（约3.7～7.6米），远范围在25英尺之外。这是一个几乎能容纳一切人的“门户开放”的空间，人们完全可以对处于空间的其他人“视而不见”，不予交往，因为相互之间未必发生一定联系。因此，这个空间的交往，大多是当众演讲之类，当演讲者试图与一个特定的听众谈话时，他必须走下讲台，使两个人的距离缩短为个人距离或社交距离，才能够实现有效沟通。

（二）数字表示的人际距离及规律

1. 数字表示的人际距离

为了更形象地说明人际距离，有人使用（－4，－3，－2，－1，0，＋1，＋2，＋3，＋4）来阐述人际距离的规律。

0点：临界，两个相离的人，陌生的人，不认识的人，不熟悉，没什么关系的人。

经常在一个教室上课，刚见面，微笑示意一下，这表明有往下交往的意愿，是＋1点。交往后对方有比较大的认同，是＋2。在＋2的基础上发展成好朋友，彼此信任、接纳，有些秘密会吐露，但相对于＋4来说，这些秘密全都是无关紧要的。例如：昨天你和寝室里的人把你们最讨厌的人的鞋扔到外面去了，你们做了一件缺德的事，你的这个秘密不会和＋3的朋友说，但对你的恋人、关系好得不得了的人你会讲，相信对方绝对不会出卖你，这是＋4的朋友。

2. 人际距离的三个规律

（1）双向距离可能不等值。一般情况下，好朋友之间的距离是相等的，但有些情况下不等值。例如，我把你看成 +4 的朋友，你却把我看成 +3的朋友，这种不对等会影响人际关系，因为双方的期待不一样。例如，+4 的好朋友帮忙是不需要回报的，而 +3 的好朋友是需要回报的。

（2）对对方的认知距离和实际距离可能不等值。例如：某人认为对方对他来说是 +3 的朋友，但是对方对他是 +4 的朋友；或他认为对方对他是 +4 的朋友，实际上只是 +3 的朋友。

一男一女是大学同学，刚开始彼此印象非常好。男方认为我俩关系非常好，她和我在一起很高兴，一打电话她都高兴地接，叫她过来她每次都非常高兴地过来，我们天天在一起，我和她已经是 +4 的关系了，到表白的时候了。但表白之后，女方没有心理准备，马上走了，不搭理他了，认为"这个人太可怕了，怎能这么想呀，居然要和我谈恋爱"，并开始自我防御。这就是认知距离与实际距离不等值的表现。

在认知距离和实际距离不一致时，即你采取的行为对方接受不了时，对方会自我防御。聪明的男生解决这个问题的办法，就是退回去，保持原来的状态。

（3）即时距离和基础距离可能不等值。如果你俩很好，但吵一架后不说话了，就会导致即时距离和基础距离不一样。

课堂思考：

在人际交往中，你有没有与人发生误会，请反省一下是怎么回事？可不可以用上面的心理学理论来解释？

（三）启示

良好的沟通模式：

A：理解，我知道。

B：认同（英文 identity，意思是"买进来"）是在和你交往过程中发现你的观点我接纳、我接受，所以我买进来。

C：当你们俩拥有的共同的东西非常多时，你俩就成为好朋友了，这是正向关系。当你俩成为好朋友时，对方讲的东西哪怕没道理，你也容易觉得"对"，因为你认同了。你俩之间的认同越来越多，就会心有灵犀一点通。

六、非语言密码

课堂体验活动：

请 10 名同学来到黑板前面，按生日从大到小排队（除了不能说话，可以以任何方式沟通），然后，总结大家有什么非语言表现，包括肢体语言和表情。

美国心理学家方伯特的"体态效应"研究表明：人获得的信息 70% 来自文字，38% 来自语言，55% 来自体态语言。由此可见，体态语言的积极作用尤为重要。

（一）体态语言

体态语言也叫情势语言，指非语言的语言，如人的举止神态、面部表情、手势体姿和各种响声及物体表达的信息，包括听觉符号、视觉符号、触觉符号、嗅觉符号四大类。体态语言的作用包括：①辅助作用；②替代作用；③传情作用；④显示作用 。

（二）学会读懂交往对象的体态语言

1. **头部姿势**

侧向一旁，说明对谈话有兴趣；挺得笔直，说明对谈判和对话人持中立态度；低头，说明对对方的谈话不感兴趣或持否定态度。

2. **肩部姿势**

舒展，说明有决心和责任感；耷拉，说明心情沉重，感到压抑；收缩，说明在火头上；耸起，说明处在惊恐之中。

3. **腿姿**

跷起二郎腿，两手交叉在胸前，收缩肩膀，说明他已感到疲倦，如开会开腻了，对眼前的事不再感兴趣。

跷起的腿呈一个角度，表明这个人很执拗，性格刚强和好斗。如果他还双手抱膝，则说明谈话结果很难预料，因为这个人不会让步，口齿伶俐，反应快，很难说服他。

若一个人叉腿站着，说明他不自信，紧张而不自然。人们在一个陌生而不舒适的场合多半喜欢采取这种站姿。

4. **坐姿**

手脚伸开懒洋洋地坐在椅子上，说明此人相当自负，对谈话对象稍有些瞧不起。

骑在椅子上，说明他抱有敌意，或在寻衅。为了“解除”其斗志，你可以站到他的身后，或直接站到他面前，这一来他就不得不改变坐姿。

坐在椅子一角，身体前倾，这种人，不太自信，有几分胆怯。

5. **眼神**

人们常说：“一个目光表达了1 000多句话。”眼睛是心灵的“窗口”。常见的瞳孔语言如下：在表示反感和仇恨时，瞳孔缩小，还露出刺人的目光；睁大眼睛，则表明赞同和好感、有同情心和怀有极大的兴趣，高度兴奋。

一个人的目光中除了能表现亲密与疏远、权力与依赖的关系外，还能揭示出更多的东西。

上司说话时不看着你，说明他想用不重视来惩罚你；上司从上到下看了你一眼，则表明其优势和支配地位，还意味着自负；上司久久不眨眼盯着你看，表明他想知道更多情况；上司友好地、坦率地看着你，甚至偶尔眨眨眼睛，表明对你评价比较高；上司用锐利的眼光目不转睛地盯着你，则表明他在显示自己的权力和优势；上司只偶尔看你，并且当他的目光与你相遇后即马上躲避，这种情形连续发生几次，表明面对你，这位上司缺乏自信心。

如何判断视线接触的含义呢？正常交谈时双方视线应该保持经常接触。视线接触时间达到或多于2/3时，表示比较信赖或对你很感兴趣。如果对方心情紧张或者对你有所隐瞒，他和你的视线接触时间将少于1/3。人激动时瞳孔可以扩张到正常的4倍。当对方的瞳孔扩张时，表示他很兴奋；当瞳孔收缩时，表示他没有什么兴致。如果对方眼神不定，左顾右盼，说明他没有安心听你讲话。如果对方的眼睛炯炯有神，表示他精力旺盛，对你很关注。正常人一般1分钟眨眼6到8次。如果对方对你眨眼频繁，你得考虑一下，因为他很可能想暗示你该怎么做，比如立即中止当前话题等。说话时闭上眼睛最令人恼火。如果对方在你说话时闭上眼睛，表示他感到无聊或者自认有优越感。

6. **眉毛语言**

眉毛是配合眼的动作来表达含义的，但单用眉毛也能反映出人的许多情绪。

人们处于惊喜或惊恐状态时眉毛上耸，即通常所说的“喜上眉梢”；处于愤怒或气恼状态时，眉角下拉或倒竖，即通常所说的“剑眉倒竖”；眉毛迅速地上下运动，表示亲切、同意或愉快；紧皱眉头，表示处于困惑、不愉快、不赞同的状态；眉毛高挑，表示询问或疑问；眉宇舒展，表示心情舒畅。没有眉毛的脸十分可怕，因为它给人一种毫无表情的感觉。

7. **嘴巴语言**

人的嘴巴除了说话、吃喝和呼吸以外，还可以以动作反映人的心理状态：嘴巴紧抿，往往表示意志坚决；撅起嘴，是不满意和准备攻击对方的表示；遭到失败时，咬嘴唇是一种自我惩罚，有时也可表示自我解嘲和内疚的心情；注意倾听对方谈话时，嘴角会稍稍向后。

课堂体验活动：

你了解自己的非语言行为的特点吗？

两人一组，进行2~3分钟的交流，交谈的内容不限。然后，彼此说一下对方有什么非语言表现，包括肢体语言或表情。

第三节　大学生的宿舍人际关系

性格、地域、生活习惯、成长环境、经济背景等多方面的差异等，使得如今的大学寝室往往成为学生矛盾的聚集地与爆发地。宿舍关系一不小心会演变成为“危险关系”。因此，学校与学生需共同努力构建和谐宿舍关系。打造和谐的宿舍人际关系，除了学校应该高度重视大学生的人际关系培养外，从大学生的角度来看，需要做到以下几个方面。

一、求同存异

“求同存异”也是一门为人处世的学问，要允许别人的观点存在，每个人都不是十全十美的，要善于倾听，虚心学习别人身上的优点。每个人都有权坚持自己的生活方式，但是应以不妨碍他人为前提。要尊重个体间的差别，宽容彼此的缺陷与不足，取长补短，共同营造和谐的宿舍人际关系。引起宿舍关系不和谐的很重要的一个因素是我行我素，以自我为中心，忽略对方的感受。

二、言行得当

应当强化自身道德品质修养和言语行为习惯。“良言一句三冬暖，恶语伤人六月寒。”同样的目的，不同的说法往往会产生不同的效果。“我有个想法，想跟你探讨下……”“我不知道这样说对不对，我的理解是这样的……”“我想提出我的想法，你看看合不合适……”，这样的表述无疑是得体的。

言语行为运用得体，便能优化人际交往过程。应注意说话的对象、场合、分寸，用语不可过激，以免伤害他人自尊心而导致矛盾激化。应尽量冷静、委婉地利用一些人际交往技巧和人际冲突沟通技巧来表达自己的想法。

三、修炼内在素质

人际交往是个体能力、心理、思想与知识的整体作用。和谐的宿舍关系需要大家共同努力，做到相互让步、相互尊重、相互帮助，做到不讹传别人的短处，不凌辱他人，不刺探别人的隐私（不好奇），不抹煞别人的实力（不妒忌），不疏忽别人的小事（细心），不记恨别人的过错（心胸宽阔），要经常进行换位思考，最后达到自我完善。

阅读材料

别自私了，多考虑下别人———良好寝室人际关系是这样的

我们来自不同的天和地，相聚到一起不容易，同处一个寝室，我们应该好好珍惜这缘分，珍惜大学几年在一起的日子。

1. 寝室里如果其他人在学习，尽量不要读书或念书，或出声背单词。

2. 进寝室时，尽量轻声敲门、推门，即使你不是有意大声敲门，屋里的人也会感到不舒服。

3. 中午进别人寝室时，如果不是特别生疏，应象征性地轻声敲两下门，然后轻轻推门而入，如果午睡的同学被敲门声惊醒，对方会很不高兴；如果门是锁着的，还是等别人醒了再说吧！

4. 如果晚睡，提前把洗漱工作做好，这样就不会打扰别人。

5. 在寝室里学习，用完小学习桌，请轻声合上桌子腿儿，不要毫无顾忌硬生生地掰，那样响声真的很大。

6. 在别人休息时用电脑，如果可以，尽量轻声敲击键盘，能不用鼠标就不用鼠标，这样别人会很感谢你。

7. 晚上学习完，如果你有收拾书包的习惯，拉书包链时，尽量用手紧贴书包链，这样可以把声音降低到最小，当然，第二天早起再收拾是最好的了。

8. 在寝室里走动，尽量脚步轻一些，更不要在寝室里拍球、嬉戏，这样楼下的同学会很感激你，特别是休息时间。

9. 在别人休息时，轻轻地翻书而没有声音，说明你是一个很体贴的人。

10. 在别人休息时，不要吃苹果之类的咀嚼声很大的水果，或外包装是一动声音就很大的硬塑料的食品。

11. 打电话尽量去外面打，特别是有人在学习时或你会打很久时。接电话也尽量出了寝室门再接。

12. 寝室里的东西不用整理得特别整齐（检查卫生时就另当别论了），但要保证自己的东西不会给其他人造成困扰，不会影响别人走动。

13. 寝室是我们的家，如果有不高兴的事，可以说出来，大家帮你解决，如果你不习惯说出口，也不要把情绪都写在脸上，因为并不是室友惹你不高兴的，不能殃及别人。

14. 当我们回首一起相处的日子，更多的是感动，如果你能在细节处多为他人着想，相信你的好习惯和善良一定能在你以后的工作中帮到你很多。

（摘自525心理网）

小贴士

沟通与人际关系金科玉律——成为更友善的人

1. 不批评、不责备、不抱怨。
2. 真诚地赞赏与感激。
3. 引发他人心中的渴望。
4. 真诚地关心他人。
5. 经常微笑。
6. 姓名对任何人而言都是最悦耳的语音。
7. 聆听，鼓励别人多谈他自己的事。
8. 谈论他人感兴趣的话题。
9. 衷心让他人觉得他很重要。

10. 唯一能自争辩中获得好处的方法是避免争辩。
11. 尊重他人的意见，切勿对他说：你错了。
12. 如果是你错了，立即承认。
13. 以友善的态度开始。
14. 设法使他立即说“对，对。”
15. 多让他说话。
16. 让他觉得，这主意是他想的。
17. 真诚地试图以他人的角度去了解一切。
18. 同情他人的想法与愿望。
19. 诉求更崇高的动机。
20. 将你的想法做戏剧化的说明。
21. 提出挑战。
22. 凡事皆以真诚的赞赏与感谢为前提。
23. 以间接的语句指出他人的错误。
24. 先说自己的错在哪里，然后再指正他人的错误。
25. 用问问题来取代直接的要求。
26. 一定要顾及他人的面子。
27. 只要稍有改进，即给予赞赏。切记“嘉勉要诚恳，赞美要大方”。
28. 给他一个他愿意全力追求的美誉。
29. 多多鼓励。要让他觉得这过错很容易纠正。
30. 使他觉得照你的意见去做会很开心。

阅读材料

与“葛朗台”相处的学问

类型一：与你一起时总爱在“付出”上占便宜

形象素描：到了该买单时不是借机要打电话并借口太吵而远远跑开，就是口头上大方地表示由她出，结果在手袋里翻了半天也找不着钱包；还有更精明的，买两瓶矿泉水、一袋话梅等小钱她就抢着出，而让你支付吃饭、买票、打车等数额较大的消费开支。

你的软肋：你的豪爽与没有金钱观念是你与她一起时屡屡吃亏的原因；你与她的相处而形成的惯性也是你欲罢不能的误区所在。

应对支招：

（1）重建“相处模式”：如果你与她在相处之初就慷慨解囊、大包大揽，那么她的吝啬在很大程度上是被你“惯”出来的。那么要打破这一惯性，就必须重新建构你们的关系。一起消费时，你可只掏出自己应付的那部分钱交给服务生，剩下的部分就让服务生等着她拿吧；或是在你为某项消费买单之后，开玩笑似的跟她说“那下一项活动就该你请客了”，并在结账时坚持不往外掏钱包，不管她像以前那样磨蹭多久，你都耐心地等她。几次这样下来，你等于用行动在告诉她，你希望你们之间建立的是平等互利的关系，不想让自己成为“包干”者。

(2) 设立“共同消费基金”：如果你觉得当着外人的面两人各付各的一部分太生分，不妨在活动之前做个大概花销的预算，双方各拿出均等的钱来作为共同消费的基金，一个人管账，一个人付钱，然后在活动结束之后再清算退还。这种方式不伤面子与和气，也有效地避免了你独力承担的无奈。

(3) 以其人之道还治其人之身：在服务生来买单之前，火速逃离付账现场，借口诸如突然肚子疼、要去洗洗手等，总之等一刻钟之后再重返座位，让她不得不先付账，你回来后再付她一半，不要不好意思，戒急用忍，以此养成她自付的习惯。

类型二：经常找你“融资”，又往往“忘记”归还

形象素描：借的时候甜言蜜语，让你不忍拒绝，事后又装作大大咧咧或对你施以小恩小惠，让你对她无法生恨，一再借给她，而且拉不下面子向她催讨，她就这样心安理得地享受着你提供的“无息借款”甚至“无偿援助”。

你的软肋：耳根软、好说话且又忘性大，你屡屡懊悔不该借给她，下次又管不住自己，而且你太相信她的自觉度了。

应对支招：

(1) 要有“证据意识”：“健忘”也许是导致她借而不还的原因，因此借给她钱时最好有共同认识的人在场，更重要的是，你应该对她准备一份“借款清单”，分栏为时间、金额、借款人签名等，每次她开口向你“融资”的时候，就把这份清单拿出来，让她在后面续签，她看到前面还有那么多次尚未归还的欠款，可能就不好意思开口了。这份清单无言地提醒她，已经向你借了那么多次了，有许多笔该归还了！

(2) 表明自己的立场：你也许是出于好心，或是顾及面子而一再地借给她，而她也许在习以为常中把你的好心和善意当成了“应该”，也怪不得她会理所当然地一再把你当“提款机”了。你必须让她明白你的立场，人对人的帮助是一种热心而非义务，得到帮助的人要懂得适可而止。

(3) 设定“追讨期限”：你碍于面子不好意思要她还钱，只会助长她借而不还的气焰，你必须明白追还借款是自己的正当行为，也是应该的。你可以在心里为她的借款设定一个归还期限，比如一个月，如果逾期她还没有归还的意思或压根儿就没提起，你就有必要追偿了，比如委婉地告诉她，你最近手头上有点紧，能不能先把借的钱还了，或者约她一起逛街，在你事先看中的东西面前停下来，要付款时像恍然大悟似的跟她说：“你那次借的钱没还吧，要不就先帮我把这件东西的款付了，省得咱俩弄来弄去麻烦!”

类型三:东西非借不能用,“侵占”你的使用权

形象素描:书、衣服、电脑……她总是向你借这借那,好像你的东西就特别好用。结果,许多东西你还没来得及好好用,就先跑到了她那里。而你发现做这样的“旅行”的东西,种类是越来越多了。

你的软肋:往往碍于情面或听了她几句夸赞的话就把东西的“使用权”拱手让人。

应对支招:

(1)实行“有限借用”。给自己的东西规划一下可借用的范围,有些很私人化的用品应当排除在这个范围之外;同时,弄清楚哪些是自己正在使用的或经常要用到的东西,这些也不应属于可以借给她的范畴,除非她只是即时地用一下。

(2)学会使用“挡箭牌”。可以礼貌地说:“你要是早说就好了,这个东西已经被别人借走了。”或者说:“很抱歉,我已答应了借给别人。”你甚至可以言之凿凿地说出一个明确的名字来,最好这个人是她不认识的,以免穿帮。

(3)对自己的东西“举止言敛”。很多时候她之所以会一再地向你借东西用,主要是因为她对你有哪些东西实在是太熟悉了!因此,你有必要对自己的物品设立一个“信息防线”,而这个防线最牢固的堡垒就是你自己的嘴巴,只要你自己不经常向外公布又添了哪些好东西,她又怎么会知道呢?

(4)让她明白“投之以桃,报之以李”。如果你不愿让她觉得你这里是她的“物品供应基地”,就应该用行动让她明白互动才是相处之道。你可以留心她有哪些东西是被她夸赞过的,找个机会向她表明要借用,这样一来一往,才会在你们之间建立和谐的相处模式,并使她知道借用别人的也是有限的。

心理测试

解决人际冲突能力自测

1. 如果你被人误解做了某件不好的事情,你将怎么办?(　　)

A. 找他们对质,指责他们

B. 同样捏造莫须有的事加在对方头上

C. 置之一笑,不去理睬

D. 要求老师调查,弄清事实真相

2. 要是你与同学产生了矛盾,关系紧张起来,你将怎么办?(　　)

A. 他不理我,我也不理他;他若主动招呼我,我也招呼他

B. 请别人帮助,调节我们的紧张关系

C. 从此不再答理他,并设法报复他

D. 我将主动去接近对方,争取消除矛盾

3. 如果你的父母之间关系紧张，你将怎么办？（ ）
A. 谁厉害倒向谁一边
B. 采取不介入的态度，不得罪任何人
C. 谁正确就站在谁一边
D. 努力调解两人之间的关系
4. 如果有一天需要你去处理某件事，可能会得罪你的两个好朋友，你将怎么办？（ ）
A. 向他们两个说明这件事的性质，想办法取得他们的谅解，再处理这件事情
B. 瞒住他们悄悄把这件事情做完
C. 事先不告诉他们，事后再告诉得罪的一方
D. 为了不得罪他们两个，宁可承受压力，也不去做这件事
5. 如果你的朋友和你发生了严重的意见分歧，你将怎么办？（ ）
A. 暂时避开这个问题，以后再说
B. 请与我俩都亲近的第三者确定谁是谁非
C. 为了友谊，迁就对方，放弃自己的观点
D. 下决心中断我们之间的朋友关系
6. 当别人嫉妒你所取得的成就时，你将怎么办？（ ）
A. 以后再也不“冒尖”了
B. 走自己的路，不管别人以什么态度对待我
C. 同这些嫉妒者争吵以保护自己的名誉
D. 一如既往地学习和工作，但同时反省自己的行为
7. 如果你的父母老是为一些小事争吵不休，你准备怎么办？（ ）
A. 根据自己的判断，支持其中正确的一方
B. 尽量少回家，眼不见、心不烦
C. 设法阻止他们争吵
D. 威胁他们如果再争吵就不认他们为父母了
8. 如果你的好朋友虚荣心太强使你很看不惯，你将怎么办？（ ）
A. 检查一下对方的虚荣心是否与自己有关
B. 利用各种机会劝导他
C. 听之任之随他怎么做，以保持良好的关系
D. 只要他有追求虚荣心的表现，就和他争吵
9. 如果你对某一问题的正确看法被老师否定了，你将怎么办？（ ）
A. 向学校领导反映，争取他们的支持
B. 消极行事，以发泄自己的不满
C. 一如既往地认真学习，找恰当机会与老师沟通
D. 同老师争辩
10. 如果你同朋友在假日活动的安排上很不一致，你准备怎么办？（ ）

A. 双方意见都不采纳，另外商量双方都不反对的计划
B. 放弃自己的意见接受朋友的主张
C. 与朋友争论，迫使朋友接受自己的意见
D. 到时自己单独活动，不和朋友在一起度假了

评分和解释

根据下面的表格，将各题的得分相加，统计总分。

选项＼题号	1	2	3	4	5	6	7	8	9	10
A	1	1	0	3	3	0	1	2	2	2
B	0	2	1	1	2	2	0	3	1	3
C	3	0	2	2	1	1	3	0	3	0
D	2	3	3	0	0	3	2	1	0	1

你的得分是多少？
总分为 0 ~ 6 分，表明你处理人际冲突的能力很弱；
总分为 7 ~ 12 分，表明你处理人际冲突的能力较弱；
总分为 13 ~ 18 分，表明你处理人际冲突的能力一般；
总分为 19 ~ 24 分，表明你处理人际冲突的能力较强；
总分为 25 ~ 30 分，表明你处理人际冲突的能力很强。

技能训练室

全班每 3 人分成一组，每个小组准备一张白纸，用头脑风暴的办法列举出会激怒别人的话语，如“不行”“这是不可能的”等，并写一个一分钟的剧本，其中要尽可能多地出现那些激怒人的话语。每两组配对进行游戏，分别将自己小组写的激怒话语和剧本演示给对方看，看看是否能激怒对方。

评分标准：每个激怒性话语按激怒程度不同给 1 ~ 3 分。如果能让被激怒方对激怒话语表现出真诚、合作的态度，另外加 5 分。

（1）最容易激怒你的话语是什么？
（2）平时，当你无意间说了一些激怒对方的话，你认为该如何挽回？

快乐自习室

1. 思考题：请根据本节课讲述的内容，反思和评估自己的人际关系状况，并为自己设计一份改善人际沟通方式、建立和谐人际关系的行动方案。

2. 选择一个你经历过的冲突故事，现在设想一下如果可以重新来过，你将会如何处理？有可能获得“双赢”的结果吗？

冲突事件：

当时的处理方法：

对双方造成的影响：

如果可以重新来过，我将怎么做？

第八章
谈情说爱
——把握你的爱情航线

本章提要

本章主要让学生了解自身性心理的发展、了解恋爱的本质，认识到在性心理和恋爱过程中存在的问题，同时教会学生解决这些问题的办法，形成正确的恋爱观。

点亮心灯

爱情是什么?

上帝在创造人后曾三次来到人间。

第一次，上帝在地球上播下有生命的种子，并把土地分给一个男人和一个女人，教会他们延续自己的后代，生出和自己同样的人。

一年后，他看见一对男女坐在小棚子旁边，身旁的摇篮里睡着一个婴儿，这对男女时而望望天空，时而又彼此看看，就在这一瞬间，他们的眼神又碰在一起，上帝在他们身上看见了一种不可思议的美和一种从未见过的力量。这种美远远超过蓝天和太阳、土地和长满小麦的田野。总之，比上帝所制作和创造的一切都美，这种美使上帝颤抖、惊异，以至惊呆了。

他向大天使加弗利尔问道："这是什么?"天使回答："这就是爱情!""爱情是什么?"上帝问。大天使加弗利尔耸耸肩，他无法解释。"那好吧，我要处罚你们，从即刻开始，你们要变老，你们生命的每一小时，都要消耗一点你们的青春和精力。50年后，看看你们眼神里表现的是什么!"上帝愤怒了。

第二次，上帝看见了一座非常好的小木屋代替了原来的小棚子，儿子们耕种，女儿们在收割，孙子们正在绿草上玩耍，木屋前坐着一个老头和一个老太太，他们时而望望天空，时而又彼此看看，上帝从他俩的眼神里看见了更加美丽和更加强大的力量，而且好像又增加了新的东西。"这又是什么?"大天使加弗利尔回答："这是忠诚。"但是他还是无法解释什么叫忠诚。"人，你们竟然没有老多少，那好吧，你们的日子不长了，以后我再来，看你们的爱情变成什么样子。"

第三次，上帝和天使又来了，他看见男人坐在小山坡上，一双眼睛呈现出非常忧虑的神色，但男人"非常忧虑"的神色中仍然表现出不可思议的美和力量，已经不仅仅是爱情和忠诚，而是蕴藏着一种新的东西。"这又是什么?""那是'心头的记忆'。"天使回答。

面对这麦田和红色的朝霞，上帝看见，金色的麦田旁边站着一些青年，他们时而望望布满朝霞的天空，时而又彼此看看……上帝站了很久，看着他们，然后深深地沉思着走了。从此，人就成了地球上的上帝了!

课前互动：

"show"你的爱情故事

在你的记忆中，最打动你的爱情故事是什么？请你说出来和大家分享。请注意，一定要说出故事中到底是什么打动了你。

爱情是什么?

化学家说：是人体中产生的一种化学物质。

物理学家说：是两个导体中的电流，在同一处相通。

生物学家说：是生物体繁衍后代的本能。

神学家说：是小爱神发出的金箭，射中了某个人的心房。

天体学家说：是两个天体脱轨后的碰撞。

哲学家说：是建立在共同理想、信仰上的非阶级性情感。

课堂体验活动：学生谈“爱情”

请静静地思考一下“爱情”是什么？并在白纸上写出5条你所认为的爱情的实质，如爱情是需要、关怀……（请更关注那些直觉的、第一印象的内容，而非理性思考的内容和感受！）

以性为基础的“爱情”，不是羞涩的话题，而是一种正常的心理现象。

目前，大学生的年龄多数在18～22岁，处于青春期，生理发育基本成熟（性生理成熟），性生理成熟是极为广泛的整个生理机能的变化，它不仅包括身高、体重等外形上的成熟，还包括内分泌腺的变化和神经系统等诸器官的发达。直接影响性生理成熟的是脑垂体前叶分泌的性激素，性激素的激活唤醒性意识，性意识的萌发产生对异性的相吸、爱慕和吸引。以性为基础的爱情不是羞涩的话题，而是一种正常的心理现象。

第一节　大学生性心理的发展

一、性心理内涵

所谓性心理，是指在个体性生理成熟的基础上所形成的与性特征、性欲、性行为有关的心理状况和心理过程，简而言之，就是与性生理、性行为有关的心理现象。它包括围绕性欲望、性冲动、性行为、性满足而产生的认知、情感、需要和经验等心理活动。

二、大学生性心理的特点

大学生是青年中的一个独特群体，从生理上说，他们已经发育完全，然而他们还没有走向社会，在心理上并未成熟，他们在性心理方面表现出如下几个特点。

（一）本能性和朦胧性

大学生尤其是低年级的大学生的性心理，是一种由于生理上的急剧变化带来的本能作用，他们开始关注异性，对异性产生浓厚的兴趣、好感和爱慕，这只是对异性的本能反应。由于受传统观念和我国学校性教育缺乏的影响，性的问题一直被蒙上一层神秘的面纱。因此，大学生由生理变化带来的性意识的萌动还很朦胧，在朦胧纷乱的心理变化中，性意识将逐渐强烈并日渐成熟。

（二）强烈性与动荡性

随着性生理的成熟，大学生往往出现强烈的性欲望和性冲动，这是身体发育中的正常生理和心理现象。他们希望接近异性，迫切希望与异性交往，以得到性的生物性满足，但是迫于现实压力，又不能随时释放内心的冲动。而且青年期是人的一生中性能量最旺盛的时期，但由于许多大学生的性心理还不成熟，尚未形成稳固的、正确的性道德观和恋爱观，自控力较差，因而他们的性心理容易受外界不良的影响而动荡不安。

（三）矛盾性和压抑性

大学生在与异性接触的过程中，内心往往充满矛盾。有的想把成绩搞上去，又难以从与异性交往的误区中解脱；有的表面上无动于衷、故意回避，但实际却十分想有性体验。内心的矛盾往往会产生强烈的压力感。现实生活中五花八门的性信息的传播，使一些大学生的性意识受到扭曲，甚至有变态的行为表现出来，如“厕所文学”“课桌文学”，以及窥阴癖、恋物癖等；还有一部分学生对性持无所谓和放纵的态度，多性伴侣、一夜情等行为被他们所接受，导致他们精神空虚，情趣低下，甚至发生性过失、性犯罪。

（四）男女性心理的差异性

大学生的性心理因性别不同而存在着明显差异。在对异性的关注上，男性较注重女性的容貌、胸部和体形，女性较注重男性的五官、身高和风度；在对异性感情的流露上，男性表现得外显和热烈，女性则表现出惊慌、羞涩和不知所措；在表达方式上，男性比较主动和直接，女性则更多地出于自尊采取暗示的方式；在性冲动上，男性的性冲动容易被视觉刺激所唤起，女性则在听觉、触觉的刺激下容易产生性兴奋；在性驱动力上，男性增长迅速且难以压抑，女性的性驱动力则较散漫和朦胧，性冲动很容易被转移或被掩饰，以其他形式表现出来。

三、大学生常见的性心理困扰

（一）性体相带来的心理困扰

已经进入青春期的大学生，男女生的体相发生了很大的变化。几乎所有的男生都希望自己身材高大，体魄健壮，音调浑厚，拥有男性魅力，以吸引女性的注意；而女生几乎都希望自己容貌美丽，身材苗条，乳房丰满，音调柔美，来显示女性魅力，以吸引男性的关注。然而，这些希望只是我们心目中的理想情况，绝大部分同学都不会拥有近乎完美的体相。因此，有些同学因为自己的身材太矮或太胖而自卑，有些同学觉得自己的阴茎或乳房太小而感到焦虑，甚至还有些同学为自己的声音不符合心意而烦恼。

（二）性生理成熟带来的心理困扰

遗精是指男性在无性交状态下的射精现象，是青春期男子常见的正常生理现象，“精满则自溢”，是性成熟的标志。由于受传统观念的影响，不少人认为遗精会失去身体的精华、伤元气、肾亏，因而一有遗精，有些男生便感到焦虑不安，惊恐失措。这种不良心态和情绪，会严重影响大学生的正常学习、生活和身体健康，容易产生不良后果。

月经来潮是女性进入青春期的标志，是正常的生理现象。女性的月经期及来月经的前几天是女性生理曲线的低潮期，身体的耐受性、灵活力下降，易疲劳、感冒。同时，有些女性容易产生情绪波动。如果遭遇较大的压力，甚至会引起痛经、闭经。因此，女大学生经期的生理和心理卫生是一个不容忽视的问题。

（三）性意识带来的心理困扰

年龄处于 18 ~ 22 岁的大学生，就其生理和心理发展过程而言，已经进入了性生理成熟和性心理趋于成熟的阶段。因渴望异性而有时想到“性”，甚至产生性幻想、性梦等心理活动都属于正常现象。

性幻想，又叫性的白日梦，是指在某种特定因素诱导下，自编、自导、自演与性行为的内容有关的心理活动过程，如幻想在日常生活中不能实现的与异性约会、接吻、拥抱、性交等活动。这是青春期常见的一种自慰行为，是一种正常的、普遍的心理反应。当大学生与异性交往的强烈渴求不能实现时，性幻想就有可能发生。

性梦是指在睡眠状态中所做的以性内容为主的梦。处于青春期的男女，做性梦是很正常的，可以通过梦的方式部分满足自己白天被社会规范限制的性冲动，从而缓解性紧张。有的大学生在脑子里出现一些与性相关的想法、念头时，会很自责和焦虑，这是大可不必的。但是有的大学生性幻想或性梦过于频繁，整天沉溺其中，甚至把幻想、梦当成现实，那就会成为病态，有碍于自己的健康成长。

（四）性行为失当的困惑

一般来说，性行为可以分为广义和狭义两种。广义的性行为是指与性有关的活动，如拥抱、接吻、爱抚等；狭义的性行为则特指性交。恋人之间有些比较亲昵的行为是正常的，也是被我国的道德文化所认同的。但是，过多地沉湎于身体亲昵，使性行为失去控制，必然会给今后的生活带来一定的负面影响，也会给自己带来很大的心理困扰和负担。

课堂体验活动：开一场小型辩论会，讨论大学生婚前性行为

正方：	大学生婚前可以有性行为 两情相悦是可以的	天赋人权，别人无权干预； 有利于稳定两个人的关系……
反方：	大学生婚前不可以有性行为 影响学习，分散精力	经济上尚未独立，无法承担相应的责任； 因为缺乏理性而难免发生悲剧（婚姻、自杀）； 不利于建立纯洁而真挚的感情……

四、大学生性心理问题的调适

（一）掌握科学系统的性知识，消除不良性认知

大学生自身应主动获取健康的性知识，培养从杂志、网络信息中获取有益的性知识的能力。高校作为专门的教育机构，肩负着对大学生进行有效的性教育的艰巨任务。但在目前，学校课程涉及这方面知识的并不多。所以，高校要明确正确性教育的内涵、目的，切实关注大学生的生理和心理发展变化，大胆尝试，勇于创新，将特色活动与科学教育相结合，对大学生进行性心理教育。

（二）塑造高尚的性人格

性人格是人类个体在性方面做人的原则。大学生应在实际生活中逐渐树立高尚的性人格，即自愿、相爱、忠贞、合法、私密和安全。

（三）积极调控自我，恢复心理平衡

1. 悦纳自己的性体相

（1）积极改善——针对可塑造部分。男生的可塑部分为体形和吸引力。要想体形健美，可大强度、长时间坚持锻炼，如可去健身房举哑铃，可到户外进行杠上运动；增强吸引力，从完善内在入手，朝宽容、大度、智慧、幽默等方面努力。女生的可塑部分为面容和体形。去斑、去痘应到正规医院、美容院寻求帮助；减肥的最好方法是运动，药物减肥、开穴减肥容易反弹，副作用大。

（2）乐观悦纳——对不可塑造部分。个子矮改变的可能性较小，年龄小、发育晚者除外（忌吃药等，要多喝牛奶、多运动、睡眠充足）。

2. 积极参与异性间的正常交往

要大方而潇洒地与异性交往，男女交往有利于性压抑的缓解，有助于培养大学生健康的情感，调节深层的本能，使之趋于高尚。但是，在与异性的交往中，要注意摆脱低级趣味，不要限于身体的吸引，尤其是不要与庸俗的异性接触，避开一些人在物质、精神、肉体等各方面的诱惑。正确处理学习与爱情的关系，顺其自然地处理两性关系。那种为了满足自我的需要而刻意去追求，甚至不顾一切地坚持恋爱至上的做法，是不可取的。大学生之间正常交往可以满足自己的心理需要，达到性心理平衡。

3. 正常宣泄

对男生来说最好的调适方式是剧烈运动，可使关于性的紧张感得到较好的缓解。适当地进行自慰来发泄不应受到谴责，当事人也不必自责。做运动的发泄毕竟和性的发泄不是一种性质，并不能完全替代。

4. 性升华

性升华是指用一种积极的、高尚的、能为社会所接受的冲动或方法取代性欲，转移性欲，如增加生活内容，全身心地进行学习，投入各种学习培训，自学一些技能，培养各种兴趣爱好，从事绘画、创作，开展劳动、社会交往、旅游等，使性欲望和性冲动得以转移，使性情感得以平衡。

5. 主动进行心理咨询

大学生可以有针对性地进行心理咨询，可以在老师的指导下开展心理训练，以从容地接受和处理各种心理压力，缓解、减轻以至消除性心理中出现的矛盾冲突，消除性心理困惑，恢复心理健康。

第二节 爱情概述

到底什么是真正的爱情？它的实质是什么？它有哪些特征呢？

一、爱情的定义

爱情是世界上最复杂的情感现象，几乎所有的文化中，最美丽的故事和传说都离不开爱情。从心理学角度是这样描述爱情的：爱情是一对男女逐渐建立在性需要基础上的一种强烈的内心情感体验，是基于一定的社会关系和共同的生活理想，在各自内心中形成对对方的最真挚的倾慕，并渴望对方成为自己终身伴侣的最强烈的感情；是两颗心灵相互向往、吸引，达到精神升华的产物；是人类特有的一种高尚的精神生活。

二、真爱的特征

（1）互爱性。相爱，不是一个人的事，真爱其实就是两个灵魂的相遇。在爱的关系中，男女双方有一种默契，有共同的期盼。男女双方在地位上是完全平等的，不存在依附和占有关系。爱情不是私欲，也不等同于同情或怜悯。

（2）排他性和专一性。双方在感情上和性关系上都忠贞专一，不与任何第三者分享。但这并不意味着对他人的排斥和漠不关心，与他人（异性）建立友谊是正当和正常的。

(3) 无私性。真爱，不会在乎对方给自己带来多少物质上的享受，只会考虑自己为对方奉献了多少。爱情的基本倾向是奉献，是给予的激情，衡量一个人对异性有无爱情、强度如何，可以通过“是否发自内心帮助所爱的人做其期待的所有事情”来衡量。童话《海的女儿》中的小美人鱼为了爱情宁愿自己变成泡沫，也不愿意杀了所爱的人，爱情就是关键时刻牺牲自己保护所爱之人。

(4) 成熟性。青春期以前的孩子没有爱情，那是模仿。早恋多数是因为家庭缺乏温暖，寻找关心或学习压力过大，寻求理解等。

(5) 相异性。狭义的爱情专指异性恋，不含同性恋（以前持反对态度，现在越来越宽容，已从精神病学中剔出）。

(6) 生理性。真正的爱情不是纯粹精神上的依恋，是有生理需求的。两性关系三因素：性爱是生理基础，遵循快乐原则；爱情是灵魂（精神生活），遵循理想原则；婚姻是社会生活，遵循现实原则。

三、爱情的心理实质

在对爱情的众多研究中，美国著名心理学家、耶鲁大学的斯滕伯格教授提出的爱情成分理论，即“爱情三因论”，揭示了爱情的本质。“爱情三因论”认为人类的爱情虽复杂多变，但基本上是由三种成分组成：①动机成分。与“性”相关的动机驱力以及相应的诱因，如异性之间的身体、容貌等，属于爱情的动机成分，也称为动机元素，表现为强烈地渴望与对方结合，殷切希望相互日夜厮守，分离时强烈思念等，常以亲吻、拥抱、爱抚等性行为来传达激情。②情绪成分。与伴侣间心灵相近、互相契合、互相归属的感觉是亲密，属于爱情的情感成分或叫元素，包括亲近、接纳、沟通、支持、鼓励等心灵上的默契。它是由刺激引起的身心激动状态，如喜、怒、哀、惧等，即所谓酸甜苦辣的爱情滋味。③认知成分。爱情中的认知作用，对情绪与动机两种成分而言，是一种控制因素。如果将动机与情绪分别视为电流与火花，认知就是开关或调节器，它可斟酌爱情之火的热度予以适度调节。认知成分是一种控制因素，是爱情中的理智层面（承诺、责任），它是一种认知元素，是维持关系长久的动力，它体现于忠诚、亲密、患难与共的关系中，是男女双方以身相许关系持久化的原动力。

按照斯滕伯格的观点，虽然两性间的爱情形式因人而异，但其实都是由这三种成分以某种方式的混合来演绎的。他进一步将动机、情绪和认知各自在两性间发生的爱情关系称为热情（激情）、亲密与承诺，即以动机为主的两性关系是热情、激情的，以情绪为主的两性关系是亲密的，以认知为主的两性关系是承诺、守约的，如图 8－1 所示。

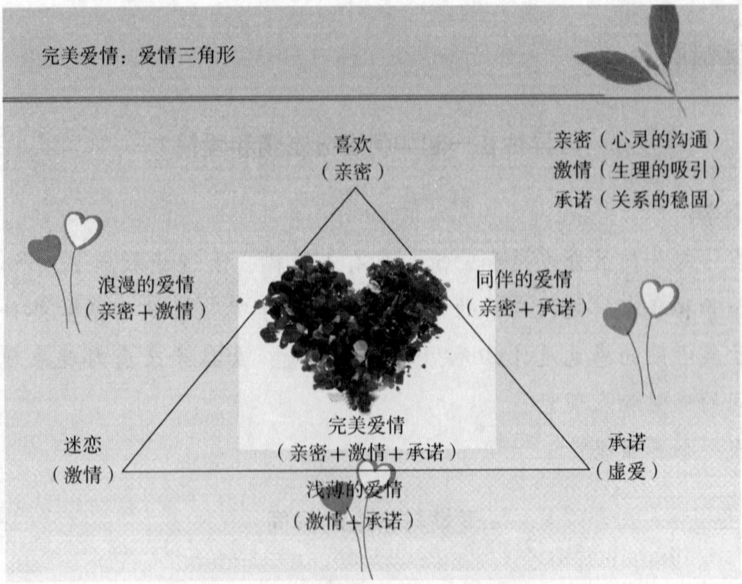

图 8-1 斯腾伯格“爱情三因论”

三种成分的不同结合，便得到八种不同类型的爱情。

（1）无爱。如果亲密、激情和承诺都缺失，爱就不存在。两个人也许仅仅是熟人而不是朋友，彼此的关系是随便的、肤浅的、没有承诺的。

（2）喜欢。当亲密程度高但激情和承诺非常低的时候，会产生喜爱。喜爱发生在有着真正的亲近和温暖的友情中，但不会产生激情，也不一定愿意厮守终身。

（3）迷恋。迷恋中有着强烈的激情，但缺乏亲密和承诺，当人们被不太熟悉的人激起欲望时会有这种体验。

（4）空洞的爱。没有亲密或激情的承诺就是空爱。

（5）浪漫的爱。当程度高的亲密和激情一起发生时，人们体验到的就是浪漫的爱。一种看法认为浪漫的爱是喜爱和迷恋的结合。人们常常会对自己的浪漫关系做出承诺，但斯腾伯格认为承诺并不是浪漫的爱的典型特征。

（6）伴侣的爱。亲密和承诺结合形成对亲密伴侣的爱，可以成为友伴的爱。亲近、交流和分享伴随着对关系的充足的投资，双方努力维持深度而长期的友谊。这种类型的爱会集中体现在长久而幸福的婚姻中，虽然年轻时的激情已渐渐消失。

（7）愚昧的爱。缺失亲密的激情和承诺会产生一种愚蠢的体验，叫作虚幻的爱。这种爱会发生在旋风般的求爱中，在势不可挡的激情中两个人闪婚，但对彼此并不很了解或喜爱。在某种意义上，这样的爱盲目迷恋，风险很大。

（8）完美的爱。最后，当亲密、激情和承诺都以相当的程度同时存在时，人体验的是“完全的”或称作圆满的爱。

课堂思考：闭上你的眼睛，想想你的爱情是什么样子。

阅读材料

与异性在一起如何区分友情和爱情?

求助者小李:

与异性在一起如何区分友情和爱情，我有点迷糊，太过于敏感了，所以常常弄错，很尴尬。女孩子和我在一起，友情的感觉是什么样子呢?喜欢的感觉是什么样子?如果是友谊，于我于她的感觉是什么呢?如果是爱情，女孩子又有哪些表现呢?于我于她有哪些不同的感觉和表现呢?

你能给我一个答案吗?

爱情与喜欢的异同

A. 依恋

卷入爱情的双方在感到孤独的时候，会高度特异性地寻找对方来伴同或宽慰，而喜欢的对象没有同样的作用。

B. 利他

利他即无私。爱情可赴汤蹈火，在所不惜，而喜欢做不到。

C. 亲密

亲密意味着生理性恋爱，双方不仅有高度的情感依赖，而且会有身体接触的需求。它是二者很重要的区别。(身体的反应永远比思维快。)

D. 持久性

对爱情的珍惜体现在，不因对方的健康、地位等发生变化而改变感情，而应该在对方最需要自己的时候给予鼓励和慰藉。爱情所包含的感情因素和义务因素贯穿于恋爱过程和婚后夫妻生活及家庭关系之中。

友谊和爱情的异同

支柱不同：友谊的支柱是理解，爱情的支柱是感情。

地位不同：友谊的地位是平等，爱情的地位是一体化。

系统不同：友谊的系统是开放的，爱情的系统是关闭的。

基础不同：友谊的基础是信赖，爱情则纠缠着不安和期待。

心境不同：友谊充满“充足感”，爱情则充满“欠缺”。

第三节　大学生爱情中常见的心理困惑及应对

一、大学生吸引异性的人格特质

课堂体验活动一：他（她）会喜欢怎样的我？

目的：让学生了解异性，思考自己需要怎样的伴侣，并培养自己成为一个能对别人做出终身承诺且成功兑现的人。

准备：白纸、笔、黑板。

操作：先请学生仔细思考自己未来的伴侣会是什么样子，他（她）有什么样的品质，再猜测对方会喜欢什么样子的异性，自己具有什么样的特点，将这些内容写在一张纸上。然后分别找出几位男生和女生的代表，男生说出自己喜欢的异性的特点和猜测异性喜欢男生哪些特点，女生则反之，并在黑板上写出来。总结吸引异性的人格特质有哪些。

男性吸引异性的人格特质有________________________________

女性吸引异性的人格特质有________________________________

假设将上述总结出来的吸引异性的特质列入拍卖单。每人拥有100万，起价10万，每次加价至少1万。团体领导者逐一出示价值观拍卖单中的要素，进行拍卖。分享感受。

阅读材料

爱怕什么

爱挺娇气、挺笨、挺糊涂的，有很多怕的东西。

爱怕撒谎。当我们不爱的时候，假装爱是一件痛苦而倒霉的事情。假如被人识破，我们就成了虚伪的坏蛋。你骗了别人的钱，可以退赔，你骗了别人的爱，就成了无赦的罪人。假如别人不曾识破，那就更惨。除非你已良心丧尽，否则便要承诺爱的假象，那心灵深处的绞杀，永无宁日。

爱怕沉默。太多的人以为爱到深处是无言。其实，爱是很难描述的一种情感，需要详尽的表达和传递。爱需要行动，但爱绝不仅仅是行动，语言和温情的流露也是行动不可或缺的部分。我曾经和朋友们做过一个测验，让一个人心中充满一种独特的感觉，然后用表情和手势做出来，让其他不知底细的人猜测他的内心活动。出谜和解谜的人都欣然答应，自以为百无一失。结果，能正确解码的人少得可怜。当你自觉满脸爱意的时候，他人误读的结论千奇百怪，比如认为那是矜持、发呆、忧郁……

爱怕犹豫。爱是羞怯和机灵的，一不留神它就吃了鱼饵闪去。爱的初起往往是柔弱无骨的碰撞和翩若惊鸿的引力。在爱的极早期，就敏锐地识别自己的真爱，是一种能力，更是一种果敢。爱一桩事业，就奋不顾身地投入。爱一个人，就斩钉截铁地追求。爱一个民族，就挫骨扬灰地献身。爱一种信仰，就至死不悔。

爱怕模棱两可。要么爱这一个，要么爱那一个，遵循一种“全或无”的铁则。爱，就铺天盖地，不遗下一个角落。不爱就抽刀断水，金盆洗手。迟疑延宕是对他人和自己的不负责任。

爱怕沙上建塔。那样的爱，无论多么玲珑剔透，潮起潮落后，遗下的只是无珠的蚌壳和断根的水草。

爱怕无源之水。沙漠里的河啊，即使不是海市蜃楼，波光粼粼又能坚持几天？当沙暴袭来的时候，最先干涸的正是泪水积聚的咸水湖。

爱怕假冒伪劣。真的爱也许不那么外表光滑、色彩艳丽，没有精致的包装，没有夸口的广告，但是它有内在的质量保证。真爱并非不会发生短路与损伤，但是它有保修单，那是两颗心的承诺，写在天地间。

爱是一个有机整体，怕分割。好似钢化玻璃，据说坦克轧上也不会碎，可惜它的弱点是宁折不弯，脆不可裁。一旦破碎，就裂成了无数蚕豆大的渣滓，流淌一地，闪着凄楚的冷光，再也无法复原。

爱的脚力不健，怕远。距离会漂淡彼此相思的颜色，假如有可能，就靠得近一点，再近一点，直到水乳交融、亲密无间。万万不要人为地以分离考验它的强度，那样你也许后悔莫及。尽量地创造并肩携手、天人合一的时光。

爱像仙人掌类的花朵，怕转瞬即逝。爱可以不朝朝暮暮，爱可以不卿卿我我，但爱要铁杵磨成针，恒远久长。

爱怕平分秋色。在爱的钢丝上不能学高空王子，不宜做危险动作。即使你摇摇晃晃，一时不曾跌落，也是偶然性在救你，任何一阵旋风都可能使你飘然坠毁。最明智最保险的是赶快从高空回到平地，在泥土上留下深深脚印。

爱怕刻意求工。爱可以披头散发，爱可以荆钗布裙，爱可以粗茶淡饭，爱可以风餐露宿。只要一腔真情，爱就有了依傍。

爱的时候，眼珠近视散光，只爱看江山如画。耳是聋的，只爱听莺歌燕舞。爱让人片面，爱让人轻信。爱让人智商下降，爱让人一厢情愿。爱最怕的，是腐败。爱需要天天注入激情的活力，但又如深潭，波澜不惊。

说了爱的这许多毛病，爱岂不一无是处？

爱是世上最坚固的记忆金属，高温下不融化，冰冻不脆裂。造一艘爱的航天飞机，你就可以驾驶着它，遨游九天。

爱是比天空和海洋更博大的宇宙，在那个独特的穹窿中，有着亿万颗爱的星斗，闪烁光芒。一粒小行星划下，就是爱的雨丝，缀起满天清光。

爱是神奇的化学试剂，能让苦难变得香甜，能让一分钟永驻成为永远，能让平凡的容颜貌若天仙，能让喃喃细语压过雷鸣电闪。

爱是孕育万物的草原。在这里，能生长出能力、勇气、智慧、才干、友谊、关怀……所有人间的美德和属于大自然的美丽天分，爱都会赠予你。

在生和死之间，是孤独的人生旅程。保有一份真爱，就是照耀人生得以温暖的灯。

（摘自毕淑敏《爱怕什么》）

二、影响大学生爱情的因素

课堂体验活动一：故事结局构想

目的：通过活动协助学生体会影响爱情的因素有哪些。

故事：贾小宝从西部一个偏远的地方考到北京上大学，刚开始时很新鲜。但过一段时间后感到城里学生懂的好多东西自己都不懂，显得有点格格不入，于是感到孤单、寂寞，这时正好遇到了同级同学张咪咪（城里人），贾觉得张很活泼、可爱，对她有好感，张觉得贾很深沉，于是两人渐渐谈起恋爱……

操作：请每个同学对故事的结局进行设想，看看爱情会受到哪些因素的影响？

1. 物质方面（经济因素）

通俗来说就是车子、房子、票子……爱情可能会受到它们的影响。

2. 父母方面

父母都希望自己的子女婚后的生活超级美满，他们会根据自己的生活阅历、生活经验来判断你的爱情，父母的意见应该参考。

3. 地域方面（社会因素）

父母会考虑到双方家庭居住的地方。做父母的都希望自己的子女住得离自己近些，希望过年的时候都能回家，或者担心将来毕业两人不在同一城市工作。地域可能成为爱情的重大障碍。

4. 个人方面（心理因素）：两个人在一起的最重要因素

（1）两个人是否有共同的兴趣爱好、理想、价值观……

（2）两个人的默契程度。

（3）两个人是否考虑好对未来责任的承担……

5. 外貌（生物因素）

可能你暗恋的人特别看重外貌。

反思：闭上你的眼睛，想想你的爱情是什么样子？未来如何？

课堂体验活动二：爱情招募令

8 人一组。在 A4 纸上写下两部分内容，一部分写下自己已具备的条件，另一部分写下对理想恋人的要求。组内分享。

小贴士

你到底爱不爱我？

爱是一种情感，所以没有衡量标准，不可能凭做没做某件事，就判断爱或者不爱。爱并不是恒定不变的东西，或许这个人昨天还不爱你，但今天就爱你了，这也非常有可能。因此，恋爱中的人啊，就算你知道对方爱不爱你，你又能怎么样呢？你只要知道自己愿不愿和这个人建立持久的相爱关系就够了。两个人能否在一起，起决定作用的并不是爱，而是需要：相互欣赏的需要、自尊心的需要、物质的需要、被照顾的需要、负责的需要……

在对方认识的人中，你能满足他最多的需要，他自然会选你。但请注意，有些需要的满足，并不是靠你的付出，而是性格的匹配。比如有些人就是喜欢照顾别人，而你正好习惯被照顾，你们就正好是一对。不要再纠结在爱不爱的假问题里了，爱是可以被创造的，只要你能懂对方的需要，并且不用太难为自己，就恰好能做到。真心不是猜的，而是用你自己的心去感受的——只有在你付出真心，没有怀疑的时候，才能感到对方的真心。

三、大学生恋爱中常见的心理困惑及调适

恋爱能带给你甜蜜，也可能少不了烦恼，甚至会让你遇到一些难于逾越的心理困惑。例如：大学生要不要谈恋爱？我们之间是爱情还是友情？爱要怎样去表白？我该如何拒绝她（他）？我爱的人，她（他）却不爱我！爱我的人，我却不爱他（她）！是兄弟（姐妹）重要，还是恋人重要？爱情的底线在哪里？

课堂体验活动：爱情锦囊

8人一组。成员写下自己在爱情中最困惑的问题，其余7位成员分别写下解决的方法。协助成员解决个人在爱情中面临的困惑。

（一）当你遇到心仪的对象的时候，你将怎么办

如果你是男生怎么办？

如果你是女生怎么办？

有了爱之后，理智地分析这份爱是否是你希望得到的，应敢于表达、善于表达，这是一种表达爱的能力。

有人能勇敢地表达出来，在恋爱中越挫越勇；有人却不敢表达，只委婉地提示，悄悄为他做事，靠近他的兴趣爱好……

知识窗

恋爱的前两周最关键

很多人的初恋都以失败而告终，人们往往从失恋中学习到了恋爱的方法，但是也错过了自己真正喜欢的人。心理学家对恋爱的方式做了细致的科学研究，结果发现，两个人相爱如果遵循心理学的规律，就能够一步步地接近自己的幸福。

1. 情侣要竭尽全力多接近

美国心理学家曾经对恋爱中的情侣做了调查，结果发现，最终结婚的情侣中，两个人在谈恋爱的时候，各自所处的地理位置较为接近的成功比例最高。比如，居住的地方接近，在同一单位工作，或者在同一写字楼工作，参加同一俱乐部活动等，这样两个人就会有大量的接触机会。

不仅如此，心理学家还进行了一个心理学实验，给大学生看 A、B 两个人的照片，两个人的个人魅力几乎相同，但是，照片的展示频率为 A:B＝2:1，也就是说，主要展示 A 的照片，实验结果是，绝大多数学生对 A 更有好感，其实，被测试者根本没有见过 A、B 两个人，却认为 A 比 B 对自己更有吸引力。

男女初次见面都不免会产生戒备心理，见过几次面后，就会对对方有基本的了解，戒备心会越来越少，慢慢地会转成好感。A 比 B 更有魅力的原因就在于，频繁的展示消除了人们的戒备心理。所以，煲电话粥、约会见面等都可以，认准了自己喜欢的人，就要竭尽全力地接近对方。

当然，如果你给对方的第一印象很糟糕，那么你越接近对方就会越糟糕。

2. 14 天后需精神共鸣

仅仅死缠烂打还是不行的。美国心理学家尤克姆做了这样一个调查，他调查了 30 名大学一年级新生的择友行为，这些学生都是新进入大学，并且搬进了新的宿舍。尤克姆发现入住一周后，物理接近的作用力很强，学生们多从邻近的宿舍中选择朋友。两周过后，尤克姆发现，成为朋友的两个人在价值观上都是较为一致的。这个调查证明即使消除了开始时的戒备心理，如果缺乏某种程度的共鸣，人与人之间的关系也不会长久。

所以，恋爱中的情侣相处的两个重要的条件是：①最初两周以内的物理接近；②两周以后需要注重精神的接近和共鸣。

在彼此接近的两周以内，每次约会、聊天和见面，不仅仅是进行自我“展示”，更重要的是，仔细收集关于对方的各种有用的信息，比如生日、喜好、兴趣、理想等，然后，从中找到和自己相同之处。

在第 14 天的时候，把交流的话题集中到你们共同的爱好上来，比如看影碟、旅游、喝咖啡等方面，从你们的相同点开始扩大交流的范围和话题。这样一来，对方不但消除了对你的戒备心，还会因为共同点的增多而对你怦然心动。

如果一切都比较顺利，一般两周左右的时间，你们的关系会有突破性的进展，当然，如果事与愿违，只能说是缘分未到，重新开始新的接触是明智的。

（摘自《糖心理》）

（二）面对不喜欢的追求者，你将怎么办

如果你是男生，怎么办？

如果你是女生，怎么办？

当一份并不希望得到的爱情来临的时候，优柔寡断或屈从于对方的穷追不舍的做法是有害的。因为爱情来不得半点勉强和将就。要勇敢说“不”，要具备拒绝爱的能力。

（1）表达信息要明确清晰，态度要坚决，语气要委婉。

（2）掌握恰当的拒绝方式，尊重对方。喜欢你，一定是对你的一种肯定，你应心存感恩，尊重每一份真挚的感情是对他人的一种尊重，也是自珍。（面对求爱信，当众撕掉、踏上两脚、唾弃等都是不可取的。）

（3）行动与语言要一致。

（4）优柔寡断、含糊其辞是表达的误区。

（5）喜欢那种被追求、被欣赏、被宠惯的感觉，是伤害、有危险。

（三）失恋怎么办

失恋是指恋爱中断，即恋爱的一方失去另一方的爱情。失恋是一种痛苦的情感体验，容易使人处于强烈的自卑、忧郁、焦虑、悲愤甚至绝望的消极情绪状态之中，甚至失去生活的信心或勇气。失恋是恋爱中常有的心理现象，正确对待失恋可使人成长。

枝上柳绵吹又少，天涯何处无芳草。失恋是成长所必需。

1. 失恋后的消极情绪性反应和行为

大学生失恋后出现以下消极的情绪性反应和行为时，应考虑寻求心理帮助：

（1）消沉反应。失恋后，在巨大的心理压力下，在失败及自卑感的阴影笼罩下，当事人可能陷入痛苦的情绪中不能自拔。长期处于这种状态，人可能变得麻木，并把这种麻木状态作为减少失恋伤害的一种保护措施持续下去。

（2）破坏性行为。原本顺利的恋爱过程突然有了变故，容易引发当事人破坏性的举动。因失恋而产生的破坏性行为常常带有报复性，很容易使人丧失理智。破坏性行为通常会伤物、伤人、伤己。

（3）自责行为。很多人失恋后会陷入悔恨的痛苦深渊，这往往与当事人的个性特点有关。

（4）自弃行为。当无力摆脱失恋的痛苦，又不敢面对现实的时候，有的人会选择自暴自弃。

2. 失恋后的心理调适

（1）正视现实。失恋之苦，关键在于一个“恋”字。爱情是双方的，失去任何一方，爱情就失去平衡，恋爱即告结束。这时，失恋的一方无论对另一方爱得多深，恋爱关系再也不能成立。作为一个理智的人，大学生应勇敢地面对失恋的残酷现实，爱情不是同情、怜悯，更不是强求，要认识到“有失必有得”“天涯何处无芳草，何愁他人不识君”。能正视这个现实，或许会有一份意想不到的收获。

（2）冷静分析。首先，冷静分析一下失恋的原因。失恋的原因是很复杂的，是否双方性格不合？还是有一方出现背叛行为？是否双方家庭反对……如果属于“单相思”，自然构不成爱情，更没必要自讨苦吃。如果是父母不同意，在实在无法挽回的情况下，对他（她）的孝心多给予一些理解。如果是对方见异思迁，另有新欢，玩弄了你的感情，对于你来说虽然是个很大的不幸，但更有庆幸之处，应该看到即使现在不分手，以后迟早也会感情破裂，反而会造成更大的痛苦。失恋的原因也许更多的是性格不合，这只表明双方感情难以发展成为爱情，分手并不表示你比对方差，千万不要有一种被遗弃的自卑感。

（3）合理宣泄。当你失恋后，痛苦、愤怒、委屈、悔恨、失望、孤独的感觉会接踵而至，如果这些消极情感体验不能得到及时宣泄，则容易积郁成疾。内心的烦闷还是一种能量，若长久不释放，就会像定时炸弹一样，一触即发。因此，必须尽快消除不良情绪。例如，当失恋的痛苦压得你喘不过气来时，痛哭一场，让心头的辛酸随同苦涩的泪水一同流去，你会感到心里轻松许多；以写日记或书信的方式，把苦恼记录下来，以寻求心理安慰和寄托；找知己好友一吐为快，从朋友的劝解中摆脱痛苦；也可寻求心理咨询，得到社会支持系统的帮助，获得内心的平衡。总之，对这些不良情绪不要长期压抑，想哭就哭，想说就说，要进行合理宣泄。

（4）欲求转移法。失恋的你很容易将自己封闭，远离他人，这样情绪很难平静。提高失恋承受力的一个简单方法就是欲求转移法。为摆脱失恋的痛苦，可以适时转移自己的注意力，暂时避开一段时间或换一个环境，到新的环境中去体验新生活，可以多参加文娱体育活动，让烦恼随风而逝，快乐将不知不觉地产生。还可以去旅游，到神奇美妙的大自然中排解愁绪，在大自然的怀抱里得到心灵的净化。过后，你会觉得失恋算不得什么，生命中有太多事情值得留恋和追寻。

（5）失恋不失志。爱情固然重要，但生活中还有比爱情更值得我们追求的东西，除了爱情，你还有事业、亲情和友情等。有志青年应失恋不失志，失恋不失态，要以失恋为动力，把感情升华到专注于学习与工作的情感上，这是一种积极的方法。

案例

合理情绪疗法治愈失恋

事件A：失恋，女友离开自己，和别人好了。

情结 C：抑郁和对女友的怨恨。

信念 B：我那么爱她，可是她却不爱我了。

驳斥 D：（不合理信念）我有理由要求她必须爱我吗？难道仅仅因为我爱过她？我爱她是我自愿的。她这样做一定有她的理由，我有什么权利要求她必须这么做？如果我爱谁，谁就必须爱我，那是绝对化的要求。别人爱我，我一定就爱她吗？

新观念 E：（合理信念）每个人都有选择爱的权利；要像希望别人如何对我一样去对待别人，而不是我如何对待别人，别人就一定要如何对待我；虽然互相爱慕是一件好事情，但是并非每个人都能做到这一点；感情始终如一是值得赞赏的，但人的感情也会变化，不能要求事情必须按自己的希望始终不变地发展下去。

课堂体验活动：爱情保鲜剂

8 人一组。小组成员“头脑风暴”写下能够有效增进爱情美满的方法和途径。组内分享、讨论。

（四）以怎样的态度对待爱情

有人认为，没有爱情的大学生活是失败的；不在乎天长地久，只在乎曾经拥有；爱情重在过程不在结果；消愁解闷，寻求寄托……你也是这样想的吗？

爱情是人类最美好的情感，我们应以尊敬、珍惜、敬重的目光接近爱情，不盲从、不玩世不恭，要严肃认真。

周国平说，爱情不风流，爱情是两性之间最严肃的一件事情。

（五）将亲密关系控制到什么程度

在亲密关系中要遵守一些底线，如以下方面：

（1）这份感情是不是认真的。

（2）你的这份爱慕关系是不是安全的（涉及对方对你的感情和毕业去向）。

（3）你能付多少责任（对自己行为负责），打不打算承担责任和能不能承受得起这份责任和后果（物质、精神）。

（4）你是否有性道德观念，如自愿、因爱而生、无伤（自己、他人）、承担责任。

（六）大学校园里爱情的正确表达方式

“大众视觉感觉良好”，这是我们最认可的爱情的表达方式。爱情的表达方式既反映民族的特点，又反映一个人的道德修养水平。

我们中华民族在感情表达上是含蓄而深沉的。大学生的表现要符合大学生的身份，举止文雅、不粗俗，注意分寸和场合。谈恋爱时不一定非要用大庭广众之下拥抱、亲吻来表达爱慕之情。

马克思说过，真正的爱情表现在对恋人采取含蓄、谦恭甚至羞涩的态度，而绝不是表现在随意流露热情的过早的亲昵。一个人把应当藏在内心深处的、隐秘的、不可侵犯的感情拿出来示众，是一种愚蠢的行为。爱情的流露应当是两个人之间美妙的、不可与其他人分享的私密行为。

（七）得了单相思怎么办

单相思是异性关系中的一方倾心于另一方，但是却得不到对方回应的单方面的“爱情”。单相思的另一种形式，是指在异性间的接触往来关系中，一方错误地认为对方对自己“有意”，或者把双方正常的交往和友谊误认为是爱情来临，为此想入非非，自作多情。这是恋爱心理的一种认知和情感的失误。如果你正被单相思搅得茶饭不思、神情恍惚，那你不妨试试用以下办法来调适自己的心理。

（1）倾诉。当你被单相思折磨得万分痛苦时，最简捷的处理办法就是把心事告诉你的密友，倾吐一下心中所淤积的爱意，让朋友分担自己的忧愁和焦虑，朋友的分析、引导和安慰会让你轻松，会在你内心激起一个新的兴奋点，你的痛苦也会随之分流。

（2）表白。如果自己有意，而对方并不知情，并且觉得对方有很大可能也爱自己，就应鼓足勇气，大胆地向对方表白自己的感情。如果他（她）接受了你，就变成了双方恋爱，皆大欢喜。因而，酌情释放一下自己的感情还是有必要的。

（3）转境。多参加体育锻炼或感兴趣的活动，尝试环境转移，避免触景生情，尽可能离喜欢的人远一些，有可能就“柳暗花明又一村”。

（八）怎样处理好恋爱中的两个关系

（1）爱情与学业。学生应该以学业为主，以事业为重。对大学生来说，真正的爱情应该成为激发学习热情、推动事业发展的动力。

（2）爱情与人生。爱情是神圣的，但爱情不是人生的全部。既不要视恋爱如儿戏，也不要因爱情蒙蔽了自己的眼睛，而失去生命的意义。

四、恋爱中的大学生的性保护与性道德

提起爱情，往往给人以美好的感觉。而性，总与爱情如影随形。其实，性是人类最基本的需要之一，性是美好的。但实施性行为意味着责任和担当。因此，在性行为开始之前，请你问一下自己，你准备好了吗？

（1）给爱系上保险带。真正的爱是建立在充分的安全感之上的。你们的爱有安全感吗？不安全的爱不仅会带给你身体上的伤害，更有可能打碎你对爱的美好向往。

（2）学会对过早的性行为说“不”。过早的性行为不仅对生殖器官是一种伤害，更有可能影响你对爱的正确判断。所以，要学会对过早的性行为说“不”。

（3）了解避孕的基本常识。如果你们觉得性行为的发生已经无法避免，那么，以下是一些你们应当了解的避孕常识：①使用避孕套；②口服避孕药；③体外排精；④安全期计算。其中，使用避孕套避孕的成功率最高，安全期计算法的成功率最低，但是任何一种避孕方式都存在失败的可能性。

（4）及时寻求帮助。如果意外怀孕，请寻求安全的解决方式。请务必去正规的大医院就医，千万不要因为怕被别人知道而去不正规的医疗机构就诊。不正规的堕胎可能会危及生命，甚至留下严重的后遗症。堕胎的方法主要有药物流产与手术流产两种。药物流产相对痛苦较小，但只适合早期怀孕，而且所带来的副作用到目前为止还不完全清楚。手术流产因为必须打开宫颈而有可能会造成感染，多次人流则有可能造成终生不育，失去做母亲的机会。

性是神圣的，性应当因爱而生，而绝不能成为纵欲的借口。圣洁的性行为首先应当是道德的。性道德主要涉及四个方面：①自愿。违背自己或对方的意愿发生的性行为都是不道德的。请记住，你有权拒绝性行为的发生，同时，只要对方没有同意，那就意味着拒绝。②爱。只有因爱而生的性行为才是道德的，才能感受到身与心的交流，也才能体验到性爱所带来的身心的愉悦。在性行为之前，必须有爱。③无伤。性行为可以带来快乐、幸福，同时也有可能带来身体和心灵上的伤害。这里的伤害既指对自己，也指对他人或第三方。如果一方患有传染病，如艾滋病，就有可能在无防护的性行为中传染给对方，甚至传染给后代。④承担责任。性行为可能会导致女方怀孕，即便只是一次。所以在发生性行为之前，必须做好为女方和有可能出生的新生命承担一切责任的准备，包括物质上的和心理上的。

（5）预防性病与艾滋病。性病与艾滋病，都属于世界范围的传播疾病，对人类健康构成了巨大威胁。预防性病和艾滋病，也是维护性心理健康的重要课题。

我国列入法定管理的性病主要有淋病、梅毒、软下疳、尖锐湿疣、生殖器疱疹、非淋菌性尿道炎、滴虫病等。性病很容易通过性行为来传染，易感人群是 20 ~ 24 岁的青年。

艾滋病的全称是获得性免疫缺陷综合征（AIDS）。这种病是由一种名为“人类免疫缺陷病毒”引起的性传播疾病。艾滋病主要损害人体免疫系统，破坏人体的抵抗力，最后导致病人死亡。其传播途径主要有三种，即性、血液、母婴，且潜伏期很长，一般为 2 ~ 10 年。自 1985 年中国发现首例艾滋病病人以来，我国艾滋病感染人数逐年上升。

课堂体验活动：剥玫瑰花

围坐成一圈，老师给学生们一支象征爱情的玫瑰花。这支玫瑰花将在学生手中依次传递，但是每个“经手”的同学都要说出一项不当性行为所带来的危害，并剥去一片花，直到花瓣被剥尽。请记录同学们说出的不当性行为所带来的危害。

五、爱情可以下载吗

人们在网络上的表现与日常表现往往是不一样的。网络上的人通常会有三种：第一种人，会在网络上突出他的“次要”性格；第二种人，会在网络上变成他希望成为的那种人；第三种人，会在网络上变成他不可能成为的那种人。而网恋，最终还是要回到现实生活中来的。

根据网恋者的行为方式，有专家将网恋分为以下五种类型：

（1）幻想型。理想主义者幻想在网络上能够有超越一切的纯爱情。带有此类心态的人往往很容易在网络上坠入爱河，不能自拔。

（2）超脱型。现实生活中爱情与婚姻不可避免地联系在一起，限制了人们对情感、美好生活的向往。在网上却可以爱得死去活来，而不必谈婚论嫁。

（3）游戏型。有些人只是想在网络上体验一下交友的感觉，既无意于真诚地爱一个人，也不准备对自己的言行负责。此种人往往比较潇洒，不必担心被爱情这把双刃剑刺伤，但不值得提倡。

（4）现实型。网络便捷的特点，使很多有意于寻找终身伴侣的人把网络当作获得真实爱情的一种手段。他们往往会主动挑明自己的条件和要求，因为他们不想浪费时间。

（5）恶作剧型。有些人以在网络上勾引异性为乐事，当他们成功地勾引到一个异性并使对方爱上自己时，就悄悄地退出。对方越是痴情，他们就越有快感和成就感。

网络成了人们获得爱情的新方式和新途径，但在你陷进去之前，你要问一下自己：爱情真的可以下载吗？

课堂体验活动一：在网上遇到真爱的机会有多大？

你认为你的网友向你提供个人真实信息的概率是__________（1）；

你认为你的网友向你提供的个人信息占他的全部信息的__________（2）；

如果将网恋者分为幻想型、超脱型、游戏型、现实型、恶作剧型，你希望遇到__________类型，你觉得你遇到这一类型的网友的概率是__________（3）；

请将你算出的（1）（2）（3）三个数字相乘，结果为__________（4）。

请记住：数字（4）就是你在网上遇到真心网友的参考概率了。你对这个概率满意吗？

课堂体验活动二：网上交友，我们应当有怎样的原则或底线呢？

请你写下来并与同学分享。

例如，不随意公开自己的真实姓名，不单独与网友会面。

____

技能训练室

1. 请你回答下列问题，看看自己有恋爱的“资格”了吗？

（1）你在心理上能够完全离开父母而独立吗？

（2）你有真正意义上的朋友吗？

（3）对你的恋人，你能给他（她）什么？

（4）对性欲，你自己有明确的看法吗？

（5）如果恋爱受到挫折，你能做到不无理地憎恨对方，不无理地伤害自己吗？

恋爱本来是自然而然发生的，无所谓资格不资格的问题。如果一个人在某种程度上性格尚未成熟，就贸然开始谈恋爱，这对其一生的发展可能是极为不利的。那么，人要成熟到什么程度，才能美满幸福地恋爱呢？其实这也没有一个明确的标准，但对上述问题做自问自答是很有意义的。如果你对它们持肯定态度，那么你就具备了恋爱成功的几项重要条件。

2. 爱情故事书：8 人一组。将自己的爱情绘制成一册 3 页书，分别为“过去”、“现在”和“将来”的爱情。组内分享。

心理测试

测测你的异性缘

你时而热情奔放，时而内敛深沉。虽然有了爱你的他/她，但时常有邂逅的他/她主动向你示爱，令你不胜其烦；虽然你每天精心打扮，并努力充电提升自己，但那些阳光灿烂的男孩女孩却永远躲在你的背后，爱情更是拒你于千里之外。别急别急，还是测测你的异性缘再说吧。

（1）如果有一张免费机票，可以载你到任意一个地方去旅行。你最想去哪个地方？

A. 北京……请移至问题（2）

B. 东京……请移至问题（3）

C. 巴黎……请移至问题（4）

（2）在看《蓝色生死恋》这样的韩剧的时候，你是否经常因为感人的情节而泣不成声？

A. 是……请移至问题（4）

B. 否……请移至问题（3）

（3）和你的男/女朋友约在公园门口见面，可是离约定的时间已经过去一个多小时了，他/她还没有出现，也没有给你打电话，这时你会：

A. 再等 30 分钟……请移至问题（4）

B. 立刻离开……请移至问题（5）

C. 一直等待他/她的出现……请移至问题（6）

（4）无聊的时候，你买了电影票准备约朋友去看电影，可是他们都没有时间。这时，你会自己一个人去看电影吗？

A. 是……请移至问题（5）

B. 否……请移至问题（6）

（5）和男/女朋友第一次约会时，两人相谈甚欢，分手时他/她主动提出要吻你，你会：

A. 拒绝……请移至问题（7）

B. 接受……请移至问题（8）

（6）在生活中，你自认为是个有幽默感的人吗？

A. 我想是吧……请移至问题（7）

B. 大概不是……请移至问题（8）

（7）如果在公司勤勤恳恳工作了三年，最近老板突然提升你做部门经理。你觉得自己会是个称职的领导者吗？

A. 是……请移至问题（9）

B. 否……请移至问题（10）

（8）如果可以选择的话，来生你希望自己的性别是？

A. 男性……请移至问题（9）

B. 女性……请移至问题（10）

C. 无所谓……请移至答案 D

（9）你曾经同时拥有一个以上的男/女朋友吗？

A. 是……请移至答案 B

B. 否……请移至答案 A

（10）在你的朋友中，大家都认为你很聪明吗？

A. 是……请移至答案 B

B. 否……请移至答案 C

评分解释：

答案 A：

恭喜！你对异性有很大的吸引力！在异性的眼中，你有一种与生俱来的魅力。你不只有美丽的外形，而且有幽默和大方的个性。你应该是一个很有气质的人，而且深谙与人相处之道，你很懂得支配你的时间，所以你在异性面前很受欢迎。唯一要注意的是：要稍稍留意一下自己的行为，不要表现得太过火，否则会给人留下举止随便的不良印象。

答案 B：

很好！即使你没有刻意去做什么，你也很容易吸引异性的注意，这点会让很多人嫉妒。你的幽默感使得人们乐于与你相处，异性与你在一起时非常快乐！不过，这并不说明你很容易陷入爱情，相反，你对爱情还是很挑剔的，甚至说有些“完美主义”。日常生活中，要注意及时给自己充电，不断给大家展示一个新鲜的面貌，这样你的异性魅力会不断提升的。

答案 C：

尚可！你并不是特别吸引异性，但是你也具有一些优点，使异性喜欢跟你在一起。你应该是一个很真诚的人，而且对事物有特别的眼光。在你的朋友中，你是一个很友善的人。在与朋友交往过程中，要注意保护自己，不要为了吸引别人的注意或为了赢得别人的好感而让自己处于一个危险的境地。

答案 D：

很抱歉！你并不吸引异性。你没有十分渊博的知识，也没有什么特别的人格品质。对异性来说，你显得过于粗陋，所以你并不受异性的欢迎。你现在要做的，就是充分认识到这点，然后从一点一滴做起，真正改变自己。祝你好运。

快乐自习室

1. 设想一个你不喜欢的人向你表白的情景，想出十种不伤害对方的拒绝方法。

2. 列举失恋的好处，以“因为我失恋了，所以我获得了……”为模板，写出五句话。

心理测试

测测你的恋爱心理成熟度

男欢女爱本来是人之常情，但是恋爱的艺术并非人人都掌握。你的恋爱心理发展到了什么程度？请据实自测。

1. 你认为恋爱是为了：

a. 找到一个情投意合的伴侣；　b. 成家过日子、抚育儿女；

c. 满足性的需要；　d. 刺激、有趣、好玩。

2. 你喜欢的异性是：

（女性选择）

a. 英俊潇洒，有男人魅力；　b. 有钱、有势、有能力；

c. 人品好；　d. 爱自己的，其余的无所谓。

（男性选择）

a. 漂亮性感，有女人魅力；　b. 贤惠能干，善于理家；

c. 温柔体贴，人品好；　d. 只要有爱，其余的无所谓。

3. 你和恋人确立恋爱关系是因为：

a. 条件般配；　b. 我比对方优越；

c. 对方比我优越；　d. 没想过。

4. 你希望恋爱这样开始：

a. 一见钟情；　b. 青梅竹马；

c. 在工作（学习）中逐渐产生；　d. 经人介绍。

5. 让爱情更深一点的良策是：

a. 极力讨好、取悦对方；　b. 尽力使自己变得更完美；

c. 欲擒故纵；　d. 爱情是缘分，无计可施。

6. 当恋人暴露出一些缺点和不足时，你会：

a. 委婉告知并帮其改进；　b. 震惊意外，对其加以指责；
c. 嫌弃动摇，怀疑爱情；　d. 无所谓。

7. 当一位比你目前恋人更优秀的异性对你表示爱慕时，你会：
a. 离开恋人，接受求爱；　b. 将其恋情淡化为友情；
c. 瞒着恋人与其往来；　d. 为迟到的爱后悔痛苦。

8. 当你倾慕的异性另有所爱时，你会：
a. 一如既往地待他（她），等其觉悟；　b. 参与竞争，力争夺取；
c. 抽身止步，成人之美；　d. 整日后悔痛苦。

9. 恋爱中的波折矛盾是：
a. 必然又必需的；　b. 对恋爱的否定；
c. 无聊的；　d. 束手无策的痛苦经历。

10. 由于种种原因，你的恋爱失败，对方提出分手，你会：
a. 千方百计抓住他（她）：　b. 到处诋毁对方名誉；
c. 说声再见，各奔前程；　d. 矛盾痛苦，不知所措。

11. 进入大龄的“单身贵族”队列，你的恋爱态度会：
a. 一如从前，宁缺毋滥；　b. 放弃追求，随便凑合；
c. 重订更现实的择偶标准；　d. 不谈爱情。

得分标准：

请按以下标准计分，并判断自己的恋爱心理成熟程度。

1. a. 3；b. 2；c. 1；d. 1

2. （女性选择）a. 2；b. 1；c. 3；d. 1。

（男性选择）a. 2；b. 2；c. 3；d. 1。

3. a. 3；b. 2；c. 1；d. 0。

4. a. 2；b. 1；c. 3；d. 1。

5. a. 1；b. 3；c. 2；d. 0。

6. a. 3；b. 2；c. 0；d. 1。

7. a. 2；b. 3；c. 1；d. 0。

8. a. 2；b. 1；c. 3；d. 0。

9. a. 3；b. 0；c. 2；d. 1。

10. a. 2；b. 0；c. 3；d. 1。

11. a. 1；b. 2；c. 3；d. 0。

26 ~ 33 分　圆熟型

恋爱心理非常成熟。懂得爱的真谛，向往爱又能在现实中实现爱。就像一名竞技状态良好的运动选手，你能够在爱情面前轻松舒展，游刃有余；更可贵的是即使直面失败也有良好的心态。你的恋爱和婚姻一定很美满幸福。

18 ~ 25 分　正熟型

渴望爱的垂青，然而屡屡失误，一时难以如愿。校正一下恋爱指针，太过浪漫的往现实方向调调，太现实的多一些浪漫、温馨情调，幸福快乐已在眼前了。

9～17分　待熟型

恋爱和婚姻是人生的一门必修课，要取得好成绩，单凭热情是不够的，还须专心修习，从理论到实践，再从实践到理论，一点一滴，终会水滴石穿。

3－8分　青涩型

爱情对你而言是迷宫，是八卦阵，是氤氲可怖的夜景，或者是平淡苍白的荒漠。让心里轻松开放些，爱的光线会缓缓照射进来，那时你才能体会到柔情温暖。

第九章
你若盛开，蝴蝶自来
——塑造你的人格魅力

本章提要

本章主要使学生了解人格的基本知识及大学生健康人格的特征、当代大学生人格的基本特点，并借助九型人格的工具进行讲解，使学生了解自己的人格、完善自己的人格。

点亮心灯

你了解自己的人格类型吗？

请设想，你走在深夜空旷的街道上，灯光昏暗，四周寂静无声。忽然，前面一个女性大喊“救命”，你看见一个醉汉正在骚扰这位女子。此时，你会采取什么行动呢？

A. 拉起她的手逃离现场；

B. 适当地劝阻醉汉；

C. 不理他；

D. 看情形，也许会冲上去打醉汉。

你的答案是：(　　)

分析：

选 A：有人向你求助时，会先考虑能否制服醉汉，再采取行动。考虑到对方已醉，可采取安全的对策，可以毫不吝惜地在女性面前展现你的才干。

选 B：女性一求助，立刻到醉汉旁边并巧妙地劝阻，可见相当勇敢，行动力强而活跃。

选 C：这种人内向而软弱，对作战有恐惧感，他排斥社会上的一切行动，也避开一切冲突，多少会自责，但也懂得自我安慰。

选 D：你是个纯洁的人，富有正义感，但采取行动后常常后悔。

课堂体验活动一：请尽可能地描述一位你的高中同学，分析你和他（她）之间的异同。

课堂体活动验二：我们往往从哪些方面来描述一个人？人与人之间都有哪些方面的差异？参考图 9－1。

图 9－1　人的性格千差万别

第一节 大学生人格概述

一、人格及其特征

心理学家虽然也承认具体的情况和情绪对人的行为有很大的影响，但是他们更倾向于认为这种行为的背后有更加稳定的东西在起作用，在支配人的行为，在影响着周围的社会环境，这就是“人格特质”。

人格，也叫“个性”，是一个人整体心理面貌的反映，是具有一定倾向性的、相对稳定的、一个人区别于他人的心理特征的总和。

个性的结构是多层次、多侧面的，由复杂的心理特征结合构成的整体。这些层次有：①完成某种活动的潜在可能性的特征，即能力；②心理活动的动力特征，即气质；③完成活动任务的态度和行为方式的特征，即性格；④活动倾向方面的特征，如动机、兴趣、理想、信念等。这些特征不是孤立存在的，而是错综复杂、相互联系、有机结合的一个整体，是对人们的行为进行调节和控制的。

可见，个性是由多种心理现象构成的。这些心理现象有些是显而易见的，别人看得清楚，自己也觉察得很明显，如热情、健谈、直爽、脾气急躁等；有些非但别人看不清楚，就连自己也感到模模糊糊。

总的说来，人的个性一般呈现以下特征：

（1）倾向性。个体在形成个性的过程中，时时处处都表现出对外界事物的特有的动机、愿望、定式和亲和力，从而发展为各自的态度体系和内心环境，形成个人对人、对事、对自己的独特的行为方式和个性倾向。

（2）复杂性。个性是由多种心理现象构成的，其结构是多层次、多侧面的，是由各种心理特征组合而成的复杂体。所以，有些个性特征有时候甚至连自己也捉摸不透。

（3）独特性。每个人的个性都具有自己的独特性，即使是同卵双生子甚至连体婴儿，也同样具有自己独特的个性。

（4）稳定性。人的个性是逐渐形成的，一旦形成某种个性就不易改变。个性，包括它的组成部分，都具有相对的稳定性。

（5）完整性。如前所说，个性是一个完整的统一体。一个人的各种个性倾向、心理过程和个性心理特征都是在其标准比较一致的基础上有机地结合在一起的，绝不是偶然性的随机凑合。人是作为整体来认识世界并改造世界的。

（6）积极性。个性具有积极性、能动性，它统率全部心理活动去改造客观世界和主观世界。人们不是被客观环境任意摆布的消极个体。

不管是哪一种个性特征，不管这种特征是鲜明的还是平淡的，都表明了一种个性。心理特征人人都有，精神面貌人人不可缺少。从这个意义上来说，世界上不存在没有个性的人。每个人都有某些优秀的个性特质。寻找真实的自己，你才不至于只当别人的影子或沉浸在幻想的自我中。

二、大学生健康人格的特征

健康人格是现实人格的良好状态，是与社会环境相适应，为其他社会成员所接受的个性特征，具有内在和谐的人格模式，它是人们具体的、现实的人格追求。一般来说，当代大学生的健康人格应具备以下几个方面的特征。

（一）人格自身内部及外部具有多方面的和谐

（1）心理系统的和谐，即大学生的知识水平与事业目标取向、动机需要、意志品质和情感体验是相协调的。

（2）生理机能与心理品质的和谐，即作为大学生自然基础的气质禀性与其性格、才能、动机和利益需求是相协调的。

（3）人与社会的和谐，即大学生在人际关系中要有礼貌、宽容、友爱和助人为乐，在生活中能处理好与家庭、同事、同学和集体的关系，能够自觉遵守学生准则与社会公德。

（二）人格具有自身统一性与完整性

人格自身的统一性与完整性，表现在一个人的人格诸要素之间的发展状态是一致的、协调的，表现在人格的外在表现与内在实质是一致的、协调的。言行不一，独处时与共处时表现不一，或者智能与道德相分裂，情感与理智相分裂，学识与意志相分裂，这些都是人格不健康的表现。完整的、统一的人格特征要求大学生在道德水准、意志力、情趣方面，与其所受高等教育、所具有的学识水平相匹配。

（三）人格智能与活动能力发展的全面性

人格智能是个人对自己的存在价值、成就价值以及对社会关系、人际关系的认知能力。它是“内省智能”，即个体对外部其他人行为的感受与认知，亦即对对比关系的认识。人格智能在多种智能结构中居于核心地位，对其他智能起选择、定向发掘、动力等作用。虽然一个人不可能掌握人类活动类型的无限多的具体形式，但是应当具有加入任何一种活动类型的能力，这样才能在人格的质的完满上发展一切人类的才能，而不是局限于从事某些单一领域的活动。因此，作为一名大学生，其人格智能应较其他社会成员更高，活动能力应更全面，除了自己的专业之外，还应在其他领域，在社会生活的其他方面都有一定的知识储备，成为“通才”式的人才。

三、大学生人格形成与发展的影响因素

人格是如何形成的？人格的形成有两个基础：一是遗传生物基础，二是环境基础。也就是说，人格是遗传和环境交互作用的结果。其中，遗传因素是人格的自然前提，在此基础上，环境因素对人格的形成和发展起决定作用。

（一）人格的遗传生物基础

刚出生的婴儿就有着迥异的个性，有的安静而容易满足，吃饱喝足就美美地睡觉；有的很没有耐心，经常哭闹不止，还动个不停，这都是遗传的影响。

行为遗传学中对双生子的研究被认为是探讨遗传对人格特质影响的最好方法。对双生子研究的原则如下：同卵双生子具有相同的基因形态，那么他们之间的任何差异都可归于环境因素的差异。而异卵双生子的基因虽然不同，但在环境上有许多相似性，如母亲年龄等，因此也提供了环境控制的可能性。完整研究这两种双生子，就可以看出不同环境对相同基因的影响，或者是相同环境下不同基因的表现。

遗传是人格不可缺少的影响因素，但遗传因素对人格的作用程度因人格特征的不同而不同。通常在智力、气质这些与生物因素关联较大的特征上，遗传因素比较重要；而在价值观、信念、性格等与社会因素关系紧密的特征上，后天环境因素更加重要。人格发展过程是遗传与环境交互作用的结果，遗传因素影响人格发展的方向及形成。

（二）社会文化因素

人一出生便置身于社会文化之中，并受社会文化的熏陶与影响，文化对人格的影响伴随着人的一生。社会文化塑造了社会成员的人格特征，使其成员的人格结构朝着相似性的方向发展，而这种相似性又具有维系社会稳定的功能。这种共同的人格特征又使得个人正好稳稳地“嵌入”整个文化形态里。

社会文化对人格的影响力因文化而异，要看社会对顺应的要求是否严格。越严格，其影响力就越大。影响力的强弱也视其行为的社会意义的大小，对于不太具有社会意义的行为，社会允许较大的变异；但对在社会功能上十分重要的行为，不允许太大的变异，此时社会文化的制约作用也越大。但是，若个人极端偏离其社会文化所要求的人格基本特征，不能融入社会文化环境之中，可能会被认为存在偏差或心理疾病。

社会文化对人格的影响一直被人们所认可，它对人格的形成与发育具有重要的作用，特别是后天形成的一些人格特征，如性格、价值观等。社会文化因素决定了人格的共同性特征，它使同一社会的人在人格上具有一定程度的相似性，如民族性格等。

（三）家庭环境因素

家庭是社会文化的媒介，它对人格具有强大的塑造力。其中，父母教养方式的恰当性直接决定孩子人格特征的形成。父母在养育孩子的过程中表现出了自己的人格，

并有意无意地影响和塑造着孩子的人格，形成家庭中的“社会遗传性”。

孩子的人格是在父母持续的相互作用中形成的。孩子在批评中长大，学会了责难；在敌意中长大，学会了争斗；在虐待中长大，学会了伤害；在支配中长大，学会了依赖；在干涉中长大，变得被动与胆怯；在娇宠中长大，学会了任性；在否定中长大，学会了拒绝；在鼓励中长大，增长了自信；在宽容中长大，学会了耐心；在赞赏中长大，学会了欣赏；在爱中成长，学会了爱人。

家庭教养方式一般可以分为三类。第一类是权威型教养方式，这类母亲在对子女的教育中表现出强大的支配性，孩子的一切都由父母来控制。成长在这种教育环境下的孩子容易消极、被动、依赖、服从、懦弱，做事缺乏主动性，甚至会形成不诚实的人格特征。第二类是放纵型教养方式，这类母亲对孩子过于溺爱，孩子多表现出任性、幼稚、自私、野蛮、无礼、独立性差、唯我独尊、蛮横胡闹等。第三类是民主型教养方式，父母与孩子在家庭中处于一个平等和谐的氛围中，父母尊重孩子，给孩子一定的自主权，并给予孩子积极正确的指导。这种教育方式使孩子形成了一些积极的人格品质，如活泼、快乐、直爽、自立、彬彬有礼、善于交往、富于合作、思想活跃等。

（四）儿童早期经验

早期的童年经验对人格有一定影响。一个好的家庭环境和教养方式，都是为了给儿童一个好的童年。幸福的童年有利于儿童发展健康的人格。

缺乏父爱、母爱、家庭不幸福、家庭暴力、冷漠等，都会影响儿童人格的正常发展。母爱丧失、受父母虐待的儿童，在婴儿时期会有神经性呕吐、厌食、消瘦、反复感染等病理反应，儿童时期表现出胆小、迟钝、不与人交往、敌对、攻击、破坏等人格特点，长大后会出现情绪障碍、社会适应不良等问题。孤儿会有哭泣、僵直、退缩、表情木然的“失怙性忧郁症”。

艾斯沃斯通过陌生情境进行婴儿依恋的研究，将婴儿依恋模式分为安全依恋、回避依恋与矛盾依恋三类，并做了数十年的追踪研究，将婴儿时期的依恋对人格的影响进行了相关研究，结果表明：早期安全依恋的婴儿在长大后有更强的自信与自尊，确定的目标更高，表现出对目标更大的坚持性、更小的依赖性，并容易建立亲密的友谊。

早期童年经验的问题引发了许多的争论，如早期经验对人格产生何种影响？这种影响是否为永久性的？我们认为，人格发展的确受到童年经验的影响，幸福的童年有利于儿童向健康人格发展，不幸的童年也会引发儿童不良人格的形成。但二者不存在一一对应的关系，溺爱也可使孩子形成不良人格特点，逆境也可磨炼出坚强的性格。早期经验不是单独对人格起决定作用，它与其他因素共同来决定人格。早期儿童经验是否对人格造成永久性影响因人而异，对于正常人来说，随着年龄的增长、心理的成熟，童年的影响会逐渐缩小、减弱，其效果不会永久不衰。

（五）学校教育

学校教育对个体人格的形成和定型有深远的影响。教师、班集体、同学与同伴等都是学校教育的元素。

老师往往是儿童崇敬的对象、学习模仿的榜样，儿童不仅从老师那里学习知识，而且学习怎样为人，他会观察和模仿老师的举止、言行、态度，老师的思想、信念、对事对人的态度潜移默化地影响着儿童人生观的形成。老师对儿童行为的赞赏或批评，间接塑造着儿童的行为特征。

学校里，同伴群体对学生的人格也有巨大影响。学生会有班集体及其他各种同伴团体，团体中的要求、舆论、评价对学生都是一种无形的巨大的教育力量。学生在集体中通过参加学习、劳动及丰富多彩的小组活动等，学会交往、礼仪、合作等，学会了互相帮助、团结友爱、尊重他人、遵守纪律，也培养了乐观、坚强、勇敢、向上等优秀品质。

（六）自我调控因素

上面讲到的一些因素都是人格形成的外因，而外因是通过内因起作用的。人格的自我调控系统就是人格发展的内部因素。

具有良好自我调控能力的人，能够客观地分析自己，不会把遗传或生理方面的局限视为阻碍个人发展的因素，而会有效地利用个人资源，发挥个人长处，努力改善自己。同时，自我调控还具有创造的功能，它可以变革自我、不断完善自己，将自我价值扩展到社会中去。

（七）自然物理因素

生态环境、气候条件、空间拥挤程度等自然物理因素一定程度上会影响到人格的形成和发展。要注意未成年人居住的环境，尽力给予一个良好的、适合人格健康发展的环境。

总之，在人格形成过程中，要尽力给予未成年人良好的家庭环境、教育环境、社会环境和自然环境，并根据他们表现出来的不良倾向调整教育方式，努力引导他们的人格健全发展。

四、大学生的人格特点和人格评估

（一）大学生的人格特点

根据国内外心理学家对人格素质结构的研究，结合我国当今社会发展的现状和大学生的实际表现，我们认为当代大学生在人格发展中呈现出如下几个方面的特点。

1. 能正确认知自我

首先是能自我认可，基本上能接受一切属于自我的东西，从而形成对自己积极的看法；其次是自我客体化，对自己的所有与所缺都比较清楚和明确，理解现实自我与理想自我之间的差别。大多数人都有明确的奋斗目标和愿望，并为之而努力。

2. 智能结构健全合理

当代大学生具有良好的观察力、记忆力、思维力、注意力和想象力，没有认知障碍，各种认知能力能有机结合并发挥其应有作用。

3. 交际广泛，不断地进行社会化活动

当代大学生对外部世界有着浓厚的兴趣，有着广泛的活动范围和许多爱好，人际交往范围扩大，积极参与各种形式的社会实践。同时，能容忍别人与自己在价值观与信念上的差别，能根据事物的实际情况看待事物，而不是根据自己的主观愿望来看待事物。

4. 有一定创造性和竞争意识

能把事业看成生活的重要组成部分，在事业上有较强的进取心和责任感；具有竞争意识，具有开放性的思想观念，少有保守思想；喜欢创造，勇于创新，甘愿冒险，独立性强，富有幽默感，态度务实。

5. 情感饱满适度

情绪上稳定性与波动性、外显性与内隐性并存，情感丰富多彩，积极的情绪、情感体验在学习、生活中占主导。

6. 不追求主流，喜欢张扬个性

当代大学生多数是独生子女，从小便享受着比前几代人更优越的物质生活条件，随性而为，不愿循规蹈矩，突破传统束缚，不追求主流，不愿意服从权威，有强烈的独立意识，不愿意别人过多地管自己的事情。喜欢标新立异，与众不同，讲究符合自己性格的服装、衣着、言行和生活方式。和传统大学生相比，他们个性上存在着明显的不同。

（1）价值取向物质化、功利化。对于“个人与社会的关系”，有调查显示，当代大学生强调个体本位，注重优先满足个人的利益和需要，社会、集体次之，把社会当作实现自我价值的手段。可见，大学生生长的社会环境让他们更关注个人的、现实的和经济方面的利益，而不是抽象的哲学或者信仰层面的东西。

（2）个性中凸显着矛盾。在调查中，“90 后”大学生在给出绝对答案的时候比较犹豫，普遍给出模棱两可的答案。这也许是由于多数中国父母从小就为自己的孩子安排好一切，父母包办了他们生活的方方面面，很多时候大学生的决定受到父母的影响较大。所以他们中的大多数回答是非问题时，缺乏判断是非的能力，不喜欢直接肯定或者否定，喜欢用“可能”“也许”这些不确定性的词语来修饰他们的认同或者否定。这表明，他们的个性中凸显着矛盾，这导致他们无法肯定或者否定地发表对某一事物的看法。

（4）依赖性强，抗压能力弱。“90 后”大学生由于大多数是独生子女，从小就被娇惯着，所以在日常事务和经济上对父母的依赖性非常强。这也直接造成了他们承受挫折的能力比较弱，遇到小事会有很大反应，容易产生过激行为。

（4）早熟且有强烈的反叛意识。随着现代通信技术的发展和网络的普及，“90 后”大学生能从互联网上得到各种各样的信息，导致他们早熟，他们自以为已经是“大人”了，但是心智又没有达到成人的水平。这不可避免使得他们的主观意愿与家长的意愿以及社会的意愿不一致，所以他们很容易形成强烈的反叛意识。

（二）人格评估

人格评估可在短时间内较为全面地了解一个人的人格特征，对人的自我成长、自我完善具有重要的参考、指导意义。根据测验方式，人格测验可以分为自陈式测验和投射式测验。

1. 自陈式测验

（1）自陈式测验是运用自陈量表来进行人格测验的一种方法，量表中包含一些陈述性的条目，受测者根据陈述内容与自己的实际情况选择答案。心理学中现有自陈量表 3 000 多种，有的自陈量表是用来测量某一种人格特质，有的是用来测量多种人格特征。

常用的测量工具有明尼苏达多项人格调查表（MMPI）、卡特尔 16 种人格因素测验（16PF）、艾森克人格问卷（EPQ）等。

（2）自陈量表的特点。

①自陈量表的题量较大，多用于测量人格特质。例如，明尼苏达多项人格量表总共有 566 个项目，包含 3 个效度表和 10 个临床量表，可测量人格的 10 种特质；卡特尔 16 种人格因素量表共有 187 个项目，可测量人格结构的 16 种特质。

②自陈量表通常采用纸笔测验。这种测验多采用客观测验的形式，要求被试者一边阅读测验项目，一边在答题纸上选择适于自己的项目。自陈量表可同时测量许多人。

③自陈量表的计分规则简单而客观，施测手续比较简单，测量分数容易获得解释。

人格自陈量表的突出问题是反应定势的存在。如在职业招聘中，被试者在自陈量表的作答中很可能尽力表现自己更有利于工作岗位要求的“优良品质”。反应定势无论有意还是无意，装好还是装坏，都会影响人格自陈式测验结果的可信性。

2. 投射测验

（1）投射测验。投射是指个人对客体特征的想象式解释，在这种解释中，个人具有将自己身上发生的心理过程无意识地附着在客体身上的倾向。

投射测验是指向受测者提供预先编制的一些未经组织的、意义模糊的标准化刺激情境，让受测者在不受任何限制的情况下，自由地对刺激情境做出反应，再通过分析受测者的反应，推断其人格特征。

（2）投射测验的原理。投射测验与精神分析理论有密切关系。精神分析理论强调人格的无意识范畴，认为个人无法凭其意识说明自己，因而自陈量表无法有效地了解人格，必须借助某种无确定意义（非结构化）的刺激情景为引导，使个体隐藏在潜意识中的欲望、要求、动机、冲突等泄露出来，或者说不自觉地投射出来。这种假设正是投射测验的理论基础。

（3）投射测验的特点。刺激本身没有什么意义，而被试者对这种刺激的反应完全是由他的人格决定的。

（4）投射测验的种类。投射测验是对个体人格的一种间接的测评方法，最有名的人格投射测验是罗夏的墨迹测验和主题统觉测验。罗夏墨迹测验，采用一系列的墨迹，让被试对这些墨迹的形状进行描述。主题统觉测验（TAT）将一些显示简单场景的图片呈现给被试者，让被试者根据所看到的场景中人物的想法和行为编故事，描述导致图片中所示情景的原因、人物正感受到怎样的情绪，以及可能有怎样的结局（见图9－2）。

（5）投射测验的优点和不足。投射测验的优点主要有两个方面：第一，测验目标具有隐蔽性。被试者一般不可能知道他的反应将作何种心理学解释，从而减少了伪装的可能性。第二，测验采用间接方法，能够敏锐地测出人格中潜意识和深层的特点。

图9－2　主题统觉测验中的一张卡片

投射测验的不足：一是评分缺乏客观标准，难以量化；二是缺少充分的常模资料，测验结果不易解释；三是信度和效度不易建立；四是原理复杂深奥，非经专门训练者不能使用。

第二节　九型人格与你的人格特质

课堂测试：

聚会的餐桌上有各种各样的人，心思各不同：①仔细琢磨装修，并找到不足之处；②观察谁那里缺少碗筷并喊服务员备齐；③高谈阔论自己的丰功伟绩；④隐蔽处冷眼观察别人并觉察自己的感受；⑤冷静思考本次聚会的目的和自己该如何表现；⑥怀疑本次聚会是否为鸿门宴；⑦谈笑风生，快乐无比；⑧考虑谁结账；⑨及时发现不和谐并采取措施调停。

课堂思考：如果你在现场，你是哪一类？

众神创造人类的同时，也创造了一把开启天堂之门的钥匙，但是他们后来决定，不让人类得到这把钥匙。他们对于钥匙到底藏在哪里，争论了好几天，有的建议埋在高山，还有的说放在太阳的中心。但他们知道人类迟早会掌握到达这些地方的技能。最后，一位最有智慧的神仙开口说话了："让我们把它藏在人类自己的心中吧，那是他们永远也不会去看的地方。"这个提议获得一致通过，所以他们就这么做了，让人类一直寻找到今天。九型人格就是开启我们心灵的钥匙。

一、学习九型人格的意义

九型人格，是一门古老的智慧，是一门关于人格分类的学问，是应用心理学中的一种。近年来倍受美国斯坦福等国际著名大学 MBA 学员推崇并成为现今最热门的课程之一。

九型人格论把人格清晰简洁地分成九种类型，每种类型都有其鲜明的人格特征，每种类型并没有好坏之别。这种理论是一张详尽描绘人类性格特征的活地图，是我们了解自己、认识和理解他人的一把金钥匙。海伦帕尔默（现代九型人格学的鼻祖人物）说过，我们现在来研究这门古老的学问，用意有三：①它能够帮助我们认识自己的性格特征，让我们更轻松地生活；②它让我们对自己的同事、恋人、家人和朋友有更多的了解；③它让我们去发掘不同性格所拥有的潜能，这些潜能包括爱的能力、感受他人的能力以及先知先觉的能力。

总而言之，学习九型人格的目的就是让你更了解自己，帮助你处理人际关系，并把你个性中的潜在能力挖掘出来。

二、九型人格测试题

九型人格测试主要用于帮助你有效地掌握个人的行为习惯，测试中问题的答案没有好与坏之分、正确与错误之别，它仅反映你自己的个性和你的世界观。测评问卷将有助于你更好地了解自身的优势和弱点，并知道在何种情形下你的行动将更为有效。同时，你还可以通过测评结论知道他人是如何看待他们自己的，以及相互间又是如何相处、影响的。

九型人格测试

测试方法：下面有 108 个陈述，在你认为符合你的陈述前面做个记号，如画"√"，之后，测试开始。

A 1. 我很容易迷惑。

D 2. 我不想成为一个喜欢批评的人，但很难做到。

H 3. 我喜欢研究宇宙的道理，哲理。

I 4. 我很注意自己是否年轻，因为那是找乐子的本钱。

G 5. 我喜欢独立自主，一切都靠自己。

F 6. 当我有困难时，我会试着不让人知道。

E 7. 被人误解对我而言是一件十分痛苦的事。

F 8. 施比受会给我更大的满足感。

B 9. 我常常设想最糟的结果而使自己陷入苦恼中。

B 10. 我常常试探或考验朋友、伴侣的忠诚。

G 11. 我看不起那些不像我一样坚强的人，有时我会用种种方式羞辱他们。

A 12. 身体上的舒适对我非常重要。

E 13. 我能触碰生活中的悲伤和不幸。

D 14. 别人不能完成他的份内事，会令我失望和愤怒。

A 15. 我时常拖延问题，不去解决。

I 16. 我喜欢戏剧性、多彩多姿的生活。

E 17. 我认为自己非常不完善。

I 18. 我对感官的需求特别强烈，喜欢美食、服装以及身体的触觉刺激，并纵情享乐。

H 19. 当别人向我请教一些问题时，我会巨细无遗地分析得很清楚。

C 20. 我习惯推销自己，从不觉得难为情。

I 21. 有时我会放纵和做出僭越的事。

F 22. 帮助不到别人会让我觉得痛苦。

H 23. 我不喜欢人家问我广泛、笼统的问题。

G 24. 在某方面我有放纵的倾向（例如食物、药物等）。

A 25. 我宁愿适应别人，包括我的伴侣，而不会反抗他们。

B 26. 我最不喜欢的一件事就是虚伪。

G 27. 我知错能改，但由于执着好强，周围的人还是感觉到压力。

I 28. 我常觉得很多事情都很好玩、很有趣，人生真是快乐。

B 29. 我有时很欣赏自己充满权威，有时又优柔寡断、依赖别人。

F 30. 我习惯付出多于接受。

B 31. 面对威胁时，我变得焦虑，但会对抗迎面而来的危险。

H 32. 我通常是等别人来接近我，而不是主动去接近他们。

C 33. 我喜欢当主角，希望得到大家的注意。

A 34. 别人批评我，我也不会回应和辩解，因为我不想发生任何争执与冲突。

B 35. 我有时期待别人的指导，有时却忽略别人的忠告，径直去做我想做的事。

A 36. 我经常忘记自己的需要。

B 37. 在重大危机中，我通常能克服我对自己的质疑与内心的焦虑。

C 38. 我是一个天生的推销员，说服别人对我来说是一件轻易的事。
A 39. 我不相信一个我一直都无法了解的人。
G 40. 我爱依惯例行事，不大喜欢改变。
A 41. 我很在乎家人，在家中表现得忠诚和包容。
H 42. 我被动而优柔寡断。
H 43. 我很有包容力，彬彬有礼，但跟人的感情互动不深。
G 44. 我沉默寡言，好像不会关心别人似的。
B 45. 当沉浸在工作或我擅长的领域时，别人会觉得我冷酷无情。
B 46. 我常常保持警觉。
H 47. 我不喜欢要对人尽义务的感觉。
H 48. 如果不能完美地表达，我宁愿不说。
I 49. 我的计划比我实际完成的还要多。
G 50. 我野心勃勃，喜欢挑战和登上高峰的经验。
H 51. 我倾向于独断专行并自己解决问题。
E 52. 我很多时候感到被遗弃。
E 53. 我常常表现得十分忧郁，充满痛苦而且内向。
E 54. 初见陌生人时，我会表现得很冷漠、高傲。
D 55. 我的面部表情严肃而生硬。
E 56. 我很飘忽，常常不知自己下一刻想要什么。
D 57. 我常对自己挑剔，期望不断改善自己的缺点，以成为一个完美的人。
E 58. 我感受特别深刻，并怀疑那些总是很快乐的人。
C 59. 我做事有效率，也会找捷径，模仿力特别强。
D 60. 我讲理，重实用。
E 61. 我有很强的创造天分和想象力，喜欢将事情重新整合。
A 62. 我不要求得到太多的注意力。
D 63. 我喜欢每件事都井然有序，但别人会认为我过分执着。
E 64. 我渴望拥有完美的心灵伴侣。
C 65. 我常夸耀自己，对自己的能力十分有信心。
G 66. 如果周遭的人行为太过分，我准会让他难堪。
C 67. 我外向，精力充沛，喜欢不断追求成就，这使我的自我感觉十分好。
B 68. 我是一位忠实的朋友和伙伴。
F 69. 我知道如何让别人喜欢我。
C 70. 我很少看到别人的功劳和好处。
F 71. 我很容易知道别人的功劳和好处。
C 72. 我嫉妒心强，喜欢跟别人比较。
D 73. 我对别人做的事总是不放心，批评一番后，会自己动手再做。
C 74. 别人会说我常常戴着面具做人。

B 75. 有时我会激怒对方，引来莫名其妙的吵架，其实我是想试探对方爱不爱我。

G 76. 我会极力保护我所爱的人。

C 77. 我常常可以保持兴奋的情绪。

I 78. 我只喜欢与有趣的人交友，对一些人却懒得与之交往，即使他们看起来很有深度。

F 79. 我常往外跑，四处帮助别人。

C 80. 有时我会讲求效率而牺牲完美和原则。

D 81. 我似乎不太懂得幽默，没有弹性。

F 82. 我待人热情而有耐性。

H 83. 在人群中我时常感到害羞和不安。

G 84. 我喜欢效率，讨厌拖泥带水。

F 85. 帮助别人达致快乐和成功是我重要的成就。

F 86. 付出时，别人若不欣然接纳，我便会有挫折感。

D 87. 我的肢体硬邦邦的，不习惯别人热情的付出。

H 88. 我对大部分的社交集会不太有兴趣，除非那是我熟识和喜爱的人。

F 89. 很多时候我会有强烈的寂寞感。

F 90. 人们很乐意向我倾诉他们所遭遇的问题。

D 91. 我不但不会说甜言蜜语，而且别人会觉得我唠叨不停。

I 92. 我常担心自由被剥夺，因此不爱承诺。

C 93. 我喜欢告诉别人我所做的事和所知的一切。

A 94. 我很容易认同别人为我所做的事和所知的一切。

G 95. 我要求光明正大，为此不惜与人发生冲突。

G 96. 我很有正义感，有时会支持不利的一方。

D 97. 我注重小节而效率不高。

A 98. 我容易感到沮丧和麻木多于愤怒。

H 99. 我不喜欢那些侵略性或过度情绪化的人。

E 100. 我非常情绪化，一天的喜怒哀乐多变。

H 101. 我不想别人知道我的感受与想法，除非我告诉他们。

D 102. 我喜欢刺激和紧张的关系，而不是稳定和依赖的关系。

I 103. 我很少用心去听别人的心情，只喜欢说说俏皮话和笑话。

D 104. 我是循规蹈矩的人，秩序对我十分有意义。

E 105. 我很难找到一种我真正感到被爱的关系。

D 106. 假如我想要结束一段关系，我不是直接告诉对方就是激怒他来让他离开我。

A 107. 我温和平静，不自夸，不爱与人竞争。

A 108. 我有时善良可爱，有时又粗野暴躁，很难捉摸。

评分解释：

1. D 代表 1 号，F 代表 2 号，C 代表 3 号，E 代表 4 号，H 代表 5 号，B 代表 6 号，

I代表7号，G代表8号，A代表9号。

2. 把同一字母前面“√”个数统计相加，得出九个数字。比如：统计字母“A”前面有几个“√”（第1、12、15、25、34、36、39、41、62、94、98、107、108题13个题目）。按此方法分别统计字母B、C、D、E、F、G、H、I前面各有几个“√”。

3. 拥有最多“√”个数的字母很有可能就是你的类型号。

4. 需要说明的是，这个结论仅供参考，更精确的判断还需要在深入了解和揣摩比较后获得。

三、关于九型人格的解析

（一）第一型：完美型（Reformer/Perfectionist）

欲望特质：追求不断进步。

基本困惑：我若不完美，就没有人会爱我。

主要特征：原则性，不易妥协，常说“应该”及“不应该”，黑白分明，对自己和别人要求甚高，追求完美，不断改进，感情世界薄弱。希望把每件事都做得尽善尽美，希望自己或这个世界都更进步。时时刻刻反省自己是否犯错，也会纠正别人的错。

主要特质：忍耐、有毅力、守承诺、贯彻始终、爱家顾家、守法、有影响力的领袖、喜欢控制、光明磊落。

生活风格：爱劝勉教导，逃避表达愤怒，相信自己每天有干不完的事。

人际关系：你是典型的完美主义者，显浅易明。正因为你事事追求完美，你很少讲出称赞的话，很多时候只有批评，无论是对自己，或是对身边的人！又因为你对自己制定了超高标准，你给自己很大压力，会很难放松自己去尽情地玩、开心地笑！

关键词一：愤怒、不满。

属于第一型的你，相信常常有这感觉。你们常有愤怒、不满的感觉，这都是源自你们超高的生活要求。当遇到什么不顺意时，就很容易感到愤怒、不满，觉得事情不应该这样发生……这种情绪不单是对自己，对周围的环境和人也是一样，因为你对他们一样有超高的要求。但要注意，作为你的朋友，要承受你的愤怒情绪的确不容易，这也会给他们造成压力，所以要多加注意啊！

关键词二：失望、沮丧。

因为事事追求完美，让你在生活里常常碰钉子，感到不如意，产生失望、沮丧的情绪。除了对外发泄愤怒情绪，内心还不断经历挫败，不断经历失望。这些情绪对你并不健康，必须积极处理。最根本的方法不是让自己做得更出色，而是调节对每件事情的看法，轻松面对！

基本恐惧：怕自己做错，变坏，腐败。

基本欲望：希望自己是对的，好的，贞洁的，有诚信的。

（二）第二型：全爱型、助人型（Helper/Giver）

欲望特质：追求服侍。

基本困惑：我若不帮助人，就没有人会爱我。

主要特征：渴望别人的爱或良好关系，甘愿迁就他人，以人为本，要别人觉得需要自己，常忽略自己。很在意别人的感情和需要，十分热心，愿意付出爱给别人，看到别人满足地接受自己的爱，才会觉得自己活得有价值。

主要特质：温和友善、随和、绝不直接表达需要，婉转含蓄、好好先生/小姐、慷慨大方、乐善好施。

生活风格：爱报告事实，逃避被帮助，忙于助人，否认问题存在。

人际关系：助人型，顾名思义，你很喜欢帮人，而且主动，慷慨大方！虽然你对别人的需要很敏锐，但很多时候忽略了自己的需要。对你来说，满足别人的需要比满足自己的需要更重要，所以你很少向人提出请求。这样说来，你的自我并不强，很多时候要帮助别人去肯定自己。

关键词一：自豪、骄傲。

第二型的你，是否觉得这个形容很不贴切？觉得很惊奇？其实，一向表现得助人为快乐之本的你，是通过热心帮助人来肯定自己，要朋友接纳并欣赏自己。所以当有朋友找你帮助时，你自是开心不已，也会有自豪和骄傲之感，因为在这一过程中你得到了肯定和满足。

关键词二：占有、控制。

正因为帮人得到这么多的满足，你很想继续这样帮下去，这个很正常！可是，当你“投资”下越多时间和心力时，你希望得到的回报更多。很有可能，你希望朋友会很黏你，甚至是只黏你一个，事事对你说，跟你分享。这反映了你内心的占有欲，若朋友不这样对你，你便会很失望，觉得他们背叛了你。甚或，你可能会对他们施加压力，控制他们。这里当然不是说每个第二型都是这样子，但当我们状态不佳，心情不太好时，的确有机会出现以上倾向。多留意自己的情绪反应，有助控制及改善！

基本恐惧：不被爱，不被需要。

基本欲望：感受爱的存在。

（三）第三型：成就型（Achiever/Motivator）

欲望特质：追求成果。

基本困惑：我若没有成就，就没有人会爱我。

主要特征：强烈好胜心，喜欢认同，常与别人比较，以成就衡量自己的价值高低，着重形象，工作狂，惧怕表达内心感受。希望能够得到大家的肯定。是个野心家，不断地追求有效，希望与众不同，受到别人的注目、羡慕，成为众人的焦点。

主要特质：自信、活力充沛、风趣幽默、有把握、处世圆滑、积极进取、美丽形象。

生活风格：爱诉说自己的成就，逃避失败，按着长远目标过活。

人际关系：成就型的你精力充沛，总是动力过人，因为你有很强的争胜欲望！你喜欢接受挑战，会把你自己的价值与成就连成一线。成就型的你会全心全意去追求一个目标，因为你相信“天下没有不可能的事”。动力十足的你，最好做领头人，带领其他人！

关键词一：自恋、炫耀。

第三型的人倾向自己成为强大的、重要的，所以有一点点的自恋、自我膨胀。所以你们都会把自己最好的一面给友人看，甚至极端时，会在朋友面前撒谎，以求“保持”自己在朋友心目中的形象。很多时候，第三型真正的实力往往没有那么强，因为他们的表达总是有一点点夸张。

关键词二：害怕亲密。

第三型的你很害怕亲密关系，不是说你会没有朋友，只是当关系进一步深入的时候，你可能会因怕真面目被看见而避开、逃掉。所以，亲密/好朋友关系对第三型来说并不容易建立，因为他们害怕被人看见自己的真面目，也因此很难开放自己与人坦诚交往。第三型的你好胜心颇强，通常认为自己不能在朋友面前“认怂”，所以会尽量表现得很厉害。但世界上没有一个人是十全十美的！如果容许自己以真面目示人，你的生活将很快乐！

基本恐惧：没有成就，一事无成。

基本欲望：感觉有价值，被接受。

（四）第四型：艺术型，自我型（Artist/Individualist）

欲望特质：追求独特。

基本困惑：我若不是独特的，就没有人会爱我。

主要特征：情绪化，追求浪漫，惧怕被人拒绝，觉得别人不明白自己，占有欲强，生活风格我行我素。爱讲不开心的事，易忧郁、妒忌，生活追寻感觉好。很珍惜自己的爱和情感，所以想好好地滋养它们，并用最美、最特殊的方式来表达。想创造出独一无二、与众不同的形象和作品，所以不停地自我察觉、自我反省，以及自我探索。

主要特质：易受情绪影响，倾向追求不寻常、艺术性而富有意义的事物，多幻想，认为死亡、苦难、悲剧才是极具价值和真实的生命。对美感的敏锐可见于独特的衣着，对布置环境的品位显出他的独特性，极具创造力。过分情绪化，容易沮丧或消沉，常觉生命是一个悲剧，对人若即若离，怕关系亲密者发现自己不完美就会离自己而去。

生活风格：爱讲不开心的事，易忧郁、妒忌，生活追求感觉好。

人际关系：曾否有人跟你说，你有艺术家的脾气？自我型正是艺术家型——多愁善感及想象力丰富，常沉醉于自己的想象世界里。另外，由于你是感情主导的人，有些工作你不喜欢就可能不会做，不会考虑责任的问题。

关键词一：嫉妒、比较。

自我型的你其实有点“艺术家脾气”。自怜，觉得自己与其他人不一样，喜欢沉醉于自己的想象世界。很多时候，第四型的你会比较抽离，因为跟身边人比较，觉得自己不同，其他人不会明白，又觉得其他人拥有很多你没有的东西，所以在现实的社交圈子里很难得到满足。

关键词二：自我沉醉、自怜。

由于从现实生活中得不到满足，自我型的你会在幻想中建构自己的世界，好让自己的情绪得以发泄出来。自我型的你显得比较情绪化，让人看不明白，使自己更孤立。所以你要小心，不要让自己过分脱节啊！

基本恐惧：没有独特的自我感受或存在意义。

基本欲望：寻找自我，在内在经验中找到自我认同。

（五）第五型：智慧型，思想型（Thinker/Observer）

欲望特质：追求知识。

基本困惑：我若没有知识，就没有人会爱我。

主要特征：冷眼看世界，抽离情感，喜欢思考分析，知识很多，但缺乏行动，对物质生活要求不高，喜欢精神生活，不善表达内心感受。想借由获取更多的知识来了解环境。面对周遭的事物，想找出事情的脉络与原理，作为行动的准则。有了知识，才敢行动，也才会有安全感。

主要特质：温文尔雅、有学问、条理分明、表达含蓄、拙于辞令、沉默内向、冷漠疏离、欠缺活力、反应缓慢。

生活风格：爱观察、批评，把自己抽离，每天有看不完的书。

人际关系：理智型的你是一个很冷静的人，总想跟身边的人和事保持一段距离。很多时候你都会先做旁观者，才可投入参与。另外，你也需要充分的私人空间和高度的隐私，否则你会觉得很焦虑，不安定！你也很有机会在某些方面成为专家，因为你对知识是非常热爱的！

关键词：好辩、抽离。

思想型的你常常观察身边的事，却很少参与，所以感情投入也很少。好辩，很执着，却少有“输”的空间和气度。对知识的执着固然重要，但经验生活中所得的体会也非常可贵，希望你取得平衡，得到最多！

基本恐惧：无能，无知。

基本欲望：能干，知识丰富。

（六）第六型：忠诚型（Team Player/Loyalist）

欲望特质：追求忠心。

基本困惑：我若不顺从，就没有人会爱我。

主要特征：做事小心谨慎，不轻易相信别人，多疑虑，喜欢群体生活，为别人做事尽心尽力，不喜欢受人注目，安于现状，不喜转换环境；相信权威、跟随权威的引导行事，然而又容易反权威，性格充满矛盾。团体意识很强，需要亲密感，需要被喜爱、被接纳并得到安全的保障。

主要特征：忠诚、警觉、谨慎、机智、务实、守规、纪律维持者。

生活风格：爱平和讨论，惧怕权威，传统可给予安全感，害怕成就，逃避问题。

人际关系：忠诚型的你会是一个很好的员工，因为你忠心尽责。安全感对你很重要，因为遇到新的人和事会令你产生恐惧、不安的感觉。基于这种恐惧不安，凡事你都会做最坏打算，换句话说，你为人比较悲观，也较易逃避。

关键词：害怕、忧虑、犹豫。

忠诚型的你表现得忠诚，是因为你害怕，对事情皆忧虑，很多时候都向最坏处打算，所以做人很谨慎。同一原因，由于害怕做错决定，所以当面抉择的时候你显得很犹疑。适当的忧虑能保护你，但若过分忧虑，则会阻碍你前行！留意留意！

基本恐惧：得不到支援及指引，单凭一己之力不能兼顾全部。

基本欲望：得到支援及安全感。

（七）第七型：活跃型，开朗型（Enthusiast）

欲望特质：追求快乐。

基本困惑：我若不带来欢乐，就没有人会爱我。

主要特征：乐观，要新鲜感，追上潮流，不喜承受压力，怕负面情绪。想过愉快的生活，想创新、自娱娱人，渴望过比较享受的生活，把人间的不美好化为乌有。喜欢投入经验快乐及情绪高昂的世界，所以总是不断地寻找快乐、体验快乐。

主要特征：快乐热心，不停活动，不停获取，怕严肃认真的事情，多才多艺，对玩乐的事非常熟悉亦会花精力钻研，不惜任何代价只要快乐，以嬉笑怒骂的方式对人对事。

生活风格：爱讲自己经验，喜欢制造开心，人生有太多开心的事情。

人际关系：活跃型的你，乐观、精力充沛、迷人、好动、贪新鲜……“最近要玩得开心”就是你的生活哲学！你很需要生活有新鲜感，所以很不喜欢被束缚、被控制。你的活力是玩的活力。

关键词：不耐烦、冲动、上瘾。

好玩、享乐主义的活跃型，做事欠缺耐性，因为你很怕闷。不耐烦之余，也很易冲动行事。第七型的你做事鲜有周详计划，很讲即兴，想做就去做！但你必须要小心，就算遇上一种玩意儿、兴趣你十分喜欢，也得注意不要沉迷下去！始终要顾及自己的身体及其他事情！

基本恐惧：被剥削，被困于痛苦中。

基本欲望：追求快乐、满足、得偿所愿。

（八）第八型：领袖型，能力型（Leader）

欲望特质：追求权力。

基本困惑：我若没有权力，就没有人会爱我。

主要特征：追求权力，讲求实力，不靠他人，有正义感，喜欢做大事。绝对的行动派，一碰到问题便马上采取行动去解决。想要独立自主，一切靠自己，依照自己的能力做事，要建设前不惜先破坏，想带领大家走向公平、正义。

主要特征：具攻击性，以自我为中心，轻视懦弱，尊重强人，为受压迫者挺身而出，冲动，有什么不满意即当场发作，主观，直觉。

生活风格：爱命令，说话大声、有威严，有报复心理，爱辩论，靠意志来掌管生活。

人际关系：领袖型的你有以下特质，豪爽、不拘小节、自视甚高、遇强越强、关心正义、公平。你清楚自己的目标，并努力前进。由于不愿被人控制，且具有一定的支配力，所以你很有潜质做领袖。由于你好胜，有时候会对人有点攻击性，让人感到压力。

关键词：侵略、挑战、反叛。

第八型的你通常身兼领袖身份，有权力全权安排，也可指挥他人。由于你的动力较强，有时会给人以侵略之感，而这个也是你本身的动力源头，你很有争胜及控制的欲望。此外，你专向难度及规范挑战，有“明知山有虎，偏向虎山行”的任性。

基本恐惧：被认为软弱、被人伤害、控制、侵犯。

基本欲望：自己决定生命的路向，捍卫本身的利益，做强者。

（九）第九型：和平型，和谐型（Peacemaker）

欲望特质：追求和平。

基本困惑：我若不和善，就没有人会爱我。

主要特征：须花长时间做决定，难于拒绝他人，不懂宣泄愤怒。显得十分温和，不喜欢与人起冲突，不自夸，不爱出风头，个性淡泊。想要和人和谐相处，避开所有的冲突与紧张，希望事物能维持美好的现状。忽视会让自己不愉快的事物，并尽可能让自己保持平稳、平静。

主要特征：温和友善，忍耐，随和，怕竞争，无法集中注意力，有时像梦游，不到最后一分钟不会完工，非常依赖别人的提醒，对大多数事物没有多大的兴趣，不喜欢被人支配。绝不直接表达不满。

生活风格：爱调和，做事缓慢，易懒惰、压抑，生活追求舒服。

人际关系：和平型的你在很多情况下是和平使者，善解人意，随和。你很容易了解别人，却不太清楚自己想要什么，会显得优柔寡断。相对地说，你没有主见，宁愿配合其他人的安排，做一个很好的支持者，所以你是比较被动的。

关键词：害羞、怕事、懒惰。

和平型的你与世无争，渴望人人能和平共处，很怕引起冲突，是不显眼的一个人。由于从不试图突出自己，你会比较害羞、怕事，也很容易有偷懒的想法，因为你喜爱和平，不喜爱辛劳，所以你也不会对自己施加压力。若你想干一番大事，则要好好鞭策自己！

基本恐惧：转变与压力，失去平衡。

基本欲望：维系内在的平静及安稳。

阅读材料

九种性格的寓意与精神

蔡敏莉

先让我们看个故事。

在遥远的太空某处，一艘太空船正在四处漫游，由东往西，从南到北，穿梭于宇宙星际，希望能找到无人到达过的地方，探索出新的文化、资源和思维。

某一天，太空船来到太阳系的某个星球，远远看去，星球很美丽，山青水绿，色彩缤纷。船长于是命令太空船驶近一点。用先进仪器探索一番后，发现这个星球有水、泥土、树木、动物，可以支持生命存活，是个很不错的地方。船长决定派遣船员作先行部队登陆该星球，看看它是否适合居住或殖民。然而船员人才济济，该派谁去？

开路先锋8号

船长打开一幅关于船员的九种性格地图，发现8号的人生使命是保护、带领，特质是从不害怕、有谋略、目光长远、懂得保护身边人，并且能想方设法克服困难，有力量、有冲劲去解决问题。要开山劈石做先锋、制定长远目标，他是最佳人选。于是，船长派遣8号船员来到星球上，先建立桥头堡，并为进一步发展铺路。8号尽责地策划了很多方案、目标，不过由于工程浩大，工作繁多，8号无法应付，便向船长求救，要求派遣一些人来帮忙。

支援之选2号

船长再度打开船员的性格地图，发现2号的人生使命是成就他人，尽力协助他人成功，最适合做支援工作，于是派遣2号去支援8号。不过，问题依然存在。8号只顾看长远目标，不能兼顾细节；2号只懂支援策划，却不会自行多走一步。欠缺真正勤奋办事的人，迫使船长再考虑加派他人去协助。

忠心队员6号

打开性格地图，船长发现6号是团队型的人，特质是团结、忠心、安全，最适合做士兵，于是派遣6号前去。这时，一个国家已初具规模，有皇帝（8号）、宰相（2号）、士兵（6号）。不过，6号太重视安全，在探索时遇到危险便退缩。8号又认为需要增派将军来带领士兵。

勇字当头3号

3号正是将军的人选。他的人生使命是达到目标，然后再达到另一个目标。3号喜欢有成就，勇字当头，可以披荆斩棘，不怕痛楚，不受感情拖累，决定去做一件事时，无人可以阻碍他。3号来到星球上，跟从8号的指引，带领6号向前冲，令太空人的势力急速扩大。

不过，由于3号为达到目的，有时会不计成本，横冲直撞，不惜牺牲士兵，导致怨声载道。于是，8号又要求太空船派人帮忙，以制约各方，取得平衡，同时能规划各种行为上的细节。

长于规划5号

太空船这次派来的是5号。他理性、不冲动，人生使命是收集资料和做出分析。他一到就搜集了所有问题的资料，逐一研究，提出解决方案，建立真正细致的拓展蓝图。有了蓝图，3号便可以根据规划带领6号去冲锋，探索新大陆、修桥筑路等工作变得更安全。果然，有了5号的规划，工作变得顺利得多。不过，还是有一点缺憾：3号有时为了急于求成，会不顾一切，没有跟从5号的规划去做。这样使最后的工作效果经常不够好，而且时有遗漏。

监督使者1号

为了保证质量，太空船于是再派1号来监督，确保所有人按着标准去做，因为1号的人生使命正是跟从标准、原则。由于1号很有判断性，是非黑白分得清楚，颇能起到监管之效，团队运作开始顺畅起来。可是不久之后，留在星球上的人又觉得有所缺乏。因为平日只有工作的份儿，没有玩乐，也士气低落。这次，太空船派了7号前来。

娱乐先生7号

7号的人生使命是创造可能性，最怕闷，怕不开心。为了保持自己开心，他会不停娱乐自己、娱乐他人，设法带给每个人欢笑和享受。有了7号，星球生活开始变得丰富，吃喝玩乐一应俱全。

心灵诗人4号

不过，本身拥有高度智慧和深度的太空人并不愿意看见留在星球上的一群人只满足于吃喝玩乐等肤浅的娱乐，更害怕他们只顾向外发展，忽略了心灵空间，忘却本来的灵性。

太空船长于是派遣4号前来。4号的人生使命是凭感觉做事，会创作歌曲、诗章、雕塑、艺术品，能透视人的内心感受，带动所有人重投灵性感觉的怀抱。

和平大使9号

至此，星球似乎什么都有了。不过人一多，纷争、冲突便出现。为了维持和平，船长把最后一种人9号派来。9号的人生使命是维持和谐。他本身没有野心，又爱调解其他人的纷争，能够维护和平，制造凝聚力。

当九种人同时在星球上共存时，一个最完整、没有缺陷的团体诞生了。这九种人共同合作、互相制衡，堪称真正的梦幻组合。这个星球，就叫作“地球”。

这个故事想说的是：人类本是很完美的团队，虽然人与人各有不同，但每种性格都与职位、工作相适应，缺一不可。这九种性格之间没有好坏优劣之分。为此，人们应协助他人根据各自的性格特征尽可能地发挥个人的能力。一般人往往希望身边人的想法、行为、价值观和自己一样。每个人都想把自己的价值观加之于其他人身上。这是人类长期以来痛苦的原因，也是人类数千年以来灾劫连连、战争不断的重要原因。

“九种性格”理论希望使人们认知每种性格的存在，接受每种性格存在的价值，尊重每种性格的使命。

四、九种人格问答

（一）九型人格有哪些分区

在九型人格理论中，9 个号码被分为三个区域（见图 9－3），分别为心区（感性区），包括 2 号、3 号、4 号；脑区（理性区），包括 5 号、6 号、7 号；腹区（本能区），包括 8 号、9 号、1 号。

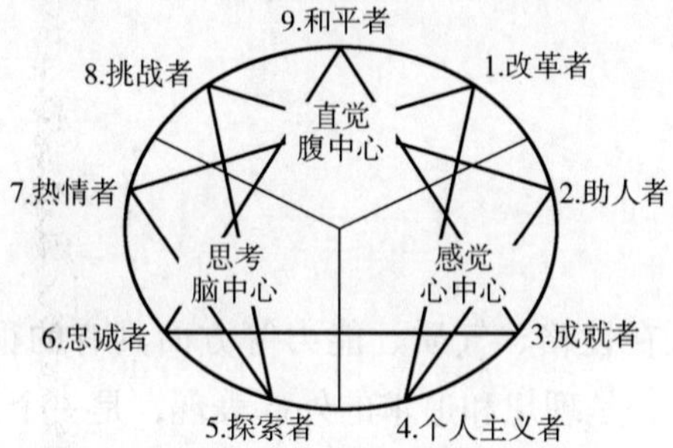

图 9－3　九型人格分区

心区的人强调感情、感觉、感知、感受等，更感性一些，注重人与人的关系，情感细腻，非常感性。

脑区的人比较理性，善于分析、研究、判断、琢磨、思考。

腹区的人习惯直来直去，以腹区为中心的人就是“是怎样就是怎样”的人。

（二）九型人格的九种核心价值观

九型人格的核心价值观如表 9－1 所示。

表 9－1　九型人格的九种核心价值观

型号	核心价值观
1 号	做事守规矩，有原则，改正错误及达到标准
2 号	明白及满足他人的需要，帮助他人
3 号	成功、名誉、地位、声望、财富
4 号	内心的感受能被人了解

续表

型号	核心价值观
5 号	比别人懂得多，懂得快
6 号	安全
7 号	新鲜、刺激、好玩、追求快乐
8 号	权力、控制、主持正义、维持公平
9 号	维护和谐，避免冲突

第三节　塑造完美的人格

一、人格魅力

人格魅力是指一个人在性格、气质、能力等方面具有的很能吸引人的力量，是一个人道德品质的集中反映，是理想和追求的外部表现，是一个人灵魂的折射。

二、利用九型人格理论塑造人格魅力

（一）九种号码成长的策略

课堂思考：九种人格，九种特征，每一种人格有每一种人格的优势和弱势。想想，每种人格应该怎样发展才更趋于完美呢？

1 号：多一些弹性；多一些赞美；多一些激情和活力；清理思绪，及时沟通；少指责，放宽标准；多关注正面信息。

2 号：觉察自己的“感情兑换”机制；学会在付出的同时表达自己的需求；坦然接受别人的支持和帮助。这是人际关系互动的方式和需要。

3 号：厘清目标与目的的区别；思考目前的生活与工作的速度或节奏真的是自己想要的吗，从内在建立一个信念，别人对你的爱和认同不只是因为你的成功与外在形象；给别人一些释放精彩的空间；尝试和内在的真我接触。

4 号：让生命的目标和焦点更清晰一些；找到自信的支点；克服自我封闭的心理；远离空虚和孤独的习惯；关注他人的感受，用心爱别人。

5 号：去感受走进人群；关注自己的感受并与他人沟通。

6号：提升行动力；拥抱责任；要欣赏自己；抛弃没有答案的担心及顾虑。

7号：三思而后行；策划，节制，控制；关心他人；克服懒惰的习惯；目标要清晰；要有耐力及深度。

8号：放权；欣赏和嘉许；认同；注意聆听；感受他人的感受。

9号：从人群中站出来；加强行动力；有计划，有目标，有结果；积极面对冲突。

（二）完善人格的趋向

每一类型性格的人都有自己的“执着”和“坚持”的误区，学习九型人格的其中一个目的就是清楚自己的性格特质，突破自己，走出误区，使自己不断完善（见图9-4）。

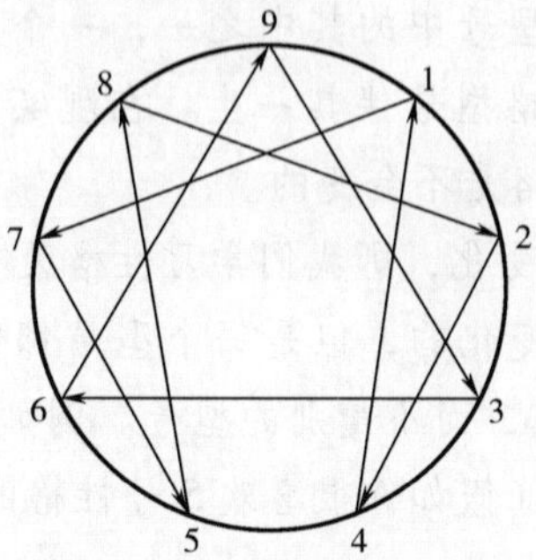

图9-4　各型的整合方向

1要学习7，放下拘谨，敢于创新，接受别人；别再刻板，墨守成规。
7要学习5，自我克制，搜集资料，深入思考；别再痴迷，游乐无度。
5要学习8，勇往直前，果断行动，言出必行；别再抽离，想多做少。
8要学习2，爱心关怀，开放倾听，乐于助人；别再骄横，称王称霸。
2要学习4，自我探索，坚持愿景，爱己爱人；别再抱怨，心理失衡。
4要学习1，冷静理性，控制情绪，脚踏实地；别太自我，顾影自怜。
9要学习3，目标明确，态度积极，计划行事；别太牵强，犹豫不决。
3要学习6，忠诚诚实，小心尽责，关心别人；别太执着，拼死拼活。
6要学习9，随遇而安，放下焦虑，信任别人；别太敏感，疑神疑鬼。

（三）注意事项

（1）人格被分为九型，你必然属于其中一型，而这个型就是你的“基本人格型态”。一个人的基本人格类型是不会变的，即使在现实生活中，因为某些因素而有了种种变化，你的基本人格型态可能有某部分的隐藏或是调整，却不会真正改变。

（2）虽然人的基本性格型态不会改变，但是某一型的典型描述却不一定全然符合某一个人，原因是：为了顺应成长环境、社会文化，在安定或压力的情况下，性格有可能出现一些差异。必须强调的是：每一个人的成长环境都独一无二，所以同类型人之间可能有许多共同点，却也各自拥有一些属于自己的最特殊的品质。

(3) 九型人格中，没有哪一型全然属于“男人的型”，也没有哪一型是“女人专属”。

(4) 没有哪一型比较好、哪一型比较差的绝对价值观。事实上，每一型的人都各有其优缺点。

(5) 了解你自己和别人的人格类型后，不要将每一个人贴上标签，而要了解、掌握自己或他人的人格类型，提升自我修养。

小贴士

1. 一个人的性格类型会不会从一种型号变为另一种型号？

不会的，每个人都是九种型号中的其中之一，一个人的基本人格类型不会从一种型号变为另一种型号，基本性格型号伴其一生。在现实生活中，虽然人们行为风格时常发生各种变化，但其基本人格是不会变的。

2. 既然人的性格类型不会变化，那我们学习性格又有什么用呢？

虽然基本性格型号是不会变化的，但是每个型号都有不同的健康层次（九个健康层次）。你可以成为更好的自己，而不是别的型号。例如，你是3号性格，你可以变成更好的3号，而不是变成5号（假如你很喜欢5号性格的话）。

课堂讨论：

你的人格接近哪个型号？都有哪样的优势和不足？应该怎样完善？你的同桌呢？

技能训练室

下列15种心理需求选自“爱德华个人兴趣量表”（EPPS），请你写出其中三项自己认为太高或太低，而又不太喜欢的个性特质，并说说你不喜欢的理由。请其他成员给予反馈，并提出建设性的建议。

成就	顺从	秩序	表现	自主
亲和	省察	求助	支配	谦逊
慈善	变异	坚毅	异性恋	攻击

我的选择

________（太高或太低）是我不太喜欢的个性特质，因为____________

________（太高或太低）是我不太喜欢的个性特质，因为____________

________（太高或太低）是我不太喜欢的个性特质，因为____________

快乐自习室

菲尔人格的十项测试题

1. 你何时感觉最好？（　　）

A. 早晨　　B. 下午及傍晚　　C. 夜里

2. 你走路时是（　　）。

A. 大步地快走　　B. 小步地快走　　C. 不快，仰着头面对着世界

D. 不快，低着头　　E. 很慢

3. 和人说话时，你（　　）。

A. 手臂交叠站着　　B. 双手紧握着　　C. 一只手或两手放在臀部

D. 碰着或推着与你说话的人

E. 玩着你的耳朵、摸着你的下巴或用手整理头发

4. 坐着休息时，你的姿势是（　　）。

A. 两膝盖并拢　　B. 两腿交叉　　C. 两腿伸直

D. 一腿蜷在身下

5. 碰到你感到发笑的事时，你的反应是（　　）。

A. 一个欣赏地大笑　　B 笑着，但不大声　　C. 轻声地咯咯地笑

D. 羞怯地微笑

6. 当你去一个派对或社交场合时，你（　　）。

A. 很大声地入场以引起注意　　B. 安静地入场，找你认识的人

C. 非常安静地入场，尽量保持不被注意

7. 当你非常专心工作时，有人打断你，你会（　　）。

A. 欢迎他　　B. 感到非常恼怒　　C. 在上述两极端之间

8. 下列颜色中，你最喜欢哪一种颜色？（　　）

A. 红或橘色　　B. 黑色　　C. 黄色或浅蓝色

D. 绿色　　E. 深蓝色或紫色　　F. 白色

G. 棕色或灰色

9. 临入睡的前几分钟，你在床上的姿势是（　　）。

A. 仰躺，伸直　　B. 俯躺，伸直　　C. 侧躺，微蜷

D. 头睡在一个手臂上　　E. 被子盖过头

10. 你经常梦到自己在（　　）。

A. 落下　　B. 打架或挣扎　　C. 找东西或人

D. 飞或漂浮　　E. 平常不做梦　　F. 你的梦都是愉快的

答案得分：

1. A2 B4 C6

2. A6 B4 C7 D2 E1
3. A4 B2 C5 D7 E6
4. A4 B6 C2 D1
5. A6 B4 C3 D5
6. A6 B4 C2
7. A6 B2 C4
8. A6 B7 C5 D4 E3 F2 G1
9. A7 B6 C4 D2 E1
10. A4 B2 C3 D5 E6 F1

得分标准：

经过上述十项测试后，将所有分数相加，结果如下：

悲观者（低于21分）：内向的悲观者。你是一个害羞的、神经质的、优柔寡断的人，永远要别人为你做决定。你是一个杞人忧天者，有些人认为你令人乏味，只有那些了解你的人知道你不是这样。你是内向的悲观者，大多数公司不喜欢这类性格。

挑剔者（21～30分）：缺乏信心的挑剔者。你勤勉、刻苦、挑剔，是一个谨慎小心的人。如果你做任何冲动的事或无准备的事，朋友们都会大吃一惊。你是缺乏信心的挑剔者，适合编辑、会计等数字和稽核工作。

自我保护者（31～40分）：以牙还牙的自我保护者。你是一个明智、谨慎、注重实效的人，也是一个伶俐、有天赋、有才干且谦虚的人。你不容易很快和人成为朋友，却是一个对朋友非常忠诚的人，同时要求朋友对你也忠诚。要动摇你对朋友的信任很难，同样，一旦这种信任被破坏，也就很难恢复，你有最广泛的适应性。

中道者（41～50分）：平衡的中道者。你是一个有活力、有魅力、讲究实际，而且永远有趣的人。你经常是群众注意力的焦点，但你是一个足够平衡的人，不至于因此而昏了头。你亲切、和蔼、体贴、宽容，是一个永远会使人高兴、乐于助人的人。你是平衡的中庸者，适合人力资源工作。

冒险家（51～60分）：吸引人的冒险家。你是一个令人兴奋、活泼、易冲动的人，是一个天生的领袖，能够迅速做决定，虽然你的决定不总是对的。你是一个愿意尝试机会、欣赏冒险的人，周围的人喜欢跟你在一起。你适合市场开发与销售工作，能独当一面。

孤独者（60分以上）：傲慢的孤独者。你是自负的自我中心主义者，是个有极端支配欲、统治欲的人。别人可能钦佩你，但不会永远相信你。你通常很有才华，但与人沟通功夫欠佳，可做研发指导工作。

附录一
团体心理辅导方案

团体心理辅导是心理辅导（还包括个体心理辅导）的主要组成部分。团体心理辅导是“教师或辅导人员，面对多数被辅导者——学生，基于社会及团体动力的原理，运用恰当的辅导技术，在团体情景下进行的一种互动的心理咨询形式，它是通过成员间的观察、学习、体验，认识自我，探讨自我，接纳自我，调整改善与他人的关系，学习新的态度和行为方式，以促进良好适应与发展的助人过程。

和个体心理辅导相比，团体心理辅导显示出它极大的优越性。其对象是团体的多个成员。大大增加了受益的人数，节约了咨询的时间和人力，符合经济的原则，能提高咨询的效率，同时也能缓解咨询人员不足的矛盾，及时有效地在一个团体的情境中解决具有共性的心理问题，是促进大学生心理健康及人格成长的一种非常有效的途径，有效地提高了学校心理健康教育的实效性。

高职学生的学习问题、生涯规划问题、生命教育问题是大学生心理健康教育的重要部分，也比较适合团辅形式教学，所以，本书共安排这三方面的团体心理辅导方案，供读者借鉴。

方案一：提升高职学生学习动力的辅导简案——大学生学习问题。

方案二：敢问路在何方——大一学生生涯规划团体辅导。

方案三：让生命诗意栖居 —— 大学生生命教育训练营。

【方案一】

提升高职学生学习动力的辅导简案

——大学生学习问题团体辅导

设计：张红梅　高丽芳　徐　倩　郭雄伟　朱晓坤　刘　威　王　涛

督导：樊富珉教授

时间：2012 年 1 月

一、动机不足原因分析

动机不足原因分析，如图 1 所示。

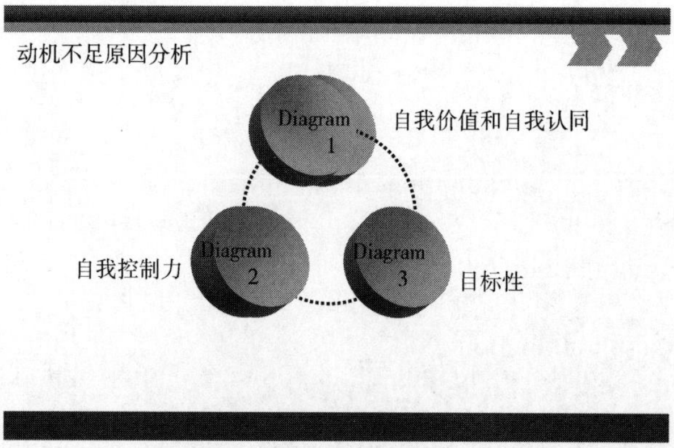

图 1　动机不足原因分析

二、招募海报

招募海报，如图 2 所示。

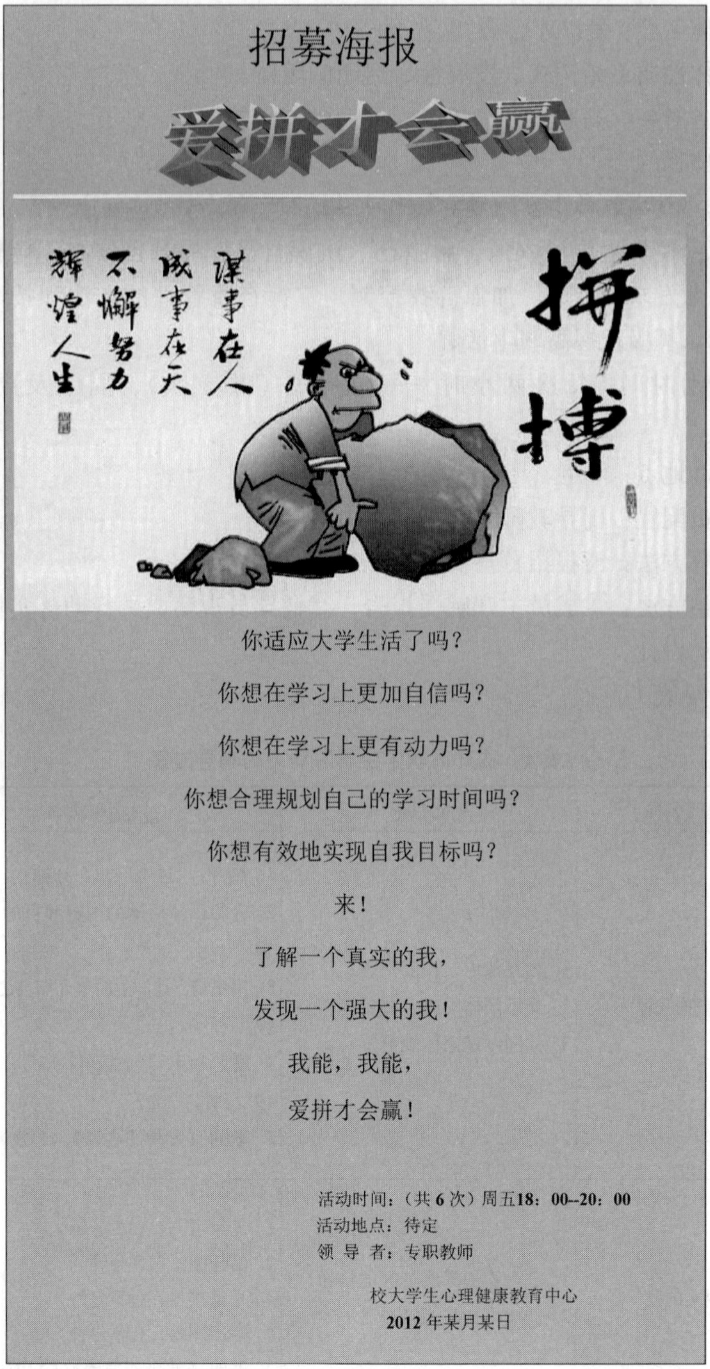

图 2　招募海报

三、提升高职学生学习动力的辅导方案

爱拼才会赢

（一）团体名称：爱拼才会赢。

（二）团体性质：结构式、发展性、封闭的团体。

（三）服务对象：高职学校一年级学习动机不足的学生。

（四）团体目的

总目标：提升高职学生学习动力。

具体目标：使学生更深入地了解自己、认识自己，提升自信心，唤醒学生对自我价值的认同，激发求知欲望。加强自我控制，掌握自我管理的方法和技巧。帮助学生找寻发展目标，积极把握高职生活。

（五）活动时间：每次两小时，每周一次（共 6 次），周二及周五 16：00—17：00。

（六）活动地点：待定。

（七）人员配置：辅导教师 1 名、助手 1 名。

（八）招募方法：海报招募。

（九）评估方法：①成员主观感受报告；②辅导员观察成员行动落实情况。

（十）活动设计。

活动设计见表 1。

表 1　提升高职学生学习动力的辅导方案

次数	单元名称	单元目标	内容与活动	备注
1	认识你我他	1. 相互认识、相互熟悉； 2. 介绍团体的内容和目标； 3. 共同制定团体规范	1. 热身：“过电”；（5 分钟） 2. 介绍团体活动的内容和目的；（15 分钟） 3. 串串烧：让学生简单介绍自己；（20 分钟） 4. 建立小组，形成组名、口号，形成契约（45 分钟） 5. 歌曲《爱拼才会赢》（5 分钟）	
2	现实的我	1. 进一步加深成员间的信任； 2. 让成员初步了解自己	1. 无家可归；（15 分钟） 2. 信任圈；（15 分钟） 3. 光谱测量；（25 分钟） 4. 走出圈外；（30 分钟） 5. 歌曲《爱拼才会赢》（5 分钟）	

续表

次数	单元名称	单元目标	内容与活动	备注
3	理想的我	寻求发展目标	1. “可口可乐”循环口令操；（10 分钟） 2. 互助健身操；（15 分钟） 3. 我最喜欢的事；（25 分钟） 4. 我的人生故事书（30 分钟） 5. 歌曲《爱拼才会赢》（5 分钟）	
4	真实的我	1. 深入了解自己； 2. 树立自信心	1. 招牌动作（嘿嘿哈）；（10 分钟） 2. 关注练习；（15 分钟） 3. 我的柑橘；（25 分钟） 4. 洞口余生；（35 分钟） 5. 歌曲《爱拼才会赢》（5 分钟）	
5	我的大学我做主	掌握自我管理的方法和技巧	1. 群龙戏珠；（15 分钟） 2. 生活馅饼；（25 分钟） 3. 方格时间管理；（25 分钟） 4. 歌曲《爱拼才会赢》（5 分钟）	
6	我的未来不是梦	制定近期的成长目标	1. 我的金钥匙；（25 分钟） 2. 勇敢地承诺；（25 分钟） 3. 爱的传递；（15 分钟） 4. 歌曲《爱拼才会赢》（5 分钟）	

参考资料：

学习动力自我诊断量表

这是一份关于大学生学习动力的自我诊断量表，一共有 20 个问题。请你根据自己的实际情况，逐一对每个问题做“是”或“否”的回答。为了保证测验的准确性，请你认真作答。

1. 如果别人不督促你，你极少主动地学习？
2. 你一读书就觉得疲劳与厌烦，直想睡觉？
3. 当你读书时，需要很长的时间才能提起精神？
4. 除了老师指定的作业外，你不想再多看书？
5. 在学习中遇到不懂的知识，你根本不会想方设法弄懂它？
6. 你常想，自己不用花太多的时间，成绩也会超过别人？
7. 你迫切希望自己在短时间内就能大幅度提高学习成绩？
8. 你常为短时间内成绩没能提高而烦恼不已？

9. 为了及时完成某项作业，你宁愿废寝忘食、通宵达旦？

10. 为了把功课学好，你放弃了许多你感兴趣的活动，如体育锻炼、看电影与郊游等？

11. 你觉得读书没意思，想去找个工作做？

12. 你常认为课本上的基础知识没啥好学的，只有看高深的理论著作、读大作品才带劲？

13. 你平时只在喜欢的科目上狠下功夫，对不喜欢的科目则放任自流？

14. 你花在课外读物上的时间比花在教科书上的时间要多得多？

15. 你把自己的时间平均分配在各科上？

16. 你给自己定下的学习目标，多数因做不到而不得不放弃？

17. 你几乎毫不费力就实现了你的学习目标？

18. 你总是同时为实现好几个学习目标而忙得焦头烂额？

19. 为了应付每天的学习任务，你已经感到力不从心？

20. 为了实现一个大目标，你不再给自己制定循序渐进的小目标？

评分与解释

上述20道题目可分成四组，它们分别测查你在四个方面的困扰程度：1~5题测试你的学习动机是不是太弱；6~10题测试你的学习动机是不是太强；11~15题测试你的学习兴趣是否存在困扰；16~20题测试你在学习目标上是否存在困扰。

假如你对某组（每组5题）中大多数题目持认同的态度，回答“是”，则一般说明你在相应的学习欲望上有一些不够正确的认识，或存在一定程度的困扰。

回答“是”记1分，回答“否”记0分，将各题得分相加，算出总分。总分在0~5分，说明你在学习动机上有少许问题，必要时可调整自己的学习动机；总分在6~10分，说明你在学习动机上有一定的问题和困扰，可调整自己的学习动机；总分在14~20分，说明你在学习动机上有严重的问题和困扰，必须调整自己的学习动机。

【方案二】

敢问路在何方
——大一学生生涯规划团体辅导

设　　计：田秀云　金颖超　常　旭　周　玥

指导教师：樊富珉教授

时　　间：2012年1月

一、问题的提出

（1）大一是高职学生的关键时期。

（2）学生特点：①对未来迷茫，但迫切希望找到方向与路径；②绝大多数人随波逐流——自我认识水平不高；③存在理想与现实的差异——需要目标引导与调整。

二、理论依据

（一）人职匹配理论。在选择职业的过程中，涉及三个主要的因素：对工作性质和环境的了解，对自我爱好和能力的认识，以及以上二者之间的协调与匹配。这就是“职业辅导的三大原则”。

（二）克朗伯兹生涯决定社会学习论。四大因素决定职业选择：遗传因素和特殊的能力，环境状况和事件，学习经验，工作取向的技能。

三、团体方案

（一）招募海报（见图3）。

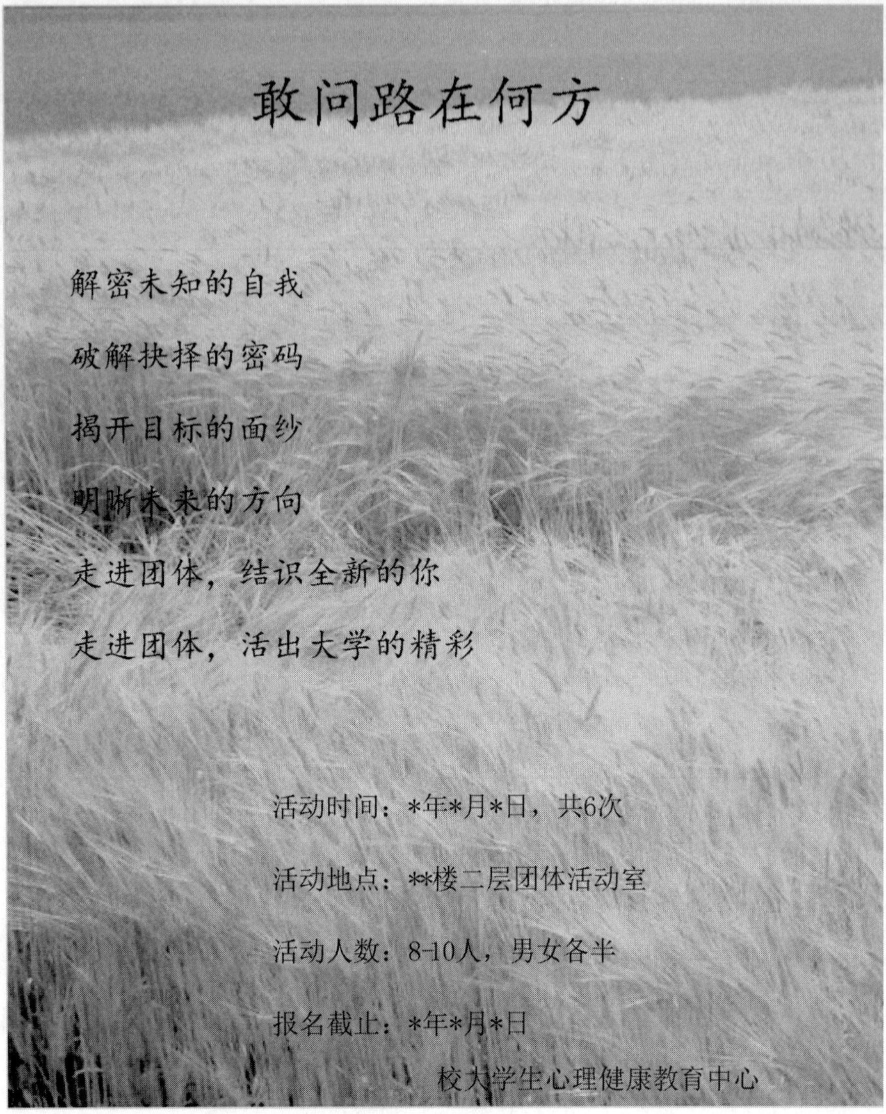

图3　招募海报

（二）团体名称：敢问路在何方。

（三）团体性质：结构性、发展性团体。

（四）团体目标：①加深自我探索，促进成员对其性格特征、兴趣、价值观等的认识；②认识自身现有条件（内在特质、家庭期望、周围影响因素）与其毕业去向的关系；③促进成员对毕业去向有更现实的认识，并能吸纳更多资源，更好地规划毕业前的大学生活。

（五）团体对象：大一学生。

（六）团体规模：20～30 人，以班级为活动单位。

（七）活动地点：团体辅导室。

（八）活动频率：共三次，每周一次，每次约 3 小时。

（九）领导者及背景：辅导员老师。

（十）评估方法：①成员主观感受报告。②辅导员观察成员行动落实情况。

（十一）团体活动总体方案，见表 2。

表 2　团队活动总体方案

单元	单元名称	单元目标	活动内容	时间（分钟）	材料
一	初到团体	增进组员之间的相互了解，增强信任感，确立团体契约	1. 暖身：雨点变奏曲 2. 光谱测量 3. 分组：红黄蓝小组 4. 信任圈 5. 团体契约	3 10 3 15 30	A4 彩色纸，1 号彩纸，彩笔，剪刀，胶带
二	我是谁	促进成员对其自身性格特征、价值观、兴趣等的了解与探索，增进自我肯定	1. 生涯十字路 2. 周哈里窗 3. 优点轰炸 4. 想象放松 5. 我的五样 6. 总结 7. 家庭作业：职业大采访	10 20 20 3 60 5	纸、笔、打印好的“生涯的十字路口”“周哈里窗”表，职业访谈表
三	家庭与我	协助成员整理目前家庭期望及周围因素对自己择业的影响，并探索自身的期望与需要	1. 暖身：刮大风 2. 家庭树 3. 你帮我帮你 4. 生涯幻游	5 40 5 80	A4 纸，彩笔
四	看清职业路	加深成员对各职业现状及其要求的认识；促进成员对职业抉择的反思	1. 轻柔体操 2. 看清职业路 3. 结束 4. 家庭作业：根据两次活动对自身的反思，确立一个合适的目标或对已有目标进行适当调整	5 45 5	

续表

单元	单元名称	单元目标	活动内容	时间（分钟）	材料
五	心动不如行动	协助成员制定未来两年计划并制定短中长期目标及计划，探讨目标实现过程中可能遇到的困难及应对方式	1. 暖身：击掌接龙 2. 心动不如行动 3. 放松体操 4. 热座	10 40 3 40	纸，笔
六	笑迎未来	处理离别情绪，增强成员对完成目标的信心	1. 坚强后盾 2. 结束	40 5	

（十二）困难与不足：困难包括①方案可行性：组织学生存在困难；②方案针对性问题。不足包括①未进行充分调研，活动针对性需进一步思考；②每个活动的时间分配有待完善。

【方案三】

让生命诗意栖居—— 大学生生命教育训练营

设计：周瑶瑶　冯翠玲　翟丽萍　常　旭　李微光　张　伟　楼　晶

督导：樊富珉教授

时间：2012 年 1 月

一、问题的提出：大学生跳楼自杀事件屡见不鲜。

二、理论依据。

三、辅导方案。

（一）团体名称：让生命诗意栖居——大学生生命教育训练营。

（二）招募海报。

招募海报如图 4 所示。

（三）团体目标：①帮助学生觉察自己的生命状态，理解生命的过程性；②帮助学生体会生命的有限性，珍惜生命，探索自己的生命价值；③帮助学生理解生命的独特性，尊重生命；④帮助学生学会感受爱、分享爱。

（四）团体的性质：封闭性、同质性、结构性团体。

（五）地点：校心理咨询室。

（六）活动时间：周六（8：00—10：00）。

（七）活动次数：7 次。

（八）领导者：专职教师。

（九）团体方案：方案概要见表 3。

图 4　招募海报

表 3　团体方案概要

单元	活动名称	单元目标	单元内容	所需材料
1	有缘相聚	相互认识、相互熟悉；介绍团体的内容和目标；共同制定团体规范	大风吹 滚雪球 制定团队契约	纸 彩笔胶带
2	携手同行	培养团体成员的归属感；增强团体成员信任感；提高团体的凝聚力	握手凝心 心有千千结 同舟共济 盲行	报纸 眼罩

续表

单元	活动名称	单元目标	单元内容	所需材料
3	认识生命	帮助学生觉察自己的生命状态，理解生命的过程性	手指操 成长三部曲 玫瑰旅程	纸 彩笔
4	珍爱生命	帮助学生体会生命的有限性，珍惜生命，探索自己的生命价值	与生命有约 洞口求生 我的墓志铭	纸 彩笔
5	尊重生命	帮助学生理解生命的独特性，尊重生命	轻松体操 我的橘子 生命之牌	橘子 小卡片
6	点亮生命	帮助学生感受到爱能够滋养生命，意识到爱是生命的源泉，思考如何丰富生命，珍惜拥有	拥抱宇宙 我的人生五样 脑力大激荡	纸彩笔
7	感恩生命	回顾团体过程，分享收获，传递关怀，评估成效	按摩操 优点轰炸 爱的传递 感恩的心	心形卡片 爱心小便签 音响 歌曲

第一单元：有缘相聚（团体初建）

单元目标：相互认识、相互熟悉；介绍团体的内容和目标；共同制定团体规范（详情见表4）。

表4　有缘相聚

活动名称	活动内容	时间
大风吹	了解团队的人员构成，突显共同点，活跃气氛	15分钟
滚雪球	他人介绍、连环介绍，达到快速相互认识的目的	1小时
建立团体契约	通过团体讨论，制定团体名称、契约、口号	45分钟

第二单元：携手同行（过渡阶段）

单元目标：培养团体成员的归属感；增强团体成员信任感；提高团体的凝聚力（详情见表5）。

表5　携手同行

活动名称	活动内容	时间
握手凝心	让成员确定团体的握手形式，一起喊口号和契约，凝聚团体力量	10分钟
心有千千结	团体合作，靠集体的力量解决困难，体会团队支持对个人的意义和重要性	30分钟
同舟共济	集思广益，团队合作，靠团体力量克服困难，达到目的	30分钟
盲行	通过助人和受助的体验，增加对他人的信任与接纳	50分钟

第三单元：认识生命

单元目标：帮助学生觉察自己的生命状态，理解生命的过程性（详情见表6）。

表6　认识生命

活动名称	活动目的	时间
手指操	暖身	10分钟
成长三部曲	理解生命的过程性，体会生命的起伏	30分钟
玫瑰旅程	觉察自己的生命状态	80分钟

第四单元：珍惜生命

单元目标：帮助学生体会生命的有限性，珍惜生命，探索自己的生命价值（详情见表7）。

表7　珍惜生命

活动名称	活动内容	时间
与生命有约	领导者朗读冰心《敬畏生命》，在听到“生命”时，过电，暖身，加深学生对本次团体辅导主题的印象	10分钟
洞口求生	探索自己的生命价值	1小时
我的墓志铭	通过生命的有限性，进一步反思自己的生命意义	50分钟

第五单元：尊重生命

单元目标：帮助学生理解生命的独特性，尊重生命（详情见表8）。

表8　尊重生命

活动名称	活动内容	时间
轻松体操	暖身	10分钟
我的橘子	识别和接纳生命的独特性	50分钟
生命之牌	让学生体会人无法决定命运给予我们什么，但是可以决定面对命运的态度	1小时

第六单元：点亮生命

单元目标：帮助学生感受到爱能够滋养生命，意识到爱是生命的源泉，思考如何丰富生命，珍惜拥有（详情见表9）。

表9　点亮生命

活动名称	活动内容	时间
拥抱宇宙	暖身	10分钟
我的人生五样	帮助学生感受到爱能够滋养生命，意识到爱是生命的源泉，珍惜拥有	80分钟
脑力大激荡	思考如何丰富生命	30分钟

第七单元：感恩生命

单元目标：回顾团体过程，分享收获，传递关怀，评估成效（详情见表10）。

表10　感恩生命

活动名称	活动内容	时间
按摩操	暖身，体会付出与给予爱	10分钟
优点轰炸	让学生学会积极关注，并体会到积极关注带来的喜悦	30分钟
爱的传递	每个人拥有一张爱心小卡片，其他组员在该卡片上写上赠予他人的“礼物”，处理离别情绪	50分钟
感恩的心	学习《感恩的心》手语操，在温馨的氛围中告别	30分钟

附录二

一心一念一世界，一卡一字明自心

——心脑成像技术在学校教育教学中的应用

一、心灵图卡简介

字卡和图卡在心理学上被称为“潜意识直觉卡”，是心理投射测试工具。参与者根据所抽到字卡和图卡的组合，诉说自己或欢愉或苦涩或痛楚的故事和心情。图片作为一种投射工具，在心理教育和咨询领域有着特别的用途。心灵图卡可以在一对一的心理咨询与治疗中运用，解决来访者的各种问题和困惑；还可以作为一种“绘本”进行深度心理治疗；也可以用作团体咨询中互动的有效材料。作为我们日常的娱乐工具，心灵图卡在亲子游戏、家庭活动中也有着很好的用途，可以协助家庭成员在愉悦中收获那么一点点进步。图卡作为一种艺术表达的形式，本身是一种隐喻性的语言。在咨询中，心灵图卡就像咨询师和来访者之间的一种共同的语言，使治疗关系得到了扩展。来访者选择的图卡扩大了对话的范围，使得来访者的想法和感觉没有防卫。我们每天都要照镜子看看自己的仪容是否符合要求，而心灵图卡则是一面照见内在自己的镜子。透过图卡，我们可以与内在的自己做联结。放弃理性的头脑分析，回归到感性，当你与自己真实的感受联结时，心理疗愈便会自然发生。

二、心灵图卡的特点

（1）精：图卡采用250克铜版纸印制，正反面覆亮膜，包装精美，便于长期使用和保存。

（2）大：长14厘米，宽10厘米。在个案挑选图卡的时候，大的卡牌更具有视觉吸引力，看得更清晰。尤其是在人数多的团体中使用时，大家在较远的距离就能看清图卡内容，有利于快速便捷地做出选择。

（3）多：每套图卡包含110张不同内容的卡片。110张充满个性的图卡克服了团体人数多时可能导致的选择冲突。可充分满足一般的团体辅导、工作坊以及以班级为单位的团体辅导使用，为学校心理健康教育的开展提供了非常实用和灵活的材料。

（4）美：图卡动物图都是手绘图案，呈现自然界动物经典瞬间，设计精美。绿色的背景柔和宁静，更加衬托出图片的动感，也给图片观察者带去一份心灵的宁静。

三、心灵图卡的功能

图片以自然界的各种动物为主要内容，配合相应的文字对图片进行象征性或描述性释义，引发观察者的联想和想象，带出来访者的内在状态；亦可以帮助来访者快速地聚焦问题，发现和觉知自己的内在智慧、力量，学习以积极正向的角度看待自己，在震撼与惊喜中开始新的人生之旅。很多咨询师在实践中发现，使用心灵图卡的心理辅导或咨询，打破了现有心理咨询的一些边界和规范，可以在几分钟时间里快速帮助来访者。可以同时给几个人做咨询，也可以给家庭成员就一个问题一起做家庭辅导。

更多心理咨询师也体会到，图卡作为表达的媒介，加上用自主选择的方式呈献给来访者，有助于调动来访者的行动力，有助于减轻来访者的防御性，比较容易打开来访者表达和沟通的渠道。此外，图卡也是表达性艺术治疗、故事治疗及儿童游戏治疗中的好材料。分析心理学创始人荣格曾指出："心像为超越功能透过象征事物在潜意识与意识分裂的精神'深渊'上架起桥梁。"沙游疗法创始人朵拉·卡尔夫也曾说："象征符号是一种图像化的语言，它包含着超越意识的内容，指向上帝所赋予的人类自然永恒力量。当这种力量被认识和经历，人们就会体会到自己生而为人的尊严感。"心灵图卡这样的视觉化材料本身就是一个心像，就是一种图像化的语言。透过来访者投射式的表达呈现不被意识觉察的内心世界深处的情绪和情感。表达和心像的融合，促进心理能量的流动和整合，这一过程本身就是心理治疗。

图卡本身的意义如下：

（1）各种动物的象征意义可以被使用进来。每一个动物的每一个状态，都可能是来访者某种人格特质、某种心理状态的投射，但是，要以来访者个人的解读和感受为主。

（2）每幅图片配合的文字是一种情绪或行为的投射，也常常被来访者看重，借此他们可以觉察与当下或过去某种感受的联结。

（3）图片和文字单独或配合使用都可以联想出故事，故事中的隐喻更是使用图卡者内在的深层表达，具有丰富的疗愈功能。

（4）多种咨询技术可以被综合使用进来，图卡只是媒介，比如积极想象、意象对话、游戏治疗、故事治疗以及焦点技术等，都可以借助这一媒介产生更佳的效果。从功能上来讲，我们可以为心灵图卡总结五个基本的比喻：

第一是灯塔。图卡像灯塔一样可以让来访者看到前行的方向。

第二是桥梁。图卡可以在咨询师和来访者之间建立一座信息和情感沟通的桥梁。

第三是镜子。图卡像一面镜子，交流中没有评价，没有判断，更没有比较，就是客观呈现当下的状态，协助来访者照见自己真实的样貌。

第四是钥匙。每把钥匙都不是万能的，钥匙跟锁要匹配，图卡不是万能钥匙，是有针对性的，要根据锁来选择钥匙。

第五是魔棒。图卡激发来访者的魔力、能量和智慧，因而可以促使来访者改变。

四、心灵图卡的内容及分类

图卡的部分文字内容及分类如表 1 所示。在某些情况下，咨询师可以利用这一简单的分类快速聚焦来访者的问题，打开咨询的话题。例如，有一个来访者在某一次咨询中沉默不语，情绪不佳，似乎也不知道该从何说起。那么，咨询师就可以将情绪类的卡片拿给来访者，说："看上去这一周好像有什么事情让你情绪不佳，好像不知道从何说起才好。那么看看这些卡片，哪些可以用来表达你此时此刻的心情？"于是，来访者就有办法透过视觉化的材料联接到潜意识深处的情绪情感，然后加以表达。这样就可以避免让咨询陷入僵局。再如，如果咨询师事先的资料收集让咨询师很清楚来访者的主要议题是处理某种关系，那么，为了快速地聚焦这一议题中更加深刻的内容，咨询师就可以把关系类的卡片交给来访者，说："听起来有一些关系中的困扰影响到你的心情和生活，那么，那究竟是一些怎样的关系？涉及哪些人？你在关系中的感受如何？你怎么样看待这些关系中的人？我想邀请你用这些图片来说说看。"结果也是一样，咨询师和来访者都有机会深入到这些关系中进行工作。总之，图卡的分类不是限制咨询师或来访者只能使用某一部分图卡，而是为了快速聚焦问题，有效推进咨询之用。所以，使用者要灵活理解这一点。

表1　心灵图卡的内容及分类

关系类	庇护、安慰、伴侣、包容、冲突、崇拜、带领、等待、对峙、奉献、沟通、共鸣、共生、互动、接近、接纳、怜爱、群聚、示范、示威、吸附、信任、相遇、依恋、依存、依靠、一致
行为类	翱翔、成形、保护、尝试、出航、初生、存在、传授、倒转、创新、休息、沉淀、生存、发现、防御、洞察、反观、歌唱、给养、汲取、抉择、开放、领会、攀登、祈祷、组织、倾听、深入、跳跃、突破、蜕变、释放、问候、舞蹈、想象、吸引、隐藏、要求、拥抱、站立、孕育、职守、转移、追寻、滋养、平衡、漂浮
品质类	坚毅、力量、智慧、忠诚、决心、灵性、忍耐、慎言、真诚、优雅、勇气、专注
情绪情感类	无助、安全、爱慕、放松、感受、孤独、好奇、怀念、欢笑、谨慎、惊恐、警觉、气势、恼怒、陶醉、甜蜜、微笑、温馨、享受、欣喜、羞愧、自在
其他类	归途、面具

五、心灵图卡在心理辅导中的使用示例

用心灵图卡辅助心理咨询（个体和团体）是不断创造和创新的过程，下面几个案例可能也存在这样和那样的不足，但仍能为我们在不同辅导对象和辅导环境中应用心灵图卡开展工作提供较丰富的示范。

（一）打开心灵的图卡

案例

杨建梅

河北霸州市第四中学

总听王老师说起"心灵图卡"，潜意识中一直认为卡片嘛，不过就是哄孩子的一种工具，想当然地把它划到小孩玩具的范畴。

今天下午，得以空闲找王老师聊天，王老师提议一起来玩"心灵图卡"！一堆卡片

推开在眼前，简直像来到了“动物园”：各种动物，千种姿态，万种表情。“果然是哄孩子的玩具。”我心里一边想着，一边还是按王老师的要求认真地挑选了我比较喜欢的图卡。也许因为选出的图卡太多了吧，王老师又让我从中挑选出几张最喜欢的。于是，我选出最心仪的六张图卡。分别是“互动”“保护”“创新”“伴侣”“出生”“优雅”。王老师问我为什么选这几张，坦白说，我也不知道为什么，第一直觉就是喜欢，一眼望上去觉得亲切舒服。接着王老师让我说说看就每张图卡想到了什么。

在“互动”这张图卡中，那只满脸慈爱的猫一直安静地注视着两只涉世未深的小鸭，眼神中满是爱慕和怜惜。两只小鸭则满怀期待充满信任地回望过去，对猫有着无限的依恋。我能想到什么呢？当然是我那两个亲爱的宝贝。我也常常这样无限眷恋地望着她们，在她们入睡时，在她们玩耍时，在她们投入地学习时。

“保护”一卡吸引我的是它的温馨。多么有爱的大熊！陶醉在与小熊的拥抱中，相依相偎，脸上写着安详与满足，心里洋溢着幸福。毫无疑问，依然是两个孩子的身影闪现在我的脑海中，当她们遇到困难时，我也会拼尽全力去保护，当她们有快乐要分享时，我也享受与她们的亲密拥抱。

中意“创新”这张图卡，完全是被画面中小猫的“萌”所打动。小猫躲在裤腿中，欲出又止，眼神中透露着机敏，对外界充满了好奇。“你看，我又想到了孩子。我们家老二也是这样萌态十足，对一切都跃跃欲试。我是不是太狭隘，太缺少大爱了？怎么只是想到孩子。”我忍不住问王老师。

“没关系的，怎么想就怎么说。”王老师鼓励着我。

“我深深地羡慕‘伴侣’这张卡上那两只站在同一高度上的小鸟。这更像一对夫妻，让我看到的是陪伴的力量。也许他们在回忆美好的过去，也许在展望美好的未来。总之，就是不离不弃、心心相印、比翼双飞、白头偕老的一对夫妻。”

“初生”图卡上的小鸟眼神坚毅，对未来充满希望。也许是母鸡已为她打下了一切基础，只等她茁壮成长。

“优雅”是我挑出的最心仪的一张图卡。打动我的是它的宁静与和谐。清澈的湖水与白天鹅相互辉映，天鹅的翅膀舒展着，似要飞翔，又像要收拢，优美的身影倒映在水中好像在自我欣赏，又像在悠闲地和水中的鱼儿戏耍。

王老师一直很安静地听我叙述着，我却突然不好意思起来，感觉自己的思维及想象力很狭窄，除了孩子就是家庭。“挺好的，女人一般就是以家庭为重，你是一个很疼爱孩子的妈妈。如果请你把这六张图卡排序，你会怎样安排呢？试试看！”

稍作观察，我就按照初生⟶保护⟶创新⟶互动⟶伴侣⟶优雅这个顺序排好了。

“你能用一段话来依次描述这六幅图吗？”

“首先，我迎接新生命的到来，给她营造一个安全、舒适的环境，给予她适当的保护，做她坚强的后盾。鼓励孩子探索外面的世界，伴随着她的成长，我要和孩子进行沟通，多互动，成为她的好朋友。等孩子结婚各自成家了，我和爱人就可以无忧无虑开始我们的二人世界，饭后散散步，一起看看电视，相互扶持，优雅地老去……”就这样，随着自己的心，我缓缓地叙述着。突然觉察到这不就是自己目前的生活状态吗？这不就是现实中我的真实写照吗？这不就是那个每天忙忙碌碌期待孩子快快长大的妈妈吗？

“还有别的排列方式吗？”王老师看似漫不经心地问我。我略加思索，调整顺序为伴侣——→优雅——→初生——→互动——→保护——→创新。

“还能用一段话来说说这个顺序的具体内容吗？”

“那我就先团结爱人，和他努力营造优雅的生活，夫妻齐心，为孩子创建健康和谐的成长环境，让孩子更加自信地探索世界。咦？是不是这样更好些呢？刚才是我孤军奋战，现在这样就是两人并肩作战……”说到这里，我不由得突然哽咽了，心里有种莫名的委屈。王老师一句“现在的你太累了”让我彻底失声痛哭。此刻我不必解释这突如其来的情绪，王老师全都懂，一句“你太累了”已包含所有。而更让我不能自已的是，我突然就明白了：为什么我总是处于紧张、忙碌、焦虑的状态？为什么有时为自己的孩子付出却又觉得委屈？为什么我总期待孩子快快长大而不能好好享受她们成长的过程？一切皆因为我在孤军奋战，因为我对优雅的婚姻生活还有期许，因为我渴望家庭教育的重担有人和我一起分担。

待我平静下来，王老师又让我欣赏我喜欢的其余十几张图卡，并通过我的描述让我做了分类：一类代表了我与孩子的关系；一类代表了我对婚姻的态度；一类代表了我选择的释压方式。此时我深深感到：没有任何时刻比现在更让我清晰地认识了自己；没有任何时刻比现在更让我明白内心的渴望；没有任何时刻比现在更让我清楚了努力的方向！我深深地记住了王老师的一句话：“好的夫妻关系才是家庭的定海神针！”

感谢心灵图卡！它打开了我冻结已久的心灵，唤醒了潜意识中的自己。那个自己一直都在，只是我从未看到！更感谢王老师耐心地陪我解读自己，用一种近乎“无痕”的咨询方式，让我在讲述的过程中了解自己、发现自己，让我不再“忙中盲”，觉察到了幸福的真谛和努力的方向。别人懂我，我欣慰感动，而当我自己懂了自己，却足以让我泪流满面却又豁然开朗。也许人生中最有价值的遇见就是重遇自己，也许最爱自己的方式就是让自己成长。

最后我感慨道：小小图卡竟如此神奇，心理咨询竟如此重要，自我成长竟如此幸福！

（二）走近压力

有效应对——教师团体心理辅导活动方案

王晶晶　王　欢　山西长治市实验中学

1. 辅导主题：走近压力，有效应对
2. 辅导目标：

（1）营造温暖氛围，促进成员之间感情交流、人际支持，满足情感需求。

（2）帮助成员体验放松，宣泄消极情绪，强化积极情绪。

（3）促使成员借助材料与内在资源沟通，通过分享产生体验与反思，接纳失意与失误，强化成功体验和有效行为，自我整合，获得成长动力。

（4）促进成员了解压力的有关科学常识，提高心理保健意识。

3. 辅导对象：初一至初三年级全体教师，以教研组为单位，每组10～30人不等。

4. 辅导流程：

（1）催眠放松。今天来参与这个活动的都是班主任，班主任这个职务需要比普通老师付出更多的努力，需要承担更多的责任与压力。接下来，将为大家做一个放松，请各位老师跟随我的引导，跟随自己的内心，慢慢让自己安静下来。请各位老师找一个让自己舒服的姿势，可以倚靠在椅背上（渐进式放松并播放音乐），3分钟时间很快到了，请继续保持这个非常舒服的状态，接下来我将会继续给大家放音乐。

请各位老师，跟随音乐走进我们自己的故事。

随着音乐让我们回想一下，在过去的这些年中，我们经历了许多事，有酸甜、有苦辣。

也许因为工作繁忙没有很好照顾家庭而和配偶争吵过。

也许因为自己辛苦的付出没有得到回报而沮丧过。

也许因为孩子学习成绩的不理想而着急过。

也许因为学生的调皮捣蛋而烦躁恼火过。

也许因为没有得到别人的肯定与理解而彷徨孤独过。

也许因为上有老下有小的生活疲惫委屈过。

也许因为身边亲人的离去深深痛楚过。

这些年，发生了什么，遇到了什么，你做了些什么，请你静下心来回想一下，感受一下，随着音乐让一件件难忘的事情渐渐在你脑海当中浮现出来。

接下来，我将从1数到5，每数一个数字，你便会更加清醒，2……3……4……5，你已完全清醒地回到了当下。

（2）主题导入。演示PPT，介绍教师的压力状况、压力的来源和后果、压力认识误区、压力管理目标等，导入压力话题。在下面的活动中，我将陪伴大家一起回顾压力中你的态度、行为和体验。

（3）用图卡联结压力应对方式：①A3白纸横着使用，折成三等份。②从图卡中选择最能代表压力产生时你的状态的一张，用透明胶粘贴在左侧区域。选择最能代表压力结束时你的状态的一张，贴在右侧区域。选择最能代表压力进行中你的态度行为、情绪等的一张贴在中间区域。每一轮也可以选择两张图卡来进行表达。

（4）团体内分享、倾听、支持。

（5）活动总结：其实无论是刚才给大家做的催眠放松，还是图卡的选择排列和讲述，所有的过程中，我们已经做到了对情绪的梳理和释放。我们从刚刚各位老师的分享中，对多年共事的同事有了更深的了解，同时，也学习到很多非常好的处理压力和不良情绪的方法，感受到了各位老师身上满满的正能量。谢谢各位老师真诚的分享，祝愿各位老师，在今后的工作、生活当中，都能用积极、平和的心态接纳自己、面对生活。

（三）寻回内在小孩

——心灵图卡回溯之旅

高淑萍　山西吕梁市

1. 寻回内在小孩的意义

如果童年正常的依赖需求得不到满足，我们长大以后，心里就可能藏着一个受伤的内在小孩。通俗地讲，受伤的内在小孩是我们在年幼的时候受伤破碎的部分，他深深地埋在我们心底。我们内心有多少个碎片，就有多少个受伤的内在小孩。

受伤的内在小孩是具有破坏性的，比如暴怒、过激反应、婚姻危机、不良嗜好、恶劣的亲子关系以及痛苦的恋情等。内在小孩（潜意识）拥有我们以前经历过的所有记忆。你周遭发生的事（包含问题），都是由内在小孩所拥有的记忆所引起。荷欧波诺波诺认为，消除引起问题的记忆，就可以解决问题。你的潜意识还停留在童年，但你的意识却跑到了成年，

你所有的苦痛都在提醒你，只有照顾好你的童年，你才能过好你的成年。因而寻回之旅有了它的迫切性和意义。

寻回内在小孩，接纳他、安抚他，帮助他成长，与现在的我们身心合一，帮助我们告别来自童年一直纠缠我们的痛苦，比如被抛弃感、受虐待心理、过度依赖等。作为人父人母，还可以减少我们给孩子传递的矛盾的信息量。比如，当我们看到一哭二闹三上吊的邻居大婶，再也不用盲目地肯定她的厉害和所谓的本事（本领）来教导孩子，因为她只是用儿童模式来处理成人事件。

2. 心灵回溯之旅的操作

（1）选图卡代表年幼时的你和那时的爸爸妈妈。

①找一张最能代表6岁以前的你的图片，说出你所选图片的内容及其与你的联结。

案例：图片中是一张小猫立在图片中央，似乎在眺望这个神奇的世界。但猫儿眼前有一组树叶挡住了猫的视线。画面的提示词语是“隐藏”。幼儿时期的我好想探索这个世界，但又充满了惊恐，常常把自己偷偷隐藏起来。现在的我，与这张图片中的情节有点相似，渴望了解外面的精彩，却又没有足够的安全感，因而不敢暴露自己。

②找一张最能代表你心中幼儿时妈妈的图片，分享图片内容及选择理由。

案例：草地上，有微黄浅绿的颜色斑驳的小草，一只母鸭子白白的羽毛、健硕的身下有五只鹅黄色的小鸭。文字提示“庇护”。儿时的妈妈在我心目中是慈爱的，生活虽然艰辛，她还是用她的辛勤善良为我们营造了一个温暖的家。这张图片与我的妈妈和五个孩子一起照的相片像极了。而我能见到的儿时的照片里并没我。我想那时妈妈

还没生下我，就是生了，估计妈妈也照顾不到我，这似乎成了我的一个心结。

③找一张最能代表你心中幼儿时爸爸的图片，分享图片内容及选择理由。

案例：广袤的草地上，一只巨型大象踏实地站在大地上，几只白鹭在他四周安详地站着，文字提示“智慧”。儿时爸爸因伤残不能做体力活，记忆里爸爸善说故事。在我的心里，爸爸就是那只智慧化身的大象，给人踏实、可依赖、安全的感觉，那些小白鹭就是他庇佑下的孩子吧。幼时的爸爸在我心里顶天立地，像大象一样庞大，而且威严不可侵犯。

把三张图片摆放好，用铁三角关系图表示。我发现我的原生家庭和我的核心家庭有惊人的相似，即爸爸在家庭教育中作用淡然或地位缺失。

(2) 选图卡代表自己、爸爸、妈妈三者之间的关系。

①选一张最能代表自己心目中的母子（女）关系的图卡，分享。

案例：滋养——大老虎伸出舌头舔着小虎的脸，小虎儿闭着眼睛、抬着头，享受着妈妈给的滋养。儿时的妈妈，就像这只老虎一样，总想喂饱我们，并用她的方式给我们温暖。

②选一张最能代表自己心目中的父子（女）关系的图卡，分享。

案例：崇拜——一只花豹背对着画面，偏头远眺，似在寻找最安稳最丰足的领地，小豹抬头望着老豹，一脸的好奇与崇拜。儿时爸爸就像风雨飘摇中的舵手，他决定着家的方向。

爸爸就是天，我们只有敬畏。妈妈教训我们时常用的一句话是：“看，你爸爸回来了。”我们兄妹马上就会停止打闹、争执。

③选一张最能代表自己心目中的父母关系的图卡，分享。

案例：依存——淡黄的背景上，一只山羊健硕有力，侧头看着身上和旁边，好多喜鹊停在山羊背上、胸前、肚子上、脖子上。仿佛许多孩子依附着爸爸一般。在图片上没有妈妈，仿佛妈妈也是个和孩子一般大小的孩子。儿时妈妈辛苦、操劳，但总感觉爸爸是家和妈妈的精神支柱，这个家因有爸爸才那么完整，那么有力量。而爸爸胳膊伤残以后，靠妈妈和孩子的照顾得以恢复，爸爸妈妈就这样互相依存。

(3) 如果有机会重新选择的话，你想选什么样的家庭关系，什么样的父母来重组你理想中的原生家庭。

①选择一张最能代表你理想中的爸爸、妈妈和自己的图卡分享。

案例：“舞蹈代表爸爸：舞动的生命，我希望爸爸多些灵活灵动，不要被生活的重担压得一本正经，只知道沉重地面对生活，给家庭多些宽松，能带我们放眼四方，看看外面的世界。“站立”代表妈妈：站立的人生，我希望妈妈能站立起来，做自己的主人。妈妈已经很能干了，如果你的心理强大了，就不会依附着爸爸，给自己那么多不得已和委屈，不用夹在爸爸和舅舅们中间进退两难，爸爸不被依附得那么累，也许就不会那么想控制你了。“微笑”代表我：自由地表达，我希望像图卡上的小猫，想笑就笑，能自由地表达自己。不过，我终究还是有点害羞，那只掩嘴微笑的小猫把什么都透露了。

②再选择代表理想中的夫妻关系、亲子关系的图卡，分享。

案例："伴侣"代表夫妻关系，理想中爸爸妈妈琴瑟和鸣，夫唱妇随。"追寻"代表父子关系，希望生活中爸爸能引领我去追求更高远的目标。"歌唱"代表母子关系，理想中的妈妈会把更多快乐传递给孩子，让孩子体验生命的丰富多彩。突然意识到生活中自己替代了爸爸的角色。而过度负责的妈妈，不会享受快乐，也不允许孩子快乐，这给我们带来了很大的压力。

(4) 当我们觉察到的时候便是改变的开始。现在对你的内在小孩、内在父母说一句你最想说的话，接纳他们。也可以抽一张图卡。

案例：内在小孩——宝贝，你有能力快乐自由地表达自己，爸爸允许你快乐，妈妈允许你快乐！内在爸爸——那么艰难的环境中，你用你的智慧给了我生存的保障，我好感恩，其他你没有给到我的，我会用你给我的生命能量自己去获取。内在妈妈——我能感觉到你热爱生活的力量，我把它传承下来，并把它传递下去，我会努力活出自己来回报您。

参考书目

[1]乐国安. 咨询心理学[M]. 天津:南开大学出版社,2002.

[2]中国就业培养技术指导中心,中国心理卫生协会. 心理咨询师·基础知识[M]. 北京:民族出版社,2015.

[3]中国就业培养技术指导中心,中国心理卫生协会. 心理咨询师·二级[M]. 北京:民族出版社,2015.

[4]中国就业培养技术指导中心,中国心理卫生协会. 心理咨询师·三级[M]. 北京:民族出版社,2015.

[5]江光荣. 心理咨询与治疗[M]. 合肥:安徽人民出版社,2001.

[6]欧阳辉,王宝森,王起香,等. 大学生心理健康学[M]. 沈阳:辽宁教育出版社,2001.

[7]中共辽宁省委高校工委. 让快乐伴你成长:大学生心理健康教育读本[M]. 沈阳:辽宁大学出版社,2012.

[8]边玉芳. 心理健康[M]. 上海:华东师范大学出版社,2006.

[9]樊富珉. 团体咨询的理论与实践[M]. 北京:清华大学出版社,1996.

[10]杨世红. 心理咨询的理论与实践[M]. 昆明:云南大学出版社,2009.

[11]朱月龙. 心理健康全书[M]. 北京:海潮出版社,2006.